国家出版基金项目
NATIONAL PUBLICATION FOUNDATION

〔唐〕魏徵 等撰

點校本二十四史修訂本

隋書

第一册

卷一至卷一二

中華書局

圖書在版編目(CIP)數據

隋書/(唐)魏徵等撰. —北京:中華書局,2019.1
(2025.5 重印)
(點校本二十四史修訂本)
ISBN 978-7-101-13628-9

Ⅰ.隋… Ⅱ.魏… Ⅲ.中國歷史-隋代-紀傳體
Ⅳ.K241.042

中國版本圖書館 CIP 數據核字(2018)第 273385 號

責任編輯:孫文穎　劉彦捷　王　勖
責任校對:許尚宜　宋梅鵬
責任印製:管　斌

點校本二十四史修訂本
隋　書
(全六册)
〔唐〕魏　徵 等撰
*
中華書局出版發行
(北京市豐臺區太平橋西里 38 號　100073)
http://www.zhbc.com.cn
E-mail:zhbc@zhbc.com.cn
北京盛通印刷股份有限公司印刷
*
880×1230 毫米 1/32 · 70¼印張 · 10 插頁 · 1360 千字
2019 年 1 月第 1 版　2025 年 5 月第 4 次印刷
印數:14001-15000 册　定價:420.00 元

ISBN 978-7-101-13628-9

帝紀第一　　　　　　　隋書一

特進臣魏徵上

高祖上

高祖文皇帝姓楊氏諱堅弘農郡華陰人也漢太尉震八代孫鉉仕燕爲北平太守鉉生元壽後魏代爲武川鎮司馬子孫因家焉元壽生太原太守惠嘏嘏生平原太守烈烈生寧遠將軍禎禎生忠忠即皇考也皇考從周太祖起義關西賜姓普六茹氏位至柱國大司空隋國公薨贈太保謚曰桓皇妣呂氏以大統七年六月癸丑夜生高祖於馮翊般若寺紫氣充庭有尼來自河東謂皇妣曰此兒所從來甚異不可於俗間處之尼將高祖舍於别館躬自撫養皇妣嘗抱高祖忽見頭上角出徧體鱗起皇妣大駭墜高祖於地尼自外入見曰已驚我兒致令晚得天下爲人龍顔額有五柱入頂目光外射有文在手曰王長上短下沉深嚴重初入太學雖至親不敢狎也年十四京兆尹薛善辟爲功曹十五以太祖勳授

天聖二年五月十一日上　御藥供奉藍元用奉

傳

聖旨齎

禁中隋書一部付崇文院至六月五日

勑差官校勘時命臣綬臣煒提點右正言直史館張觀等校勘觀尋爲度支判官續命黃鑑代之仍

内出版式刊造

鵫雉爲領褾各八
六嬪六卿之内子自翟衣而下七雉衣皆七等以
翟雉爲領褾各七
上媛上大夫之孺人自青衣而下六
中媛中大夫之孺人自朱衣而下五
下媛下大夫之孺人自黄衣而下四
御婉士之婦人自素衣而下三
中宫六尚一曰緅衣其色赤而微玄諸命秩之服曰公服
其餘常服曰私衣皇后華皆十有二樹諸侯之夫
人亦皆以命數爲之節三妃三公夫人已下又各

禮儀志

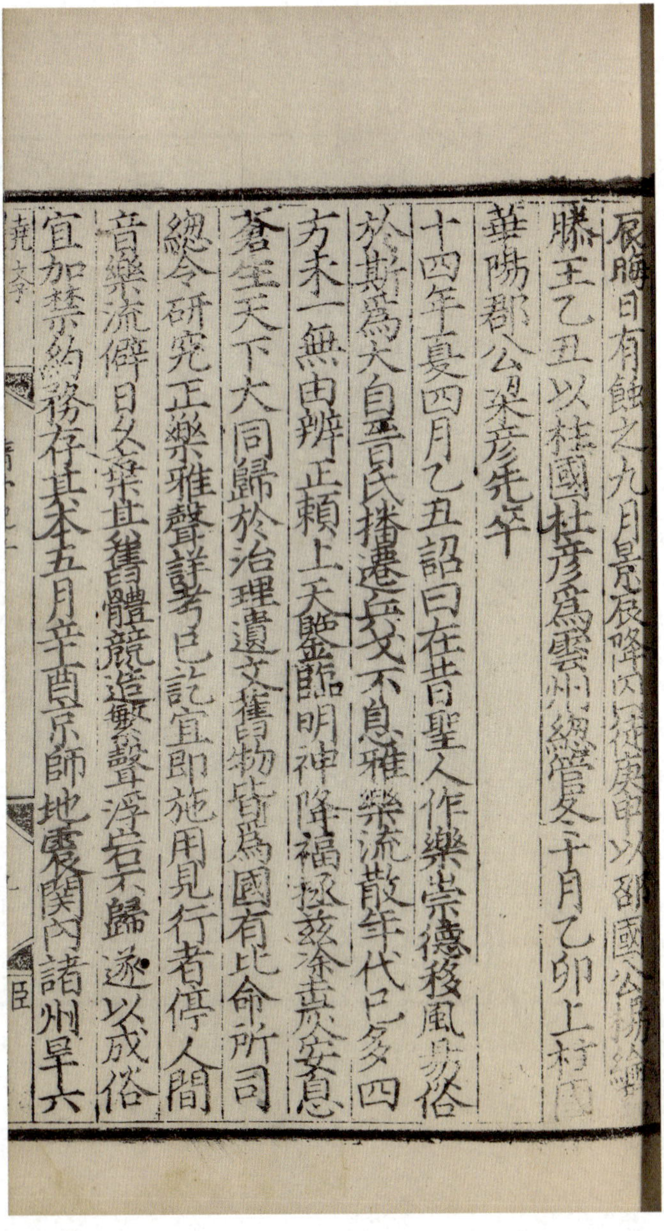
辰晦日有蝕之九月景辰降囚徒庚申以邵國公楊綸爲
滕王乙丑以柱國杜彥爲雲州總管冬十月乙卯上柱國
華陽郡公梁彥光卒
十四年夏四月乙丑詔曰在昔聖人作樂崇德移風易俗
於斯爲大自晉氏播遷兵戈不息雅樂流散年代已多四
方未一無由辨正頼上天鑒臨明神降福拯茲塗炭安息
蒼生天下大同歸於治理遺文舊物皆爲國有比命所司
總令研究正樂雅聲詳考已訖宜即施用見行者停人間
音樂流僻日久棄其舊體競造繁聲浮宕不歸遂以成俗
宜加禁約務存其本五月辛酉京師地震關內諸州旱六

四　元大德饒州路儒學刻明正德嘉靖遞修公文紙印本（中國國家圖書館藏）

隋書第二十五卷　　監修國史趙國公長孫無忌等撰

志第二十

刑法

夫刑者制死生之命詳善惡之源翦亂誅暴禁人爲非者也聖王仰視法星旁觀習坎彌縫五氣取則四時莫不先春風以播恩後秋霜而動憲是以宣慈惠愛導其萌芽刑罰威怒隨其肅殺仁恩以爲情性禮義以爲綱紀養化以爲本明刑以爲助上有道刑之

五　元至順三年瑞州路儒學刻明修本（中國國家圖書館藏）

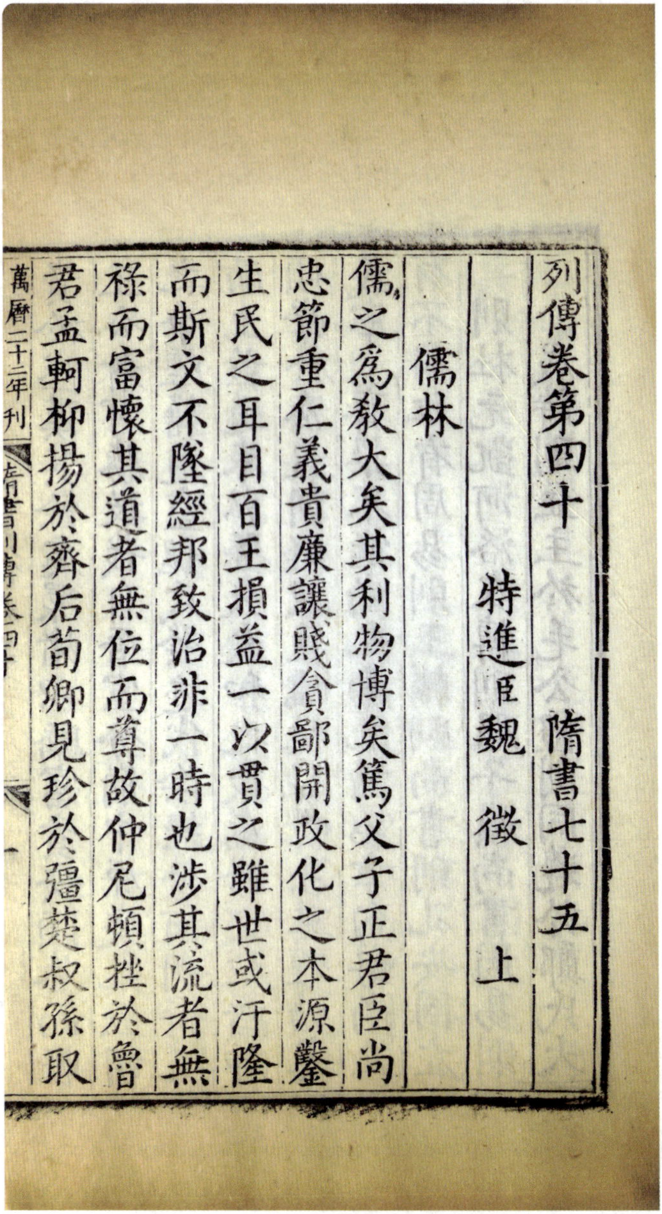

萬曆二十二年刊

隋書列傳卷四十

列傳卷第四十　隋書七十五

特進臣魏徵上

儒林

儒之爲教大矣其利物博矣篤父子正君臣尚忠節重仁義貴廉讓賤貪鄙開政化之本源鑿生民之耳目百王損益一以貫之雖世或汙隆而斯文不墜經邦致治非一時也涉其流者無祿而富懷其道者無位而尊故仲尼頓挫於魯君孟軻抑揚於齊后荀卿見珍於彊楚叔孫取

六　明萬曆二十二年至二十三年南京國子監刻明清遞修本（北京中華書局圖書館藏）

爲兵部尚書雍州牧衛王爽爲原州總管甲申使使弔於陳國乙酉上柱國李充破突厥於馬邑戊子以上柱國叱李長乂爲蘭州總管辛卯以上開府爾朱敞爲徐州總管景申詔曰朕祗奉上玄君臨萬國屬生人之敝（宋本作弊後倣此）處前代之宮常以爲作之者勞居之者逸改創之事心未遑也而王公大臣陳謀獻策咸云羲農以降至于姬劉有當代而屢遷無革命而不徙曹馬之後時見因循乃末代之宴安非往聖之宏義此城從漢彫殘日久屢爲戰場舊經喪亂今之宮室事近權宜又非謀筮從龜瞻星揆日不足建皇王之邑合大衆所聚論變通之數具幽顯之情同心固請詞情深切然則京師百官之府四海歸向非朕一人之所獨有苟利於物其可違乎且殷之五遷恐人盡死是則以吉凶之土制長短之命謀新去故如農望秋雖暫劬勞其究安宅今區宇寧一陰陽順序安安以

明崇禎八年毛氏汲古閣刻本（北京中華書局圖書館藏）

射唐固注梁有春秋穀梁傳十五卷漢諫議大夫尹更始撰亡春秋穀梁傳十二卷魏樂平太
守麋信注穀梁傳十卷晉堂邑太守張靖注梁有春秋穀梁傳十三卷晉給事郎徐乾注春秋穀梁傳
十卷胡訥集解亡春秋穀梁傳十六卷程闡撰春秋穀梁傳十四卷
孔衍撰春秋穀梁傳十二卷徐邈撰春秋穀梁傳十四卷段肅注疑
漢人春秋穀梁傳五卷孔君指訓殘缺梁十四卷春秋穀梁傳十二卷范甯
集解梁有穀梁音一卷亡春秋穀梁傳四卷殘缺張程孫劉四家集解麋信理何氏
漢議二卷魏人撰春秋穀梁傳義十卷徐邈撰春秋議十卷何休
撰徐邈答春秋穀梁義三卷○薄叛玄問穀梁義二卷梁四
卷春秋穀梁傳例一卷范甯撰春秋公羊穀梁傳十二卷晉博
士劉兆撰春秋穀梁廢疾三卷何休撰鄭玄釋張靖箋春秋公羊穀梁二

隋書整理人員名録

原點校者　汪紹楹　陰法魯
　　　　　鄧經元

修訂主持人　吴玉貴　孟彦弘

修訂承擔單位　復旦大學

修訂組成員　吴玉貴　孟彦弘

編輯組成員　許逸民　馮寶志　孫文穎　劉彦捷　王　勖

點校本二十四史及清史稿修訂緣起

以「二十四史」及清史稿爲代表的紀傳體史書，記載了中國古代從傳説中的黄帝到辛亥革命結束清朝統治前各個朝代的歷史概貌，以歷代王朝的興亡更替爲先後，反映了中國的歷史進程，構成了關於中國古代政治、經濟、軍事、科技、思想文化、社會風俗等各個方面最爲重要的基本史料，使中國和中華民族成爲世界上惟一擁有數千年連貫、完整歷史記載的國家和民族。這是中華民族引以爲榮並值得進一步發揚光大的寶貴歷史文化遺産。

爲了更好地傳承與保護這份珍貴的歷史文化遺産，二十世紀五十至七十年代，在毛澤東主席、周恩來總理的親自部署和國家有關部門的直接領導下，由中華書局承擔組織落實和編輯出版工作，集中全國學術界、出版界的力量，完成了「二十四史」及清史稿的點校整理和出版。從一九五八年九月標點「前四史」及改繪楊守敬地圖工作會議召開，次年九月點校本史記問世，到一九七八年點校本宋史完成出版，整理工作歷時二十年，其間不斷完善點校體例，逐史加以標點、分段、校勘、正誤、補闕，所積累的科學整理方法和豐富的實踐經驗，爲傳統文獻的整理做出了寶貴的探索，確立了現代古籍整理的基本範式和標準。點校本出版之後，以其優秀的學術品質和適宜閱讀的現代形式，逐漸取代了此前的各種舊本，爲學術界和廣大讀者普遍採用，成爲使用最廣泛的權威性通行本。

點校本「二十四史」及清史稿從開始出版，至今已超過半個世紀，上距一九七八年宋史出版，點校工作完成，也已經過去了三十多年。點校本「二十四史」及清史稿的整理出版工作，由於受到當時種種客觀條件的制約，加之整理出版過程歷時綿長，時間跨度大，參與點校者時有變動，點校體例未能統一，或底本選擇不够精當，或校勘過於簡略，或標點間有失誤，各史都存在着不同程度的缺憾。爲適應新時代學術發展和讀者使用的需求，亟需予以全面修訂。

中華書局於二〇〇五年開始籌備「二十四史」及清史稿的修訂工作，梳理學術界關於點校本的意見建議，清理點校工作原始檔案，進一步明確修訂工作重點。二〇〇六年四月召開專家論證會，得到了學術界的積極響應。其後，在新聞出版總署、中國出版集團公司和社會各界學術力量的支持下，正式組建了點校本「二十四史」及清史稿修訂工程組織機構，擬定了修訂工作的各項具體規定，包括修訂工作總則、修訂工作流程，以及標點分段辨法舉例、校勘記寫法細則舉例等一系列規範性文件，並在全國範圍内通過廣泛調研，遴選確定了各史修訂承擔單位和主持人。

點校本「二十四史」及清史稿，是二十世紀中國古籍整理的標誌性成果，修訂本是原點校本在新的歷史時期的延續。修訂工作在原有點校本基礎上展開，嚴格遵守在點校本基礎上進行適度、適當修訂和完善的原則，通過全面系統的版本覆核、文本校訂，解決原點校本存在的問題，彌補不足，力求在原有基礎上，形成一個體例統一、標點準確、校勘精審、閱讀方便的新的升級版本。

修訂工作的總體目標，主要包括兩個方面：一，保持點校本已取得的整理成果和學術優勢，通過各個修訂環節，消弭點校本存在的缺憾，並認真吸收前人與時賢的研究成果，包括當代學術研究的新發現（文物、文獻資料）、新結論（學術定論），使修訂本成爲符合現代古籍整理規範、代表當代學術水準、能够體現二十一世紀新的時代特點的典範之作。二，解決原點校本各史體例不一的問題，做到體例基本統一，包括：規範取校範圍、校勘取捨標準、分段及校勘記、標點方式；撰寫各史修訂本前言、凡例；編製主要參考文獻目録及其他附録、索引。

早在一九六〇年，時任國務院古籍整理出版規劃小組組長的齊燕銘同志，就曾對點校本「二十四史」提出過兩點明確的要求，其一是在學術成果上「超越前人」；其二是經過重版修訂使之「成爲定本」。點校本的學術業績，獲得了學術界和廣大讀者的高度評價和廣泛采用，經過全面修訂，希望能在保持原有學術優勢的基礎上完善提高，進一步確立並鞏固點校本「二十四史」及清史稿的現代通行本地位，「成爲定本」還需要廣大讀者的檢驗和今後不斷的努力。

點校本「二十四史」及清史稿整理工作自二十世紀五十年代起始，至本世紀全面修訂再版，五十餘年間，一代又一代學者如同接力賽跑，前赴後繼，爲之默默奉獻，傾盡心力。點校本的學術成就和首創之功，以及其間展現的幾代人鍥而不捨的爲學精神，將澤被學林，彪炳史册！　值此修訂本出版之際，我們向所有參加過點校工作的前輩學者和出版工作者，表示崇高的敬意，對已故前輩表達深切的懷念，向承擔本次修訂的各位學者專家表示誠摯的謝意，向國家出版基金管理委員會及其辦公室、各史點校和修訂承擔單位、各相關圖書收藏機構，以及關注和支持本次修訂工作的社會各界人士，謹致由衷的謝忱。

中華書局編輯部　二〇一三年七月

點校本隋書修訂前言

隋書是唐魏徵、長孫無忌領銜編撰的官修紀傳體正史。全書八十五卷，包括帝紀五卷、列傳五十卷、志三十卷。紀、傳記載隋朝史事，志則涵括梁、陳、北齊、北周和隋五朝，故又稱五代史志。

一

北周大定元年（五八一）二月，周靜帝宇文闡禪位於外戚楊堅，楊堅稱帝，國號「隋」，是爲隋文帝。隋開皇三年（五八三）移都大興城（今陝西西安），九年正月，隋軍南下滅陳，南北統一，結束了近三百年南北分治的局面。隋文帝躬行節儉，整飭吏治，寬簡刑法，輕徭薄賦。廢除傳統的辟舉制，六品以下官吏統一由中央吏部任命。廢止九品中正制，推行科舉制（後又設置對後世影響深遠的進士科）。廢止模仿「周禮」建立的中央官制，逐漸形成三省六部制。在隋文帝統治的二十多年間，府庫充實，社會繁榮，隋朝進入鼎盛時期。

仁壽四年（六〇四）七月，煬帝楊廣即位。隋煬帝時，統治中心東移，東都洛陽成爲第二個政治中心，並最終完成了北起涿郡、南抵餘杭，貫通南北的「大運河」的開鑿。煬帝好慕虚名，東征西討，四處巡幸，濫用民力，以致民怨沸騰，羣雄並起。大業十三年（六一七）十一月，李淵率兵攻取長安，立煬帝之孫代王楊侑爲帝，是爲隋恭帝。次年三月，宇文化及、司馬德戡與裴虔通等在江都發動兵變，煬帝被縊殺。五月，隋恭帝禪位於李淵，李淵稱帝，唐朝建立。同月，洛陽留守羣臣擁立煬帝之孫越王楊侗爲帝，是爲隋哀帝，又稱皇泰主。後哀帝爲王世充罷黜，兩個月後被殺。隋朝歷三十八年而亡，成爲結束長期分裂局面之後一個短命的統一王朝。

二

隋書修撰始於唐朝建立之初，唐武德四年（六二一）十一月，起居舍人令狐德棻言於高祖，「近代已來，多無正史，梁、陳及齊，猶有文籍，至於周、隋，多有遺闕。當今耳目猶接，尚有可憑，如更十數年後，恐事跡湮没，無可紀録」，建議修史。次年十二月，朝廷下詔，稱「自有魏至乎陳、隋，莫不自命正朔，綿歷歲祀，各殊徽號，删定禮儀。然而簡牘未編，紀傳咸闕，炎涼已積，謡俗遷訛，餘烈遺風，泯焉將墜。顧彼湮落，用深軫悼，有懷撰次，實資良直」，因命蕭瑀、王敬業、殷聞禮修魏史，陳叔達、令狐德棻、庾儉修周史，封德彝、顔師古修隋史，崔善爲、孔紹安、蕭德言修梁史，裴矩、祖孝孫、魏徵修齊史，竇璡、歐陽詢、姚思廉修陳史。同時修撰的包括北朝的北魏、北齊、北周三代，南朝梁、陳兩代，以及作爲統一王朝的隋代的「正史」。此六代史書的修撰，歷時數載，「竟不能就而罷」（唐會要卷六三，又舊唐書卷七三令狐德棻傳）。

貞觀三年（六二九），設立專門機構，「於中書置祕書内省，以修五代史」（唐會要卷六三）。據舊唐書卷七三令狐德棻傳，由令狐德棻、岑文本修周史，李百藥修齊史，姚思廉修梁、陳史，魏徵修隋史，並與房玄齡總監諸代史的修撰。令狐德棻「又奏引殿中侍御史崔仁師佐修周史，德棻仍總知類會梁、陳、齊、隋諸史」。因魏史此前已有魏收、魏澹兩家，頗爲詳備，遂不再修。據舊唐書卷七一魏徵傳，孔穎達、許敬宗參撰隋史，魏徵「受詔總加撰定，多所損益，務存簡正。隋史序論，皆徵所作，梁、陳、齊各爲總論，時稱良史」。「五代史」的修撰歷時近八年，於貞觀十年（六三六）完成。「貞觀十年正月二十日，尚書左僕射房玄齡、侍中魏徵、散騎常侍姚思廉、太子右庶子李百藥孔穎達、禮部侍郎令狐德棻、中書侍郎岑文本、中書舍人許敬宗等，撰成周、隋、梁、陳、齊五代史，上之」（唐會要卷六三）。

貞觀十年修成包括隋書在内的「五代史」，只有紀、傳，都没有志。五代史志的修撰開始於貞觀十五年（六四一）。隋書宋天聖二年（一〇二四）刊本所附跋語稱，貞觀「十五年，又詔左僕射于志寧、太史令李淳風、著作郎韋安仁、符璽郎李延壽同脩五代史志。凡勒成十志三十卷。顯慶元年（六五六）五月己卯，太尉長孫無忌等詣朝堂上進，詔藏秘閣。後又編第入隋書，其實别行，亦呼爲『五代史志』」。舊唐書卷四高宗紀也記載，顯慶元年五月己卯，「太尉長孫無忌進史官所撰梁、陳、周、齊、隋五代史志三十卷」。五代史志包括禮儀志七卷、經籍志四卷、音樂志律曆志天文志百官志地理志各三卷、五行志二卷、食貨志刑法志各一卷。

貞觀三年開始修撰的「五代史」，紀、傳部分先成，且諸代各自名書，而續修成的五代史志則附入隋書，即所謂「編第入隋書」，所以五代史志又是隋書的志。北史卷一〇〇序傳即稱五代史志爲「隋書十志」，舊唐書卷四六經籍志序所引毋煚撰古今書録序，稱「所用書序，咸取魏文貞；所分書類，皆據隋經籍志」，亦視經籍志爲隋書的一部分。唐杜佑通典卷二三職官户部尚書云：「開皇三年，改度支爲民部，統度支、民部、金部、倉部四曹，國家修隋志，謂之户部，蓋以廟諱故也。」明確稱作「隋志」。他更在卷二五職官太常卿「奉禮郎」的自注中説：「奉禮本名理禮，國家撰五代史志，至永徽七年乃成，於時此官已改，故隋書百官志謂北齊及隋理禮皆爲奉禮。」將「五代史志」與「隋書百官志」並提，明顯是將五代史志視作隋書的一部分。舊唐書卷四六經籍志上著録隋書八十五卷，卷數與今本相合，而未另列「五代史志」或「隋書十志」。

隋書列傳在提到志時，往往與隋書諸志的實際名稱不符。如隋書卷四九牛弘傳記載，牛弘與姚察諸人定新樂，稱「事在音律志」，但隋書只有音樂志，並無音律志。再如卷六八閻毗傳，議輦輅車輿事，稱「語在輿服志」，而隋書並無輿服志，閻毗事見於禮儀志五。又如卷六六裴政傳記載他與長孫紹遠論音樂事，稱「語在音律志」，不僅音律志與音樂志名稱不盡相符，其事亦不見於音樂志，而在周書卷二六長孫紹遠傳（周書本卷原缺，今本係後人據節本或其他史料補）。這些事例表明，在修撰五代史紀、傳時，就已決定修志，並且初步擬定了諸志的名目和内容，但在後來五代史志修撰中又對篇目名稱有所調整。另外，五代史志的内容敍述也以隋朝爲主體，記述梁、陳、北齊、北周史事，一般都列舉朝代名，而對隋朝則往往僅稱帝號或年號，大概是在修志之初，即已決定要附入隋書。

關於隋書的修撰者，舊唐書卷七一魏徵傳稱「孔穎達、許敬宗撰隋史」，「隋史序論，皆徵所作」。舊唐書卷七三令狐德棻傳云：「祕書監魏徵修隋史，與尚書左僕射房玄齡總監諸代史。」舊唐書卷七三孔穎達傳云：「又與魏徵撰成隋史。」舊唐書卷一八九上敬播傳云：「有詔詣祕書内省佐顏師古、孔穎達修隋史。」唐劉知幾史通卷一二古今正史則謂「皇家貞觀初敕中書侍郎顏師古、給事中孔穎達共撰成隋書五十五卷」。隋書宋天聖二年刊本跋語稱「經籍志四卷，獨云侍中、鄭國公魏徵撰」，「紀傳亦有題太子少師許敬宗撰」，「房喬、志寧初並受詔」。又李延壽傳云，被詔與著作佐郎敬播同脩五代史志，「天文、律曆、五行三志，皆淳風獨作」。五行志序，諸本云褚遂良作」，「今紀、傳題以徵，志以無忌，從衆本所載也」。相關史料所記各有側重，蓋前後經手非一，撰寫亦各有分工，故留下了不同的撰著者的記録，至宋人刊刻時方統一題署，紀、傳題魏徵，志題長孫無忌，沿襲至今。

三

隋王朝從建立到滅亡不足四十年。武德四年，令狐德棻建議修前代史，距隋亡也不過四五年的時間，已感慨「梁、陳及齊，猶有文籍，至於周、隋，多有遺闕」。隋書卷二六百官志序也説「南征不復，朝廷播遷，圖籍注記，多從散逸。今之存録者，不能詳備焉」。史通古今正史言及隋朝史書，僅舉王劭隋書八十卷、王胄大業起居注，稱「及江都之禍，仍多散逸」，都强調修撰隋書所能利用的資料頗爲有限。其實王劭是受朝廷委任修撰國史，侯白、辛德源、劉炫、劉焯、王孝籍等人都曾參與或協助他工作。隋書卷六九王劭傳云：「劭在著作，將二十年，專典國史，撰隋書八十卷。多録口勑，又採迂怪不經之語及委巷之言，以類相從，爲其題目，辭義繁雜，無足稱者，遂使隋代文武名臣列將善惡之迹，堙没無聞。」「多録口勑」、「又採迂怪不經之語及委巷之言」、「以類相從」云云，只是説該書蕪雜叢脞，不合史家體例，並不妨礙書中收集和保存了大量的隋朝史料。

隋書經籍志史部著録了不少有關隋朝的史書，如隋開皇起居注六十卷、開業平陳記二十卷、東宫典記七十卷、隋開皇令三十卷、隋大業令三十卷等。這些史書，都是唐初史臣修隋書經籍志時尚留存者，無疑都是修撰隋書的有用材料。如隋書本紀，特别是高祖本紀的編年繫日十分詳盡，倘無隋開皇起居注之類史籍爲依據，恐難做到。隋書的類傳，當也參考了如西域道里記三卷、諸蕃國記十七卷、裴矩隋西域圖三卷、大隋翻經婆羅門法師外國傳五卷等書。此外像牛弘隋朝儀禮一百卷、郎蔚之隋諸州圖經集一百卷、隋諸郡土俗物産一百五十一卷、區宇圖志一百二十九卷、隋大業正御書目録九卷等相關專門著述，應該也都是修撰隋書十志的重要史料。

隋朝享國短暫，隋書修撰者距隋亡國很近，「耳目猶接，尚有可憑」，基本屬於「當時人寫當時事」，這就使隋書的記載更具「原始性」，一定程度上減少或避免了因史料改篡而導致的失實問題。隋書列傳中有不少兼跨前後代的人物。對這類人物處理，隋書大都採取了上限寬、下限嚴的方式，即對傳主在前代的事迹多有追述，而對入唐人物則僅記其在隋朝的行事。

列傳編撰者還盡力提示了與傳主事迹相關的「史莫能詳」的人物綫索。如卷四六張煚傳末附劉仁恩、郭均、馮世基、厙狄嶔，稱「此四人俱顯名於當世，然事行闕落，史莫能詳」。又如卷六四末，稱「時有將軍鹿愿、范貴、馮孝慈，俱爲將帥，數從征討，並有名於世。然事皆亡失，故史官無所述焉」。卷六五趙才傳末，稱「仁壽、大業間，有蘭興浴、賀蘭蕃，俱爲武候將軍，剛嚴正直，不避强禦，咸以稱職知名」。這種連類牽舉的修撰手法，保存了史料不足徵的一些重要人物，並留下了考查的綫索，近年新發現的劉仁恩、郭均、范安貴（即范貴）墓誌，正可彌補原書「史官無所述」的缺憾。

隋書十志佔隋書近半篇幅，史料價值甚高，歷來備受重視。天文志、律曆志是對南北朝以來天文、曆法及度量衡制度演變和成就的總結。地理志所載乃隋大業五年平定吐谷渾更置四郡之初的版圖，同時還記録了南北朝後期的建置沿革。音樂志記録了不同地區不同民族的絢爛多彩的音樂文化及其交融情形，是研究中古時期文化交流的寶貴資料。食貨志和刑法志，是除魏書以外，系統記載這一時期經濟、法制等内容的僅有的專志。經籍志以「見存」爲基礎，標注别本及已亡，對蕭梁至隋典籍存佚進行了全面清理，是研究東漢以來學術發展的主要依據。它所確立的經、史、子、集的傳統典籍四部分類法，被後代奉爲圭臬，在中國古代目録學史上具有重要地位。

典章制度最重流變，但典制的變動與朝代的更替往往並不同步。隋書十志對典制沿革的「完整性」有清醒且充分的認識和自覺，這表現在對典制溯源「接續」的處理上。史通斷限曾批評宋書、隋書斷限不嚴，「宋史則上括魏朝，隋書則仰包梁代」。這個批評顯然並不恰當。因隋書十志原本就是「五代史」志，理應包括梁、陳、北齊、北周的内容。五代而外，十志常常又上溯前代，如音樂志常溯及宋、齊諸朝，食貨志則從「晉自中原喪亂，元帝寓居江左」談起，這就使十志的内容與續漢書志、宋書志、南齊書志、魏書志等前代史書所載典制得以銜接。這種突破史書朝代「斷限」的撰述方式，體現了修撰者對典制沿革的異常重視，也爲研究典章制度的流變提供了難得的系統史料和重要參考。

四

隋書至遲於宋天聖二年即已刊刻流傳。宋會要輯稿卷一三一崇儒四之六記載：「仁宗天聖二年六月，詔直史館張觀、集賢校理王質晁宗慤李淑、祕閣校理陳詁、館閣校勘彭乘、國子監直講公孫覺校勘南北史、隋書，及令知制誥宋綬、龍圖閣待制劉燁提舉之。綬等請就崇文内院校勘，成，復徙外館。又奏國子監直講黄鑑預其事。隋書有詔刻板，内出板樣示之，三年十月版成。」隋書刻板，是北宋王朝陸續校勘、刊刻五經、正史工作的一部分。此前已校刊史記、前後漢書、三國志、晉書、（舊）唐書，此後則又刊行南北朝「七史」。今流傳於世的隋書宋天聖二年刊本末附跋文也稱：「天聖二年五月十一日，上御藥供奉藍元用奉傳聖旨，齎禁中隋書一部，付崇文院。至六月五日，勑差官校勘，時命臣綬、臣燁提點，右正言、直史館張觀等校勘。觀尋爲度支判官，續命黄鑑代之。仍内出版式雕造。」宋天聖刊本隋書，今已失傳。

現將目前所見隋書的主要刻本及其流傳情形略述如左：

一、宋甲本。原點校本稱宋刻遞修本，也稱「宋小字本」，半葉十四行，行廿五、六字。

今存六十五卷（卷一至九、卷一三至一五、卷一九至二六、卷三二至七六，卷七六殘，葉十三後缺），藏中國國家圖書館，有中華再造善本影印本。

二、宋乙本。原點校本稱「宋中字本」，半葉十行，行十九字。今存約八卷，其中五卷（卷二四、二五、八三至八五）藏中國國家圖書館，有中華再造善本影印本；另三卷（卷九至一一）藏臺北「國家圖書館」，卷一一至葉廿四止，其中葉十、十一及十八缺；上海圖書館藏有該卷葉廿七至卅九，其中葉廿九缺。

三、元大德本。即大德饒州路儒學刻本，原點校本稱「元十行本」。現存印本有覆刻、補刻及混配、混配之後的補板遞修等情況，極爲複雜。大德本刊板入明南監，遞經修印，直至萬曆重雕新板爲止。

四、元至順本。即至順瑞州路儒學刻本，原點校本稱「元九行本」，亦經明代修板。今將至順本與百衲本（所據底本爲大德本）通校，知至順本與大德本並非源自同一個系統的宋本。

五、明南監本。即明萬曆二十二年至二十三年南京國子監刻本，與元大德本一脈相承。

六、明北監本。即明萬曆二十六年北京國子監刻本，係據南監本刊刻。

七、明汲古閣本。即明崇禎八年毛氏汲古閣刻本，主要以南監本爲底本，據書中校語，知其曾通校宋本。

八、殿本。即清乾隆四年武英殿刻本，底本爲北監本。清張映斗書末識語稱：「宋本殘缺，乃以監本爲底本。此外完書備校者有南監本、汲古閣本，他本殘缺，亦可參校者，宋本外有兩舊本。」張元濟校史隨筆稱「殿本是書據宋刻校勘，故訛脱視他史爲少，然校刊官張映斗識語，謂宋本殘缺，乃以監本爲底本，故有時不免爲監本所誤」。四庫全書所收隋書即殿本，卷末考證與殿本悉同，又校過監本、汲古閣本及北史、通典等，校勘成果見四庫全書考證。

九、百衲本。百衲本以大德本爲底本影印，但其中既有大德原本，也有覆刻本，且有明代補板。張元濟盡量抽换了明代補板，通校了殿本，相異之處則再校汲古閣本；仍有不同，再校以監本，並作了不少描潤工作，成爲學界可讀可用的善本。

五

隋書原點校本由汪紹楹先生點校，後經陰法魯先生覆閲改定全稿，由鄧經元先生編輯整理，於一九七三年出版發行。此後又多次印刷，並有挖改。近半個世紀以來，點校本幾乎取代了其他各種版本，成爲最通行的版本，贏得了學術界的高度認可，深受廣大讀者的歡迎和信任。隋書修訂工作遵照點校本二十四史及清史稿修訂工作總則確定的修訂原則和工作程序進行。

據原點校本出版説明，隋書校勘採用了傳世的九種版本，並參校通典、太平御覽、册府元龜、資治通鑑、通志等書的有關部分。版本校勘「主要是用宋小字本和兩種元刻本互校，並參校其他刻本，擇善而從。版本校勘，一般不出校記」。採取的是不主一本、擇善而從的校勘方式。我們經過通校可以確知，原點校本所用工作本爲百衲本。此次修訂，仍以百衲本爲底本，既可以很好地與原點校本的工作相銜接，也便於保留和利用張元濟的校勘成果。

修訂工作嚴格遵守版本校勘的原則，以百衲本爲底本，通校宋甲本、宋乙本、元至順本、明汲古閣本，參校元大德本、明南監本、明北監本、清武英殿本，除明顯版刻訛誤外，凡有改動必出校記。在版本校的基礎上，運用本校、他校，大量利用了正史、類書、文集、墓誌等相關資料進行校勘。

修訂工作在原點校本基礎上進行，我們對原點校本的校改之處均一一覆核，充分尊重原點校本的成績，原校勘記需補充資料或論證者，適當加以增補；欠妥或失誤者，加以修改或删除；失校者，則補寫校勘記。分段、標點，明顯欠妥或錯誤者，酌情改訂，其餘悉從原書。

需要特别説明的一點是，百衲本的底本大德本的覆刻、補板情况極爲複雜，在覆刻或修板時，常參考利用後代的版本，加之百衲本影印時又作了修改描潤，所以百衲本的某些文字往往與南北監本、殿本相同，而與宋、元本乃至汲本相異。爲了彌補百衲本的這一缺憾，我們在必要時以異文校的形式，交待宋、元本等早期版本的情况。

修訂工作盡可能充分地吸收前人的研究和校勘成果，除原點校本曾系統利用的如錢大昕廿二史考異、李慈銘隋書札記、張森楷隋書校勘記、張元濟隋書校勘記、姚振宗隋書經籍志考證、楊守敬隋書地理志考證、岑仲勉隋書求是等外，我們對原點校本出版後學術界發表的成果，特别是散見的校讀札記，作了全面梳理利用（詳見書後所附主要參考文獻，此不贅舉）。這些研究和校勘成果，爲修訂工作提供了非常有價值的參考借鑒。希望通過科學、嚴謹的整理，爲學術界和廣大讀者提供一個較爲可靠、便於利用的修訂本。缺點錯誤，在所難免，懇請讀者指正。

點校本隋書修訂組　二〇一八年十二月

點校本隋書修訂凡例

一　中華書局一九七三年點校本隋書採用不主一本、擇善而從的校勘方法，所校版本有宋刻遞修本（校勘記中簡稱宋小字本）、宋刻本（簡稱宋中字本）、元大德饒州路刻本（簡稱元十行本，百衲本據以影印）、元至順瑞州路刻明修本（簡稱元九行本）、明南京國子監本、明北京國子監本、明汲古閣本、清武英殿本、清淮南書局本等九種版本，「主要是用宋小字本和兩種元刻本互校，並參校其他刻本，擇善而從。版本校勘，一般不出校記」（出版説明），形成了一個新的校本。此次修訂以百衲本（上海涵芬樓影印元大德刻本並借北平圖書館、江蘇省立國學圖書館藏本配補）爲底本。

二　修訂所用通校本及簡稱如下：

（一）宋甲本：中華再造善本影印中國國家圖書館藏宋刻遞修本；

（二）宋乙本：中華再造善本影印中國國家圖書館藏宋刻本，存五卷（卷二一四、二一五、八三至八五），另三卷（卷九至一一）藏臺北「國家圖書館」，上海圖書館藏卷一一殘葉；

（三）至順本：中國國家圖書館藏元至順三年瑞州路儒學刻明修本；

（四）汲本：中華書局圖書館藏明崇禎八年毛氏汲古閣刻本。

三　修訂所用參校本及簡稱如下：

（一）大德本：中國國家圖書館藏元大德饒州路儒學刻明正德嘉靖遞修公文紙印本；

（二）南監本：中華書局圖書館藏明萬曆二十二年至二十三年南京國子監刻明清遞修本；

（三）北監本：中華書局圖書館藏明萬曆二十六年北京國子監刻清康熙二十五年補修本；

（四）殿本：上海古籍出版社、上海書店據涵芬樓一九一六年縮印清乾隆四年武英殿刻本影印二十五史本。

四　此次修訂係在原點校本的基礎上進行。原校勘記盡量予以保留，並作全面覆核；個別書證、表述欠妥或出校不審者，視具體情況，或增補潤飾，或徑予删除。

五　修訂本對原點校本的分段、標點大多加以繼承，少數分段、標點有誤或不妥者酌情予以修改。

六　此次修訂以版本校爲基礎，廣泛參校相關典籍，但尤重與隋書史源關係密切的史籍。如本紀、列傳，通校北史、通志、册府元龜、太平御覽及相關墓誌；志，通校通典、職官分紀、樂府詩集等。

七　凡訛、倒、脱、衍而予改、乙、補、删者，一般皆出校説明。形近致訛，或偏旁混刻之字，有版本依據，或前人已加辨正及約定俗成者，則徑予改正。

八　校改從嚴，凡屬史文撰寫的錯誤，原則上不改，凡屬流傳過程中産生的錯誤，則酌情加以校改，以盡量保存該書原貌。

九　隋書校勘研究成果豐富，如張元濟隋書校勘記、岑仲勉隋書求是、姚振宗隋書經籍志考證、楊守敬隋書地理志考證等，均在修訂工作參考之列。引用諸家之説，限於體例，未能一一標明出處，統一編製主要參考文獻，附於書後。

一〇　當世或前朝諱字，原則上不作回改。缺筆者徑補爲正字。惟唐人諱改天干「丙」爲「景」，作爲特例，徑予回改，不出校記。其他專名、成詞涉及避諱者，於首見處出校説明。

一一　新編隋書人名索引、隋書地名索引等，將於日後另行出版。

一二　爲行文方便，校勘記所引文獻部分使用簡稱：

册府元龜，簡稱册府。

太平御覽，簡稱御覽。

資治通鑑，簡稱通鑑。

文獻通考，簡稱通考。

元和郡縣圖志，簡稱元和志。

太平寰宇記，簡稱寰宇記。

錢大昕廿二史考異，簡稱錢大昕考異。

張元濟隋書校勘記，簡稱張元濟校勘記。

姚振宗隋書經籍志考證，簡稱姚振宗考證。

楊守敬隋書地理志考證，簡稱楊守敬考證。

劉次沅諸史天象記録考證，簡稱劉次沅考證。

隋書目録

第一册

第二册

第三册

第四册

第五册

第六册

卷七十二　列傳第三十七

卷七十三　列傳第三十八

卷七十六　列傳第四十一

卷七十七　列傳第四十二

卷八十五　列傳第五十

附録

隋書卷一

帝紀第一

高祖上

高祖文皇帝姓楊氏，諱堅，弘農郡華陰人也。漢太尉震八代孫鉉〔一〕，仕燕爲北平太守。鉉生元壽，後魏代爲武川鎮司馬，子孫因家焉。元壽生太原太守惠嘏，嘏生平原太守烈，烈生寧遠將軍禎〔二〕，禎生忠，忠即皇考也。皇考從周太祖起義關西，賜姓普六茹氏，位至柱國、大司空、隋國公。薨，贈太保，謚曰桓。

皇妣呂氏，以大統七年六月癸丑夜，生高祖於馮翊般若寺，紫氣充庭。有尼來自河東，謂皇妣曰：「此兒所從來甚異，不可於俗間處之。」尼將高祖舍於别館，躬自撫養。皇妣嘗抱高祖，忽見頭上角出，徧體鱗起。皇妣大駭，墜高祖於地。尼自外入見曰：「已驚我兒，致令晚得天下。」爲人龍顔〔三〕，額上有五柱入頂，目光外射，有文在手曰「王」，長上短下。沈深嚴重，初入太學，雖至親昵不敢狎也。

年十四，京兆尹薛善辟爲功曹。十五，以太祖勳授散騎常侍、車騎大將軍、儀同三司，封成紀縣公。十六，遷驃騎大將軍，加開府。周太祖見而歎曰：「此兒風骨，不似代間人！」明帝即位，授右小宮伯，進封大興郡公。帝嘗遣善相者趙昭視之〔四〕，昭詭對曰：「不過作柱國耳。」既而陰謂高祖曰：「公當爲天下君，必大誅殺而後定。善記鄙言。」

武帝即位，遷左小宮伯。出爲隋州刺史，進位大將軍。後徵還，遇皇妣寢疾三年，晝夜不離左右，代稱純孝。宇文護執政，尤忌高祖，屢將害焉，大將軍侯伏侯壽等匡護得免〔五〕。其後襲爵隋國公。武帝娉高祖長女爲皇太子妃，益加禮重。齊王憲言於帝曰：「普六茹堅相貌非常〔六〕，臣每見之，不覺自失。恐非人下，請早除之。」帝曰：「此止可爲將耳。」内史王軌驟言於帝曰：「皇太子非社稷主，普六茹堅貌有反相。」帝不悦，曰：「必天命有在，將若之何？」高祖甚懼，深自晦匿。

建德中，率水軍三萬，破齊師於河橋。明年，從帝平齊，進位柱國。與宇文憲破齊任城王高湝於冀州〔七〕，除定州總管。先是，定州城西門久閉不行。齊文宣帝時，或請開之，以便行路。帝不許，曰：「當有聖人來啓之。」及高祖至而開焉，莫不驚異。尋轉亳州總管。宣帝即位，以后父徵拜上柱國、大司馬。大象初，遷大後丞、右司武，俄轉大前疑。每巡幸，恒委居守。時帝爲刑經聖制，其法深刻。高祖以法令滋章，非興化之道，切諫，不納。

高祖位望益隆，帝頗以爲忌。帝有四幸姬，並爲皇后，諸家爭寵，數相毁譖。帝每忿怒謂后曰：「必族滅爾家。」因召高祖，命左右曰：「若色動，即殺之。」高祖既至，容色自若，乃止。

大象二年五月，以高祖爲揚州總管，將發，暴有足疾，不果行。乙未，帝崩。時静帝幼沖，未能親理政事。内史上大夫鄭譯、御正大夫劉昉以高祖皇后之父，衆望所歸，遂矯詔引高祖入總朝政，都督内外諸軍事。周氏諸王在藩者，高祖恐其生變〔八〕，稱趙王招將嫁女於突厥爲詞以徵之。丁未，發喪。庚戌，周帝拜高祖假黄鉞、左大丞相，百官總己而聽焉。以正陽宫爲丞相府，以鄭譯爲長史，劉昉爲司馬，具置寮佐。宣帝時，刑政苛酷，羣心崩駭，莫有固志。至是，高祖大崇惠政，法令清簡，躬履節儉，天下悦之。

六月，趙王招、陳王純、越王盛、代王達〔九〕、滕王逌並至于長安。相州總管尉遲迥自以重臣宿將，志不能平，遂舉兵東夏。趙、魏之士，從者若流，旬日之間，衆至十餘萬。又宇文胄以滎州，石愻以建州，席毗以沛郡〔一〇〕，毗弟叉羅以兖州，皆應於迥。迥遣子質於陳請援。高祖命上柱國、鄖國公韋孝寬討之。雍州牧畢王賢及趙、陳等五王，以天下之望歸於高祖，因謀作亂。高祖執賢斬之，寢趙王等之罪，因詔五王劍履上殿，入朝不趨，用安其心。

七月，陳將陳紀、蕭摩訶等寇廣陵，吴州總管于顗轉擊破之。廣陵人杜喬生聚衆反，刺史元義討平之。韋孝寬破尉遲迥於相州〔一〕，傳首闕下，餘黨悉平。初，迥之亂也，鄖州總管司馬消難據州響應，淮南州縣多同之。命襄州總管王誼討之，消難奔陳。荆、郢羣蠻乘釁作亂，命亳州總管賀若誼討平之。先是，上柱國王謙爲益州總管，既見幼主在位，政由高祖，遂起巴、蜀之衆，以匡復爲辭。高祖方以東夏、山南爲事，未遑致討。謙進兵屯劍閣，陷始州。至是，乃命行軍元帥、上柱國梁睿討平之，傳首闕下。巴、蜀阻險，人好爲亂，於是更開平道，毁劍閣之路，立銘垂誡焉。五王陰謀滋甚，高祖齎酒肴以造趙王第，欲觀所爲。趙王伏甲以宴高祖，高祖幾危，賴元胄以濟，語在胄傳。於是誅趙王招、越王盛。

九月，以世子勇爲洛州總管、東京小冢宰。壬子，周帝詔曰：「假黄鉞、使持節、左大丞相、都督内外諸軍事、上柱國、大冢宰、隋國公堅，感山河之靈，應星辰之氣，道高雅俗，德協幽顯。釋巾登仕，搢紳傾屬，開物成務，朝野承風。受詔先皇，弼諧寡薄，合天地而生萬物，順陰陽而撫四夷。近者，内有艱虞，外聞妖寇，以鷹鸇之志，運帷帳之謀，行兩觀之誅，掃萬里之外。遐邇清肅，實所賴焉。四海之廣，百官之富，俱禀大訓，咸餐至道。治定功成，棟梁斯託，神猷盛德，莫二於時。可授大丞相，罷左、右丞相之官，餘如故。」

冬十月壬申，詔贈高祖曾祖烈爲柱國、太保、都督徐兗等十州諸軍事、徐州刺史、隋國公，謚曰康；祖禎爲柱國、太傅、都督陝蒲等十三州諸軍事、同州刺史、隋國公，謚曰獻；考忠爲上柱國、太師、大冢宰、都督冀定等十三州諸軍事、雍州牧。誅陳王純〔一二〕。癸酉，上柱國、鄖國公韋孝寬卒〔一三〕。

十一月辛未，誅代王達、滕王逌〔一四〕。

十二月甲子，周帝詔曰：

天大地大，合其德者聖人，一陰一陽，調其氣者上宰。所以降神載挺，陶鑄羣生，代蒼蒼之工，成巍巍之業。假黄鉞、使持節、大丞相、都督内外諸軍事、上柱國、大冢宰、隋國公，應百代之期，當千齡之運，家隆台鼎之盛，門有翊贊之勤。心同伊尹，必致堯舜，情類孔丘，憲章文武。爰初入仕，風流映世，公卿仰其軌物，搢紳謂爲師表。入處禁闈，出居藩政，芳猷茂績，問望彌遠。往平東夏，人情未安。燕南趙北，實爲天府，擁節杖旄，任當連率。柔之以德，導之以禮，畏之若神，仰之若日，芳風美迹，歌頌獨存。淮海榛蕪，多歷年代，作鎮南鄙，選衆惟賢，威震殊俗，化行黔首。任掌鈎陳，職司邦政，國之大事，朝寄更深，鑾駕巡遊，留臺務廣。周公陝西之任，僅可爲倫，漢臣關内之重，未足相況。

及天崩地坼，先帝升遐，朕以眇年，奄經荼毒，親受顧命，保乂皇家。姦人乘隙，潛圖宗社，無君之意已成，竊發之期有日。英規潛運，大略川迴，匡國庇人，罪人斯得。兩河遘亂，三魏稱兵，半天之下，洶洶鼎沸。祖宗之基已虚，生人之命將息〔一五〕。安陸作釁，南通吴、越，蜂飛蠆聚，江、漢騷然。巴、蜀鴟張，翻將問鼎，秦塗更阻，漢門重閉。畫籌帷帳，建出師車，諸將禀其謀，壯士感其義，不違時日，咸得清蕩。九功遠被，七德允諧，百僚師師，四門穆穆。光景照臨之地，風雲去來之所，允武允文，幽明同德，驟山驟水，遐邇歸心。使朕繼踵上皇，無爲以治，聲高宇宙，道格天壤。伊尹輔殷，霍光佐漢，方之蔑如也。

昔營丘、曲阜，地多諸國，重耳、小白，錫用殊禮。蕭何優贊拜之儀，番君越公侯之爵。姬、劉以降，代有令謨，宜崇典禮，憲章自昔。可授相國，總百揆，去都督内外諸軍事、大冢宰之號，進公爵爲王，以隋州之崇業，鄖州之安陸、城陽，温州之宜人，應州之平靖、上明，順州之淮南，士州之永川〔一六〕，昌州之廣昌、安昌，申州之義陽、淮安，息州之新蔡、建安，豫州之汝南、臨潁、廣寧、初安，蔡州之蔡陽，郢州之漢東二十郡爲隋國。劍履上殿，入朝不趨，贊拜不名，備九錫之禮，加璽綬、遠游冠、相國印、緑綟綬，位在諸侯王上。隋國置丞相已下，一依舊式。

高祖再讓，不許。乃受王爵、十郡而已。詔進皇祖、考爵並爲王，夫人爲王妃。辛巳，司馬消難以陳師寇江州，刺史成休寧擊却之。

大定元年春二月壬子，令曰：「已前賜姓，皆復其舊。」是日，周帝詔曰：「伊、周作輔，不辭殊禮之錫，桓、文爲霸，允應異物之典，所以表格天之勳，彰不代之業。相國隋王，前加典策，式昭大禮，固守謙光，綵言未綍。宜申顯命，一如往旨。王功必先人，賞存後己，退讓爲本，誠乖朕意。宜命百辟盡詣王宫，衆心克感，必令允納。如有表奏，勿復通聞。」癸丑，文武百官詣閤敦勸，高祖乃受。甲寅，策曰：

咨爾假黄鉞、使持節、大丞相、都督内外諸軍事、上柱國、大冢宰隋王：天覆地載，藉人事以財成，日往月來，由王道而盈昃。五氣陶鑄，萬物流形。誰代上玄之工，斯則大聖而已。曰惟先正，翊亮皇朝。種德積善，載誕上相。精采不代，風骨異人。匡國濟時，除凶撥亂。百神奉職，萬國宅心。殷相以先知悟人，周輔乃弘道於代，方斯蔑如也。今將授王典禮，其敬聽朕命：

朕以不德，早承丕緒，上靈降禍，夙遭愍凶。妖醜覬覦，密圖社稷，宫省之内，疑慮驚心。公受命先皇，志在匡弼，輯諧內外，潛運機衡，姦人懾憚，謀用丕顯，俾贄旒之危，爲太山之固。是公重造皇室，作霸之基也。伊我祖、考之代，任寄已深，入掌禁兵，外司藩政，文經武略，久播朝野。戎軒大舉，長驅晉、魏，平陽震熊羆之勢，冀部耀貔豹之威。初平東夏，人情未一。叢臺之北，易水之南，西距井陘，東至滄海，比數千里，舉袂如帷。委以連城，建旌杖節，教因其俗，刑用輕典，如泥從印，猶草隨風。此又公之功也。吳、越不賓，多歷年代，淮、海之外，時非國有。爰整其旅，出鎮於亳，武以威物，文以懷遠。羣盜自奔，外户不閉，人黎慕義，襁負而歸。自北之風，化行南國。此又公之功也。宣帝御寓，任重宗臣，入典八屯，外司九伐。禁衛勤巡警之務，治兵得蒐狩之禮。此又公之功也。鑾駕遊幸，頻委留臺，文武注意，軍國諮稟。萬事咸理，反顧無憂。此又公之功也。朕在諒闇，公實總己。磐石之宗，姦回者衆，招引無賴，連結羣小。往者國哀甫爾〔一七〕，已創陰謀，積惡數旬，昆吾方稔。泣誅罄甸，宗廟以寧。此又公之功也。尉迥猖狂〔一八〕，稱兵鄴邑，欲長戟而指北闕，强弩而圍南斗，憑陵三魏之間，震驚九州之半，聚徒百萬，悉成蛇豕，淇水、洹水，一飲而竭。人之死生，翻繫凶豎，壽之長短，不由司命。公乃戒彼鷹揚，出車練卒，誓蒼兕於河朔，建瓴水於山東〔一九〕。口授兵書，手畫行陣，量敵制勝，指日剋期。諸將遵其成旨，壯士感其大義，輕死忘生，轉鬭千里，旗鼓奮發，如火燎毛。玄黃變漳河之水，京觀比爵臺之峻。百城氛祲，一旦廓清。此又公之功也。青土連率，跨據東秦，藉負海之饒，倚連山之險，望三輔而將逐鹿，指六國而願連雞。風雨之兵，助鬼爲虐。本根既拔，枝葉自殞，屈法申恩，示以大信。此又公之功也。申部殘賊，充斥一隅，蠅飛蟻聚，攻州略地。播以玄澤，迷更知反，服而捨之，無費遺鏃。此又公之功也。宇文冑親則宗枝，外藩巖邑，影響鄴賊，有同就燥。迫脅吏人，叛換城戍，偏師討蹙，遂入網羅。束之武牢〔一〇〕，有同囹圄，事窮將軍，如伏國刑。此又公之功也。檀讓、席毗，擁衆河外。陳、韓、梁、鄭、宋、衞、鄒、魯，村落成梟獍之墟，人庶爲豺狼之餌。强以陵弱，大則吞小，城有晝閉，巷無行人。授律出師，隨機掃定，讓既授首，毗亦梟懸。此又公之功也。司馬消難與國親姻，作鎮安陸，性多嗜欲，意好貪聚。屬城子女，劫掠靡餘，部人貨財，多少具罄。擅誅刺舉之使，專殺儀台之臣。懼罪畏威，動而内叛。蠶食郡縣，鴆毒華夷，聞有王師，自投南裔。帝唐崇山之罰，僅可方此，大漢流禦之刑，是亦相匹。逋逃入藪，荆、郢用安。此又公之功也。王謙在蜀，翻爲厲階，閉劍閣之門，塞靈關之宇，自謂五丁復起，萬夫莫向。分閫推轂，嘗不踰時，風馳席卷，一舉大定，擒斬兇惡，掃地無遺。此又公之功也。陳頊因循僞業，自擅金陵，屢遣醜徒，趑趄江北。公指麾藩鎮，無不摧殄。方置文深之柱〔二一〕，非止尉佗之拜。此又公之功也。

公有濟天下之勤，重之以明德，始於辟命，屈己登庸。素業清徽，聲掩廊廟，雄規神略，氣蓋朝野。序百揆而穆四門，恥一匡之舉九合。尊賢崇德，尚齒貴功，録舊旌善，興亡繼絶。寬猛相濟，彝倫攸敍。敦睦帝親，崇獎王室。星象不拆，陰陽自調，玄冥、祝融如奉太公之召，雨師、風伯似應成王之宰。祥風嘉氣，觸石摇林，瑞獸異禽，遊園鳴閣。至功至德，可大可久，盡品物之和，究杳冥之極。

朕又聞之，昔者明王設官胙土，營丘四履，得征五侯，參墟寵章，異其禮物。故藩屏作固，垂拱責成，沈嘿巖廊，不下堂席。公道高往烈，賞薄前王。朕以眇身，託于兆人之上，求諸故實，甚用懼焉。往加大典，憲章在昔。謙以自牧，未應朝禮。日月不居，便已隔歲。時談物議，其謂朕何！今進授相國、總百揆，以申州之義陽等二十郡爲隋國。今命使持節、太傅、上柱國、杞國公椿，大宗伯、大將軍、金城公趙煚，授相國印綬。相國禮絶百辟，任總羣官，舊職常典，宜與事革。昔堯臣太尉，舜佐司空，姬旦相周，霍光輔漢，不居藩國，唯在天朝。其以相國總百揆，去衆號焉。上所假節、大丞相、大冢宰印綬。

又加九錫，其敬聽朕後命。以公執律脩德，慎獄恤刑，爲其訓範，人無異志，是用錫公大輅、戎輅各一，玄牡二駟。公勤心地利，所寶人天，崇本務農，公私殷阜，是用錫公衮冕之服，赤舄副焉。公樂以移風，雅以變俗，遐邇胥悅，天地咸和，是用錫公軒懸之樂，六佾之舞。公仁風德教，覃及海隅，荒忽幽遐，迴首内向，是用錫公朱户以居。公水鏡人倫，銓衡庶職，能官流詠，遺賢必舉，是用錫公納陛以登。公執鈞於内，正性率下，犯義無禮，罔不屏黜，是用錫公武賁之士三百人〔三〕。公元本闕。是用錫公鈇鉞各一。公威嚴夏日，精厲秋霜，猾夏必誅，顧眄天壤，掃清姦宄，折衝無外，是用錫公彤弓一、彤矢百，盧弓十、盧矢千。惟公孝通神明，肅恭祀典，尊嚴如在，情切幽明，是用錫公秬鬯一卣，珪瓚副焉。隋國置丞相以下，一遵舊式。往欽哉！其敬循往策，祗服大典，簡恤爾庶功，對揚我太祖之休命。

於是建臺置官。

丙辰，詔王冕十有二旒，建天子旌旗，出警入蹕，乘金根車，駕六馬，備五時副車，置旄頭雲罕，樂舞八佾，設鍾虡宮懸。王妃爲王后，長子爲太子。前後三讓，乃受。

俄而周帝以衆望有歸，乃下詔曰：「元氣肇闢，樹之以君，有命不恒，所輔惟德。天心人事，選賢與能，盡四海而樂推，非一人而獨有。周德將盡，妖孽遞生，骨肉多虞，藩維構釁，影響同惡，過半區宇，或小或大，圖帝圖王，則我祖宗之業，不絕如綫。相國隋王，叡聖自天，英華獨秀，刑法與禮儀同運，文德共武功俱遠，愛萬物其如己，任兆庶以爲憂。手運璣衡，躬命將士，芟夷姦宄，刷蕩氛祲，化通冠帶，威震幽遐。虞舜之大功二十，未足相比，姬發之合位三五，豈可足論。況木行已謝，火運既興，河、洛出革命之符，星辰表代終之象。煙雲改色，笙簧變音，獄訟咸歸，謳歌盡至。且天地合德，日月貞明，故以稱大爲王，照臨下土。朕雖寡昧，未達變通，幽顯之情，皎然易識。今便祗順天命，出遜別宮，禪位於隋，一依唐、虞、漢、魏故事。」高祖三讓，不許。遣兼太傅、上柱國、杞國公椿奉册曰：

咨爾相國隋王：粵若上古之初，爰啓清濁，降符授聖，爲天下君。事上帝而理兆人，和百靈而利萬物，非以區宇之富，未以宸極爲尊。大庭、軒轅以前，驪連、赫胥之日，咸以無爲無欲，不將不迎。遐哉！其詳不可聞已。厥有載籍，遺文可觀。聖莫逾於堯，美未過於舜。堯得太尉，已作運衡之篇，舜遇司空，便叙精華之竭。彼褰裳脱屣，貳宮設饗，百辟歸禹，若帝之初。斯蓋上則天時，不敢不授，下祗天命，不可不受。湯代於夏，武革於殷，干戈揖讓，雖復異揆，應天順人，其道靡異。自漢迄晉，有魏至周，天曆逐獄訟之歸，神鼎隨謳歌之去。道高者稱帝，籙盡者不王，與夫文祖、神宗無以別也。

周德將盡，禍難頻興，宗戚姦回，咸將竊發。顧瞻宮闕，將圖宗社，藩維連率，逆亂相尋。搖蕩三方，不合如礪，蛇行鳥攫，投足無所。王受天明命，叡德在躬，救頹運之艱，匡墜地之業，拯大川之溺，撲燎原之火，除羣凶於城社，廓妖氛於遠服，至德合於造化，神用洽於天壤。八極九野，萬方四裔，圓首方足，罔不樂推。往歲長星夜掃，經天晝見，八風比夏后之作，五緯同漢帝之聚，除舊之徵，昭然在上。近者赤雀降祉，玄龜効靈，鍾石變音，蛟魚出穴，布新之貺，煥焉在下。九區歸往，百靈協贊，人神屬望，我不獨知。仰祗皇靈，俯順人願，今敬以帝位禪於爾躬。天祚告窮，天祿永終。於戲！王宜允執厥和〔二三〕，儀刑典訓，升圓丘而敬蒼昊，御皇極而撫黔黎，副率土之心，恢無疆之祚，可不盛歟！

遣大宗伯、大將軍、金城公趙煚奉皇帝璽紱，百官勸進。高祖乃受焉。

開皇元年二月甲子，上自相府常服入宮，備禮即皇帝位於臨光殿。設壇於南郊，遣使柴燎告天。是日，告廟，大赦，改元。京師慶雲見。易周氏官儀，依漢、魏之舊。以柱國、相國司馬、渤海郡公高熲爲尚書左僕射兼納言，相國司録、沁源縣公虞慶則爲内史監兼吏部尚書，相國内郎、咸安縣男李德林爲内史令，上開府、漢安縣公韋世康爲禮部尚書，上開府、義寧縣公元暉爲都官尚書，開府、民部尚書〔二四〕、昌國縣公元巖爲兵部尚書，上儀同、司宗長孫毗爲工部尚書，上儀同、司會楊尚希爲度支尚書，上柱國、雍州牧、邗國公楊惠爲左衞大將軍。乙丑，追尊皇考爲武元皇帝，廟號太祖，皇妣爲元明皇后。遣八使巡省風俗。丙寅，修廟社。立王后獨孤氏爲皇后，王太子勇爲皇太子。丁卯，以大將軍、金城郡公趙煚爲尚書右僕射，上開府、濟陽侯伊婁彥恭爲左武候大將軍。己巳，以周帝爲介國公，邑五千户，爲隋室賓。旌旗車服禮樂，一如其舊。上書不爲表，答表不稱詔。周氏諸王，盡降爲公。辛未，以皇弟同安郡公爽爲雍州牧。乙亥，封皇弟邵國公慧爲滕王，同安公爽爲衞王；皇子雁門公廣爲晉王〔一五〕，俊爲秦王，秀爲越王，諒爲漢王。以上柱國、并州總管、申國公李穆爲太師，上柱國、鄧國公竇熾爲太傅，上柱國、幽州總管、任國公于翼爲太尉，觀國公田仁恭爲太子太師，武德郡公柳敏爲太子太保，濟南郡公孫恕爲太子少傅，開府蘇威爲太子少保。丁丑，以晉王廣爲并州總管，以陳留郡公楊智積爲蔡王，興城郡公楊靜爲道王。戊寅，以官牛五千頭分賜貧人。

三月辛巳〔一六〕，高平獲赤雀，太原獲蒼烏，長安獲白雀，各一。宣仁門槐樹連理，衆枝内附。壬午，白狼國獻方物。甲申，太白晝見。乙酉，又晝見。以上柱國元景山爲安州總管。丁亥，詔犬馬器玩口味不得獻上。戊子，弛山澤之禁。以上開府、當亭縣公賀若弼爲楚州總管，和州刺史、新義縣公韓擒爲廬州總管〔一七〕。己丑，盩厔縣獻連理樹，植之宫庭。

辛卯，以上柱國、神武郡公竇毅爲定州總管。戊戌，以太子少保蘇威兼納言、吏部尚書，餘官如故。庚子，詔曰：「自古帝王受終革代，建侯錫爵，多與運遷。朕應籙受圖，君臨海內，載懷沿革，事有不同。然則前帝後王，俱在兼濟，立功立事，爵賞仍行。苟利於時，其致一揆，何謂物我之異，無計今古之殊。其前代品爵，悉可依舊。」丁未，梁主蕭巋使其太宰蕭巖、司空劉義來賀。

四月辛巳，大赦。壬午，太白、歲星晝見。戊戌，太常散樂並放爲百姓，禁雜樂百戲。辛丑，陳散騎常侍韋鼎、兼通直散騎常侍王瑳來聘于周，至而上已受禪，致之介國。是月，發稽胡修築長城，二旬而罷。

五月戊午〔一八〕，封邗國公楊雄爲廣平王，永康郡公楊弘爲河間王。辛未，介國公薨，上舉哀於朝堂，以其族人洛嗣焉。

六月癸未，詔以初受天命，赤雀降祥，五德相生，赤爲火色。其郊及社廟，依服冕之儀，而朝會之服，旗幟犧牲，盡令尚赤。戎服以黄。

秋七月乙卯，上始服黄，百寮畢賀。庚午，靺鞨酋長貢方物。

八月壬午，廢東京官。突厥阿波可汗遣使貢方物。甲午，遣行軍元帥樂安公元諧擊吐谷渾於青海，破而降之。

九月戊申，戰亡之家，遣使賑給。庚午，陳將周羅睺攻陷胡墅，蕭摩訶寇江北。辛未，以越王秀爲益州總管，改封爲蜀王。壬申，以上柱國、薛國公長孫覽，上柱國、宋安公元景山，並爲行軍元帥，以伐陳，仍命尚書左僕射高熲節度諸軍。突厥沙鉢略可汗遣使貢方物。是月，行五銖錢。

冬十月乙酉，百濟王扶餘昌遣使來賀，授昌上開府儀同三司、帶方郡公。戊子，行新律。壬辰，行幸岐州。

十一月乙卯，以永富郡公竇榮定爲右武候大將軍〔一九〕。丁卯，遣兼散騎侍郎鄭撝使於陳。己巳，有流星，聲如隤牆，光燭于地。

十二月戊寅，以申州刺史尒朱敞爲金州總管。甲申，以禮部尚書韋世康爲吏部尚書。己丑，以柱國元衮爲廓州總管，興勢郡公衞玄爲淮州總管。庚子，至自岐州。壬寅，高麗王高陽遣使朝貢，授陽大將軍、遼東郡公。太子太保柳敏卒。

二年春正月癸丑，幸上柱國王誼第。庚申，幸安成長公主第。陳宣帝殂，子叔寶立。辛酉，置河北道行臺尚書省於并州，以晉王廣爲尚書令。置河南道行臺尚書省於洛州，以秦王俊爲尚書令。置西南道行臺尚書省於益州，以蜀王秀爲尚書令。戊辰，陳遣使請和，歸我胡墅。辛未，高麗、百濟並遣使貢方物。甲戌，詔舉賢良。

二月己丑，詔高熲等班師。庚寅，以晉王廣爲左武衛大將軍，秦王俊爲右武衛大將軍，餘官並如故。辛卯，幸趙國公獨孤陀第。庚子，京師雨土。

三月戊申，開渠，引杜陽水於三時原。

四月丁丑，以寧州刺史竇榮定爲左武候大將軍。庚寅，大將軍韓僧壽破突厥於雞頭山，上柱國李充破突厥於河北山。

五月戊申，以上柱國、開府長孫平爲度支尚書。己酉，旱，上親省囚徒，其日大雨。己未，高寶寧寇平州，突厥入長城。庚申，以豫州刺史皇甫績爲都官尚書。壬戌，太尉、任國公于翼薨。甲子，改傳國璽曰受命璽。

六月壬午，以太府卿蘇孝慈爲兵部尚書，雍州牧、衞王爽爲原州總管。甲申，使使弔於陳國。乙酉，上柱國李充破突厥於馬邑。戊子，以上柱國叱李長叉爲蘭州總管。辛卯，以上開府尒朱敞爲徐州總管。丙申，詔曰：

朕祗奉上玄，君臨萬國，屬生人之敝，處前代之宮。常以爲作之者勞，居之者逸，改創之事，心未遑也。而王公大臣陳謀獻策，咸云羲、農以降，至于姬、劉，有當代而屢遷，無革命而不徙。曹、馬之後，時見因循，乃末代之宴安，非往聖之宏義。此城從漢，彫殘日久，屢爲戰場，舊經喪亂。今之宫室，事近權宜，又非謀筮從龜，瞻星揆日，不足建皇王之邑，合大衆所聚。論變通之數，具幽顯之情，同心固請，詞情深切。然則京師百官之府，四海歸向，非朕一人之所獨有。苟利於物，其可違乎！且殷之五遷，恐人盡怨〔二〇〕，是則以吉凶之土，制長短之命。謀新去故，如農望秋，雖暫劬勞，其究安宅。今區宇寧一，陰陽順序，安安以遷，勿懷胥怨。龍首山川原秀麗，卉物滋阜，卜食相土，宜建都邑，定鼎之基永固，無窮之業在斯。公私府宅，規模遠近，營構資費，隨事條奏。

仍詔左僕射高熲、將作大匠劉龍、鉅鹿郡公賀婁子幹、太府少卿高龍叉等創造新都。

秋八月癸巳，以左武候大將軍竇榮定爲秦州總管。

十月癸酉，皇太子勇屯兵咸陽，以備胡。庚寅，上疾愈，享百寮於觀德殿，賜錢帛，皆任其自取，盡力而出。辛卯，以營新都副監賀婁子幹爲工部尚書。

十一月丙午，高麗遣使獻方物。

十二月辛未，上講武於後園。甲戌，上柱國竇毅卒。丙子，名新都曰大興城。乙酉，遣沁源公虞慶則屯弘化〔二一〕，備胡。突厥寇周槃，行軍總管達奚長儒擊之，爲虜所敗。丙戌，賜國子生經明者束帛。丁亥，親録囚徒。

三年春正月庚子，將入新都，大赦天下。禁大刀長稍。癸亥，高麗遣使來朝。

二月己巳朔，日有蝕之。壬申，宴北道勳人。癸酉，陳遣兼散騎常侍賀徹、兼通直散騎常侍蕭褒來聘。突厥寇邊。甲戌，涇陽獲毛龜。癸未，以左衞大將軍李禮成爲右武衞大將軍。

三月丁未，上柱國、鮮虞縣公謝慶恩卒。己酉，以上柱國達奚長儒爲蘭州總管。丙辰，雨，常服入新都。京師醴泉出。丁巳，詔購求遺書於天下。庚申，宴百寮，班賜各有差。癸亥，城榆關。

夏四月己巳，上柱國、建平郡公于義卒。庚午，吐谷渾寇臨洮，洮州刺史皮子信死之。辛未，高麗遣使來朝。壬申，以尚書右僕射趙煚兼內史令。丁丑，以滕王瓚爲雍州牧。己卯，衞王爽破突厥於白道。庚辰，行軍總管陰壽破高寶寧於黃龍。甲申，旱，上親祈雨師於國城之西南〔三〕。丙戌，詔天下勸學行禮。以濟北郡公梁遠爲汶州總管。己丑，陳郢州城主張子譏遣使請降，上以和好，不納。辛卯，遣兼散騎常侍薛舒、兼通直散騎常侍王劭使於陳。癸巳，上親雩。甲午，突厥遣使來朝。

五月癸卯，行軍總管李晃破突厥於摩那渡口。甲辰，高麗遣使來朝。乙巳，梁太子蕭琮來賀遷都。丁未，靺鞨貢方物。戊申，幽州總管陰壽卒。辛酉，有事於方澤。壬戌，行軍元帥竇榮定破突厥及吐谷渾於涼州。丙寅，赦黃龍死罪已下。

六月庚午，以衞王爽子集爲遂安郡王。戊寅，突厥遣使請和。庚辰，行軍總管梁遠破吐谷渾於爾汗山，斬其名王。壬申〔三三〕，以晉州刺史燕榮爲青州總管。己丑，以河間王弘爲寧州總管。乙未，幸安成長公主第。

秋七月辛丑，以豫州刺史周摇爲幽州總管。壬戌，詔曰：「行仁蹈義，名教所先，厲俗敦風，宜見褒獎。往者，山東、河表，經此妖亂，孤城遠守，多不自全。濟陰太守杜猷身陷賊徒，命懸寇手。郡省事范臺玫傾産營護，免其戮辱。眷言誠節，實有可嘉，宜超恒賞，用明沮勸。臺玫可大都督、假湘州刺史。」丁卯，日有蝕之〔三四〕。

八月丁丑，靺鞨貢方物。己卯，以右武衞大將軍李禮成爲襄州總管。壬午，遣尚書左僕射高熲出寧州道，内史監虞慶則出原州道，並爲行軍元帥，以擊胡。戊子，上有事於太社。

九月壬子，幸城東，觀稼穀。癸丑，大赦天下。

冬十月甲戌，廢河南道行臺省，以秦王俊爲秦州總管。

十一月己酉，發使巡省風俗，因下詔曰：「朕君臨區宇，深思治術，欲使生人從化，以德代刑，求草萊之善，旌閭里之行。民間情僞，咸欲備聞。已詔使人，所在賑恤，揚鑣分路，將遍四海，必令爲朕耳目。如有文武才用，未爲時知，宜以禮發遣，朕將銓擢。其有志節高妙，越等超倫，亦仰使人就加旌異，令一行一善獎勸於人。遠近官司，遐邇風俗，巨細必紀，還日奏聞。庶使不出户庭，坐知萬里。」

庚辰，陳遣散騎常侍周墳、通直散騎常侍袁彦來聘〔三五〕。陳主知上之貌異世人，使彦畫像持去。甲午，罷天下諸郡。

閏十二月乙卯，遣兼散騎常侍唐令則〔三六〕、通直散騎常侍魏澹使於陳。戊午，以上柱國竇榮定爲右武衛大將軍，刑部尚書蘇威爲民部尚書。

四年春正月甲子，日有蝕之。己巳，有事於太廟。辛未，有事於南郊。壬申，梁主蕭巋來朝。甲戌，大射於北苑，十日而罷。壬午，齊州水。辛卯，渝州獲獸似麋，一角同蹄。壬辰，班新曆。

二月乙巳，上餞梁主於霸上。丁未，靺鞨貢方物。突厥蘇尼部男女萬餘人來降。庚戌，幸隴州。突厥可汗阿史那玷率其屬來降〔三七〕。

夏四月己亥，勑總管、刺史父母及子年十五已上，不得將之官。庚子，以吏部尚書虞慶則爲尚書右僕射，瀛州刺史楊尚希爲兵部尚書，毛州刺史劉仁恩爲刑部尚書。甲辰，以上柱國叱李長叉爲信州總管。丁未，宴突厥、高麗、吐谷渾使者於大興殿。丁巳，以上大將軍賀婁子幹爲楡關總管。

五月癸酉，契丹主莫賀弗遣使請降，拜大將軍。丙子，以柱國馮昱爲汾州總管。乙酉，以汴州刺史吕仲泉爲延州總管。

六月庚子，降囚徒。乙巳，以鴻臚卿乙弗寔爲翼州總管，上柱國豆盧勣爲夏州總管。壬子，開渠，自渭達河〔三八〕，以通運漕。戊午，秦王俊來朝。

秋七月丙寅，陳遣兼散騎常侍謝泉、兼通直散騎常侍賀德基來聘。

八月甲午，遣十使巡省天下。戊戌，衞王爽來朝。是日，以秦王俊納妃，宴百寮，班賜各有差。壬寅，上柱國、太傅、鄧國公竇熾薨。丁未，宴秦王官屬，賜物各有差。壬子，享陳使。乙卯，陳將夏侯苗請降，上以通和，不納。

九月甲子，幸襄國公主第。乙丑，幸霸水，觀漕渠，賜督役者帛各有差。己巳，上親録囚徒。庚午，契丹内附。甲戌，駕幸洛陽，關内飢也。癸未，太白晝見。

冬十一月壬戌，遣兼散騎常侍薛道衡、通直散騎常侍豆盧寔使於陳。癸亥，以楡關總管賀婁子幹爲雲州總管。

五年春正月戊辰，詔行新禮。

三月戊午，以尚書左僕射高熲爲左領軍大將軍，上柱國宇文忻爲右領軍大將軍。

夏四月甲午，契丹主多彌遣使貢方物。壬寅，上柱國王誼謀反，伏誅。乙巳，詔徵山東馬榮伯等六儒。戊申，車駕至自洛陽。

五月甲申，詔置義倉。梁主蕭巋殂，其太子琮嗣立。遣上大將軍元契使于突厥阿波可汗。

秋七月庚申，陳遣兼散騎常侍王話、兼通直散騎常侍阮卓來聘。丁丑，以上柱國宇文慶爲涼州總管。壬午，突厥沙鉢略上表稱臣。

八月丙戌，沙鉢略可汗遣子庫合真特勤來朝〔三九〕。甲辰，河南諸州水，遣民部尚書邳國公蘇威賑給之。戊申，有流星數百，四散而下。己酉，幸栗園。

九月丁巳，至自栗園。乙丑，改鮑陂曰杜陂，霸水爲滋水。陳將湛文徹寇和州，儀同三司費寶首獲之。丙子，遣兼散騎常侍李若、兼通直散騎常侍崔君贍使於陳。

冬十月壬辰，以上柱國楊素爲信州總管，朔州總管吐萬緒爲徐州總管。

十一月甲子，以上大將軍源雄爲朔州總管。丁卯，晉王廣來朝。

十二月丁未，降囚徒。戊申，以上柱國達奚長儒爲夏州總管。

六年春正月甲子，党項羌内附。庚午，班曆於突厥。辛未，以柱國韋洸爲安州總管。壬申，遣民部尚書蘇威巡省山東。

二月乙酉，山南荆、淅七州水〔四〇〕，遣前工部尚書長孫毗賑恤之。丙戌，制刺史上佐每歲暮更入朝，上考課。丁亥，發丁男十一萬修築長城，二旬而罷。乙未，以上柱國崔弘度爲襄州總管。庚子，大赦天下。

三月己未，洛陽男子高德上書，請上爲太上皇，傳位皇太子。上曰：「朕承天命，撫育蒼生，日旰孜孜，猶恐不逮。豈學近代帝王，事不師古，傳位於子，自求逸樂者哉！」癸亥，突厥沙鉢略遣使貢方物。

夏四月己亥，陳遣兼散騎常侍周磻、兼通直散騎常侍江椿來聘。

秋七月辛亥，河南諸州水。乙丑，京師雨毛，如馬鬉尾，長者二尺餘，短者六七寸。

八月辛卯，關内七州旱，免其賦税。遣散騎常侍裴豪〔四一〕、兼通直散騎常侍劉顗聘于陳。戊申，上柱國、太師、申國公李穆薨。

閏月己酉，以河州刺史段文振爲蘭州總管。丁卯，皇太子鎮洛陽。辛未，晉王廣、秦王俊並來朝。丙子，上柱國、郕國公梁士彦，上柱國、杞國公宇文忻，柱國、舒國公劉昉，以謀反伏誅。上柱國、許國公宇文善坐事除名。

九月辛巳，上素服御射殿，詔百寮射，賜梁士彦三家資物。丙戌，上柱國、宋安郡公元景山卒。庚子，以上柱國李詢爲隰州總管。辛丑，詔大象已來死事之家，咸令賑恤。

冬十月己酉，以河北道行臺尚書令、并州總管、晉王廣爲雍州牧，餘官如故；兵部尚書楊尚希爲禮部尚書。癸丑，置山南道行臺尚書省於襄州，以秦王俊爲尚書令。丙辰，以芳州刺史駱平難爲疊州刺史，衡州總管周法尚爲黄州總管。甲子，甘露降于華林園。

七年春正月癸巳，有事于太廟。乙未，制諸州歲貢三人。

二月丁巳，祀朝日于東郊。己巳，陳遣兼散騎常侍王亨、兼通直散騎常侍王昚來聘。壬申，車駕幸醴泉宫。是月，發丁男十萬餘修築長城，二旬而罷。

夏四月己酉，幸晉王第。庚戌，於揚州開山陽瀆，以通運漕。突厥沙鉢略可汗卒，其子雍虞閭嗣立〔四二〕，是爲都藍可汗。癸亥，頒青龍符於東方總管、刺史，西方以騶虞〔四三〕，南方以朱雀，北方以玄武。甲戌，遣兼散騎常侍楊同、兼通直散騎常侍崔儦使于陳。以民部尚書蘇威爲吏部尚書。

五月乙亥朔，日有蝕之。己卯，雨石于武安、滏陽間十餘里。

秋七月己丑，衞王爽薨，上發喪於門下外省。

八月丙午，以懷州刺史源雄爲朔州總管。庚申，梁主蕭琮來朝。

九月乙酉，梁安平王蕭巖掠於其國，以奔陳。辛卯，廢梁國，曲赦江陵。以梁主蕭琮爲柱國，封莒國公。

冬十月庚申，行幸同州，以先帝所居，降囚徒。癸亥，幸蒲州。丙寅，宴父老，上極懽，曰：「此間人物，衣服鮮麗，容止閑雅，良由仕宦之鄉，陶染成俗也。」

十一月甲午，幸馮翊，親祠故社。父老對詔失旨，上大怒，免其縣官而去。戊戌，至自馮翊。

校勘記

〔一〕漢太尉震八代孫鉉　「代」，北史卷一一隋本紀上作「世」，蓋唐人避諱改。錢大昕考異卷三三，隋史成於唐太宗時，其時不避「世」字，此紀多處改「世」爲「代」，皆唐人追改；而仍作「世」者，蓋唐以後人又據它書回改，而改之不盡，或因校書者展轉改易。今按，本書「代」、「世」雜出，各從底本，不另出校。

〔二〕 椵生平原太守烈烈生寧遠將軍禎　「平原太守」，周書卷一九楊忠傳作「太原郡守」。「寧遠將軍」，周書作「建遠將軍」。

〔三〕 爲人龍顔　「顔」，殿本、北史卷一一隋本紀上、册府卷四四帝王部奇表均作「頷」。

〔四〕 趙昭　御覽卷七三〇方術部一一相中引隋書、宋本册府卷八六〇總録部相術作「趙照」，北史卷一一隋本紀上作「來和」。本書卷七八藝術來和傳、北史卷八九藝術上來和傳載來和開皇末所上表，自陳爲周武帝相楊堅事，與此處記事相合。

〔五〕 侯伏侯壽　即侯伏侯萬壽。顔師古匡謬正俗卷六複名、顧炎武日知録卷二三古人二名止用一字均謂古人名時作省稱。

〔六〕 普六茹堅　「堅」，宋甲本作「諱」，册府卷四四帝王部奇表注：「臣欽若等曰，普六茹，周所賜姓；堅，諱也。」蓋隋人避諱，唐史臣未回改。本書以下徑從正字，不另出校。

〔七〕 與宇文憲破齊任城王高湝於冀州　「與」字原闕，據宋甲本補。北史卷一一隋本紀上、御覽卷一〇六皇王部三一隋高祖文皇帝引隋書、册府卷七帝王部創業亦有「與」字。

〔八〕 高祖恐其生變　「恐」上原有「悉」字，據宋甲本删。大德本「悉」字處空一格。御覽卷一〇六皇王部三一隋高祖文皇帝引隋書、册府卷七帝王部創業均無此字。

〔九〕 越王盛代王達　原作「越王達代王盛」，據殿本改。册府卷七帝王部創業亦作「越王盛代王達」。本卷下文有「越王盛」、「代王達」，卷四〇王誼傳、虞慶則傳、卷四一高熲傳有「越王盛」。按周書卷一三文閔明武宣諸子傳，盛爲越野王、達爲代奰王。

〔一〇〕席毗　即「席毗羅」之省稱。本書省稱、全稱雜用，不另出校。

〔一一〕「七月」至「韋孝寬破尉遲迥於相州」　本年繫月無八月，疑脱。周書卷八靜帝紀、北史卷一〇周本紀下、卷一一隋本紀上均繫韋孝寬破尉遲迥事於八月庚午。

〔一二〕（壬申）誅陳王純　周書卷八靜帝紀、北史卷一一隋本紀上繫此事於是月壬戌，疑此處脱。

〔一三〕「冬十月壬申」至「癸酉上柱國鄖國公韋孝寬卒」　韋孝寬之卒，北史卷六四韋孝寬傳繫於十一月，周書卷八靜帝紀、北史卷一〇周本紀下、通鑑卷一七四陳紀八宣帝太建十二年繫於十一月丁未（廿五日），韋孝寬墓誌作十一月廿七日（己酉）。

〔一四〕十一月辛未誅代王達滕王逌　是月癸未朔，無辛未。周書卷八靜帝紀繫此事於十二月辛未。十二月壬子朔，辛未爲二十日。按大周故滕國間公墓誌，滕王薨於大象二年十二月廿一日，廿七日窆於京兆萬年縣。但本書此下紀事爲十二月甲子（十三日），不應在二十一日之後。或繫日有顛倒。

〔一五〕生人之命將怠　「人」，應作「民」，蓋唐人諱改。本書「人」、「民」雜出，後各從底本，不另出校。

〔一六〕土州　疑爲「土州」之訛。通鑑卷一七四陳紀八宣帝太建十二年十二月胡注引隋書帝紀作「土州」。本書卷三一地理志下漢東郡土山縣：「梁曰龍巢，置土州。」陳書卷五宣帝紀，太建十二年八月，周司馬消難據九州降陳，其中有土州。

〔一七〕國哀甫爾　「哀」，原作「衰」，據梅鼎祚隋文紀卷三、張溥百三家集卷一一六李德林隋王九錫册文、嚴可均全隋文卷一七所引改。李慈銘隋書札記亦稱「『衰』爲『哀』之誤字」。

〔一八〕尉迥　即「尉遲迥」之省稱。

〔一九〕建瓴水於山東　「山東」，原作「東山」，據宋甲本改。

〔二〇〕武牢　即「虎牢」，唐人諱改。

〔二一〕方置文深之柱　「文深」，應作「文淵」，唐人諱改。文淵，馬援字，立柱事見後漢書卷二四馬援傳。

〔二二〕是用錫公武賁之士三百人　「武賁」，應作「虎賁」，唐人諱改。

〔二三〕王宜允執厥和　「和」，應作「中」，「允執厥中」，語出僞古文尚書大禹謨。蓋隋人避「忠」諱改，唐史臣未回改。

〔二四〕民部尚書　本書卷六二元巖傳作「民部中大夫」。蓋隋人避「忠」諱改，唐史臣未回改。

〔二五〕皇子雁門公廣爲晉王　「廣」，宋甲本、大德本作「諱」，汲本作「□」，注：「廣〇宋本諱。」王鳴盛十七史商榷卷五五各帝書諱言，唐人修梁書，於諸帝名皆稱諱，與此類似。蓋隋人避諱，唐史臣未回改。本書以下徑從正字，不另出校。

〔二六〕三月辛巳　「三月」，原作「二月」，據宋甲本、大德本、至順本、汲本改。開皇元年二月壬子朔，無辛巳：，辛巳爲三月初一。

〔二七〕韓擒　即韓擒虎，唐人避諱或作省稱。

〔二八〕五月戊午　「戊午」，原作「戊子」，據北史卷一一隋本紀上改。是月庚戌朔，無戊子，戊午爲初九日。通鑑卷一七五陳紀九宣帝太建十三年五月亦繫其事於戊午。

〔二九〕以永富郡公竇榮定爲右武候大將軍　「永富」，原作「永昌」。本書卷三九竇榮定傳記其爲「永富縣公」，卷七八藝術來和傳作「永富公」，北史卷一一隋本紀上作「永富郡公」。「永富」是，今據改。

〔三〇〕且殷之五遷恐人盡怨　「怨」，原作「死」，據北史卷一一隋本紀上改。按，尚書盤庚：「盤庚五遷，將治亳殷，民咨胥怨，作盤庚三篇。」史記卷三殷本紀：「帝盤庚之時，（中略）迺五遷，無定處。殷民咨胥皆怨，不欲徙。」

〔三一〕遣沁源公虞慶則屯弘化　「沁源公」，北史卷一一隋本紀上作「彭城公」。本書卷四〇虞慶則傳，北周時襲爵沁源縣公，開皇元年已封彭城郡公。

〔三二〕上親祈雨師於國城之西南　「師」字原闕，據宋甲本補。「祈雨師」，北史卷一一隋本紀上、册府卷一四三帝王部弭災作「祀雨師」。本書卷七禮儀志二：「舊禮祀司中、司命、風師、雨師之法，皆隨其類而祭之。（中略）隋制，（中略）國城西南八里金光門外爲雨師壇，祀以立夏後申。」

〔三三〕壬申　是月戊辰朔，壬申乃初五日，其紀事不當在其上庚辰（十三日）與其下己丑（廿二日）之間。紀文當有訛誤或顛倒。

〔三四〕（秋七月）丁卯日有蝕之　通鑑卷一七五陳紀九長城公至德元年：「八月，丁卯朔，日有食之。」通鑑考異卷八陳紀下長城公至德元年八月條：「隋紀作七月丁卯，蓋曆差。」

〔三五〕庚辰陳遣散騎常侍周墳通直散騎常侍袁彦來聘　「庚辰」前疑脱「十二月」。按十一月丙申朔，無庚辰。十二月乙丑朔，庚辰爲十六日，其後之甲午爲三十日。册府卷一四二帝王部和好正繫此事於十二月。

〔三六〕唐令則　宋甲本、大德本、至順本、汲本、殿本作「曹令則」。

〔三七〕阿史那玷　北史卷一一隋本紀上、册府卷九七七外臣部降附、通鑑考異卷八陳紀下長城公至德二年二月引隋帝紀、玉海卷一九〇兵捷隋行軍元帥破突厥引隋書本紀均作「阿史那玷厥」。

〔三八〕自渭達河　「達河」，宋甲本、大德本、至順本、汲本、玉海卷二一地理隋廣通渠漕渠富人渠引隋書作「運門」。

〔三九〕沙鉢略可汗遣子庫合真特勤來朝　「特勤」，原作「特勒」，據闕特勤碑、本書卷二高祖紀下、卷三煬帝紀上改。下文「特勤」同改。

〔四〇〕山南荆淅七州水　「淅」，原作「浙」。錢大昕考異卷三八：「『浙』當作『淅』，周隋置淅州於淅陽，即後魏析州也。『浙』非州名，此轉寫之譌。」今據改。十通本通志卷七四災祥略水正作「浙」。

〔四一〕裴豪　北史卷一一隋本紀上作「裴世豪」，蓋唐人避諱或作省稱。

〔四二〕其子雍虞閭嗣立　本書卷五一長孫覽傳附長孫晟傳、卷八四北狄突厥傳，雍虞閭讓可汗位於其叔父處羅侯，處羅侯卒，雍虞閭才嗣立。

〔四三〕騶虞　北史卷一一隋本紀上作「白虎」。唐人諱「虎」，故以此代。

隋書卷二

帝紀第二

高祖下

八年春正月乙亥，陳遣散騎常侍袁雅、兼通直散騎常侍周止水來聘。

二月庚子，鎮星入東井。辛酉，陳人寇硤州。

三月辛未，上柱國、隴西郡公李詢卒。壬申，以成州刺史姜須達爲會州總管。甲戌，遣兼散騎常侍程尚賢、兼通直散騎常侍韋惲使于陳。戊寅，詔曰：

昔有苗不賓，唐堯薄伐，孫皓僭虐，晉武行誅。有陳竊據江表，逆天暴物。朕初受命，陳頊尚存，思欲教之以道，不以龔行爲令，往來脩睦，望其遷善。時日無幾，釁惡已聞。厚納叛亡，侵犯城戍，勾吴、閩越，肆厥殘忍。于時王師大舉，將一車書，陳頊反地收兵，深懷震懼，責躬請約，俄而致殞。矜其喪禍，仍詔班師。

叔寶承風，因求繼好，載佇克念，共敦行李。每見珪璪入朝，輶軒出使，何嘗不殷勤曉喻，戒以惟新。而狼子之心，出而彌野，威侮五行，怠棄三正，誅翦骨肉，夷滅才良。據手掌之地，恣溪壑之險，劫奪閭閻，資産俱竭，驅蹙内外，勞役弗已。徵責女子，擅造宫室，日增月益，止足無期，帷薄嬪嬙，有踰萬數。寶衣玉食，窮奢極侈，淫聲樂飲，俾晝作夜。斬直言之客，滅無罪之家，剖人之肝，分人之血。欺天造惡，祭鬼求恩，歌儛衢路，酣醉宫闈。盛粉黛而執干戈，曳羅綺而呼警蹕，躍馬振策，從旦至昏，無所經營，馳走不息。負甲持仗，隨逐徒行，追而不及，即加罪譴。自古昏亂，罕或能比。介士武夫，飢寒力役，筋髓罄於土木，性命俟於溝渠。君子潛逃，小人得志，家家隱殺戮，各各任聚斂。天災地孽，物怪人妖，衣冠鉗口，道路以目。傾心翹足，誓告於我，日月以冀，文奏相尋。重以背德違言，摇蕩疆埸，巴峽之下，海澨已西，江北、江南，爲鬼爲蜮。死隴窮發掘之酷，生居極攘敚之苦，抄掠人畜，斷截樵蘇，市井不立，農事廢寢。歷陽、廣陵，窺覦相繼，或謀圖城邑，或劫剥吏人，晝伏夜遊，鼠竊狗盜。彼則羸兵敝卒，來必就擒，此則重門設險，有勞藩捍。天之所覆，無非朕臣，每關聽覽，有懷傷惻。有梁之國，我南藩也，其君入朝，潛相招誘，不顧朕恩。士女深迫脅之悲，城府致空虚之歎。非直朕居人上，懷此無忘，既而百辟屢以爲言，兆庶不堪其請，豈容對而不誅，忍而不救！

近日秋始，謀欲弔人。益部樓船，盡令東鶩，便有神龍數十，騰躍江流，引伐罪之師，向金陵之路，船住則龍止，船行則龍去，四日之内，三軍皆覩，豈非蒼旻愛人，幽明展事，降神先路，協贊軍威！以上天之靈，助戡定之力，便可出師授律，應機誅殄，在斯舉也，永清吴、越。其將士糧仗，水陸資須，期會進止，一准别勅。

秋八月丁未，河北諸州飢，遣吏部尚書蘇威賑恤之。

九月丁丑，宴南征諸將，頒賜各有差。癸巳，嘉州言龍見。

冬十月己亥，太白出西方。己未，置淮南行臺省於壽春，以晉王廣爲尚書令。辛酉，陳遣兼散騎常侍王琬、兼通直散騎常侍許善心來聘，拘留不遣。甲子，將伐陳，有事於太廟。命晉王廣、秦王俊、清河公楊素並爲行軍元帥，以伐陳。於是晉王廣出六合，秦王俊出襄陽，清河公楊素出信州，荆州刺史劉仁恩出江陵，宜陽公王世積出蘄春，新義公韓擒虎出廬江，襄邑公賀若弼出吴州，落叢公燕榮出東海，合總管九十，兵五十一萬八千，皆受晉王節度。東接滄海，西拒巴、蜀，旌旗舟楫，横亘數千里。曲赦陳國。有星孛于牽牛。

十一月丁卯，車駕餞師，詔購陳叔寶位上柱國、萬户公。乙亥，行幸定城，陳師誓衆。

丙子，幸河東。

十二月庚子，至自河東。

九年春正月己巳，白虹夾日。辛未，賀若弼拔陳京口，韓擒虎拔陳南豫州。癸酉，以尚書右僕射虞慶則爲右衞大將軍。丙子，賀若弼敗陳師於蔣山，獲其將蕭摩訶。韓擒虎進師入建鄴，獲其將任蠻奴〔一〕，獲陳主叔寶。陳國平，合州三十〔二〕，郡一百，縣四百。癸巳，遣使持節巡撫之。

二月乙未，廢淮南行臺省。丙申，制五百家爲鄉，正一人；百家爲里，長一人。丁酉，以襄州總管韋世康爲安州總管。

夏四月己亥，幸驪山，親勞旋師。乙巳，三軍凱入，獻俘於太廟。拜晉王廣爲太尉。庚戌，上御廣陽門，宴將士，頒賜各有差。辛亥，大赦天下。己未，以陳都官尚書孔範，散騎常侍王瑳、王儀，御史中丞沈觀等，邪佞於其主，以致亡滅，皆投之邊裔。辛酉，以信州總管楊素爲荊州總管，吏部侍郎宇文弼爲刑部尚書，宗正少卿楊异爲工部尚書。壬戌，詔曰：

往以吴、越之野，羣黎塗炭，干戈方用，積習未寧。今率土大同，含生遂性，太平之法，方可流行。凡我臣僚，澡身浴德，開通耳目，宜從茲始。喪亂已來，緬將十載，君無君德，臣失臣道，父有不慈，子有不孝，兄弟之情或薄，夫婦之義或違，長幼失序，尊卑錯亂。朕爲帝王，志存愛養，時有臻道，不敢寧息。内外職位，遐邇黎人，家家自修，人人克念，使不軌不法，蕩然俱盡。兵可立威，不可不戢，刑可助化，不可專行。禁衞九重之餘，鎮守四方之外，戎旅軍器，皆宜停罷。代路既夷〔三〕，羣方無事，武力之子，俱可學文，人間甲仗，悉皆除毁。有功之臣，降情文藝，家門子姪，各守一經，令海内翕然，高山仰止。京邑庠序，爰及州縣，生徒受業，升進於朝，未有灼然明經高第。此則教訓不篤，考課未精，明勒所由，隆茲儒訓。官府從宦，丘園素士，心迹相表，寬弘爲念，勿爲跼促，乖我皇猷。

朕君臨區宇，於茲九載，開直言之路，披不諱之心，形於顏色，勞於興寢。自頃逞藝論功，昌言乃衆，推誠切諫，其事甚疎。公卿士庶，非所望也，各啓至誠，匡茲不逮。見善必進，有才必舉，無或噤嘿，退有後言。頒告天下，咸悉此意。

閏月甲子，以安州總管韋世康爲信州總管。丁丑，頒木魚符於總管、刺史，雌一雄一〔四〕。己卯，以吏部尚書蘇威爲尚書右僕射。

六月乙丑，以荆州總管楊素爲納言。丁丑〔五〕，以吏部侍郎盧愷爲禮部尚書。

時朝野物議，咸願登封。秋七月丙午，詔曰：「豈可命一將軍，除一小國，遐邇注意，便謂太平。以薄德而封名山，用虛言而干上帝，非朕攸聞。而今以後，言及封禪，宜即禁絕。」

八月壬戌，以廣平王雄爲司空。

冬十一月壬辰，考使定州刺史豆盧通等上表，請封禪，上不許。庚子，以右衞大將軍虞慶則爲右武候大將軍，右領軍將軍李安爲右領軍大將軍。甲寅，降囚徒。

十二月甲子，詔曰：「朕祇承天命，清蕩萬方。百王衰敝之後，兆庶澆浮之日，聖人遺訓，掃地俱盡，制禮作樂，今也其時。朕情存古樂，深思雅道。鄭、衞淫聲，魚龍雜戲，樂府之內，盡以除之。今欲更調律呂，改張琴瑟。且妙術精微，非因教習，工人代掌，止傳糟粕，不足達神明之德，論天地之和。區域之間，奇才異藝〔六〕，天知神授，何代無哉！蓋晦迹於非時，俟昌言於所好，宜可搜訪，速以奏聞，庶覩一藝之能，共就九成之業。」仍詔太常牛弘、通直散騎常侍許善心、祕書丞姚察、通直郎虞世基等議定作樂。己巳，以黄州總管周法尚爲永州總管。

十年春正月乙未，以皇孫昭爲河南王，楷爲華陽王。

二月庚申，幸并州。

夏四月辛酉，至自并州。

五月乙未，詔曰：「魏末喪亂，寓縣瓜分，役車歲動，未遑休息。兵士軍人，權置坊府，南征北伐，居處無定。家無完堵，地罕包桑，恒爲流寓之人，竟無鄉里之號。朕甚愍之。凡是軍人，可悉屬州縣，墾田籍帳，一與民同。軍府統領，宜依舊式。」罷山東河南及北方緣邊之地新置軍府。

六月辛酉，制人年五十，免役收庸。癸亥，以靈州總管王世積爲荆州總管，淅州刺史元冑爲靈州總管。

秋七月癸卯，以納言楊素爲内史令。庚戌，上親録囚徒。辛亥，高麗遼東郡公高陽卒。壬子，吐谷渾遣使來朝。

八月壬申，遣柱國、襄陽郡公韋洸，上開府、東萊郡公王景，並持節巡撫嶺南，百越皆服。

冬十月甲子，頒木魚符於京官五品已上〔七〕。戊辰，以永州總管周法尚爲桂州總管。

十一月辛卯，幸國學，頒賜各有差。丙午，契丹遣使朝貢。辛丑〔八〕，有事於南郊。是月，婺州人汪文進、會稽人高智慧、蘇州人沈玄懀皆舉兵反，自稱天子，署置百官。樂安蔡道人、蔣山李稜、饒州吴代華〔九〕、永嘉沈孝徹〔一〇〕、泉州王國慶、餘杭楊寶英、交趾李春等皆自稱大都督，攻陷州縣。詔上柱國、内史令、越國公楊素討平之。

十一年春正月丁酉，以平陳所得古器多爲妖變，悉命毁之。辛丑，高麗遣使朝貢。丙午，皇太子妃元氏薨，上舉哀於文思殿。

二月戊午，吐谷渾遣使貢方物。以大將軍蘇孝慈爲工部尚書。丙子，以臨潁令劉曠治術尤異，擢爲莒州刺史。己卯，突厥遣使獻七寶盌。辛巳晦，日有蝕之。

三月壬午，遣通事舍人若干治使于吐谷渾。癸未，以幽州總管周摇爲壽州總管，朔州總管吐萬緒爲夏州總管〔一一〕。

夏四月戊午，突厥雍虞閭可汗遣其特勤來朝。

五月甲子〔一二〕，高麗遣使貢方物。癸卯，詔百官悉詣朝堂上封事。乙巳，以右衛將軍元旻爲左衛大將軍〔一三〕。

秋七月己丑，以柱國杜彦爲洪州總管。

八月壬申，幸栗園。滕王瓚薨。乙亥，至自栗園。上柱國、沛國公鄭譯卒。

十二月丙辰，靺鞨遣使貢方物。

十二年春正月壬子，以蘇州刺史皇甫績爲信州總管，宣州刺史席代雅爲廣州總管〔一四〕。

二月己巳〔一五〕，以蜀王秀爲内史令、兼右領軍大將軍，漢王諒爲雍州牧、右衛大將軍。

夏四月辛卯，以壽州總管周摇爲襄州總管。

五月辛亥，廣州總管席代雅卒。

秋七月乙巳，尚書右僕射、邳國公蘇威，禮部尚書、容城縣侯盧愷，並坐事除名。壬戌，幸昆明池，其日還宫。己巳，有事於太廟。壬申晦，日有蝕之。

八月甲戌，制天下死罪，諸州不得便决，皆令大理覆治。乙亥，幸龍首池。癸巳，制宿衛者不得輒離所守。丁酉，上柱國、夏州總管、楚國公豆盧勣卒〔一六〕。戊戌，上親録囚徒。

九月丁未，以工部尚書楊异爲吴州總管。

冬十月丁丑，以遂安王集爲衛王。壬午，有事于太廟。至太祖神主前，上流涕嗚咽，悲不自勝。

十一月辛亥，有事於南郊。壬子，宴百寮，頒賜各有差。己未，上柱國、新義郡公韓擒虎卒。庚申，以豫州刺史權武爲潭州總管。甲子，百寮大射於武德殿。

十二月癸酉，突厥遣使來朝。乙酉，以上柱國、内史令楊素爲尚書右僕射。己酉〔一七〕，吐谷渾、靺鞨並遣使貢方物。

十三年春正月乙巳，上柱國、郇國公韓建業卒〔一八〕。丙午，契丹、奚、霫、室韋並遣使貢方物。壬子，親祀感帝。己未，以信州總管韋世康爲吏部尚書。壬戌，行幸岐州。

二月丙子，詔營仁壽宮。丁亥，至自岐州。戊子，宴考使於嘉則殿〔一九〕。己卯，立皇孫暕爲豫章王。戊子，晉州刺史、南陽郡公賈悉達，隰州總管、撫寧郡公韓延等，以賄伏誅。己丑，制坐事去官者，配流一年。丁酉，制私家不得隱藏緯候圖讖。

夏四月癸未，制戰亡之家，給復一年。

五月癸亥，詔人間有撰集國史、臧否人物者，皆令禁絶。

秋七月戊申，靺鞨遣使貢方物。壬子，左衞大將軍、雲州總管、鉅鹿郡公賀婁子幹卒。丁巳，幸昆明池。戊辰晦，日有蝕之。

九月丙辰，降囚徒。庚申，以邵國公楊綸爲滕王。乙丑，以柱國杜彦爲雲州總管。

冬十月乙卯〔二〇〕，上柱國、華陽郡公梁彦光卒〔二一〕。

十四年夏四月乙丑，詔曰：「在昔聖人，作樂崇德，移風易俗，於斯爲大。自晉氏播遷，兵戈不息，雅樂流散，年代已多，四方未一，無由辨正。賴上天鑒臨，明神降福，拯茲塗炭，安息蒼生，天下大同，歸於治理，遺文舊物，皆爲國有。比命所司，總令研究，正樂雅聲，詳考已訖，宜即施用，見行者停。人間音樂，流僻日久，棄其舊體，競造繁聲，浮宕不歸，遂以成俗。宜加禁約，務存其本。」

五月辛酉，京師地震。關內諸州旱。

六月丁卯，詔省府州縣，皆給公廨田，不得治生，與人爭利。

秋七月乙未，以邳國公蘇威爲納言。

八月辛未，關中大旱，人飢。上率户口就食於洛陽。

九月己未〔三〕，以齊州刺史樊子蓋爲循州總管。丁巳，以基州刺史崔仲方爲會州總管。

冬閏十月甲寅，詔曰：「齊、梁、陳往皆創業一方，綿歷年代。既宗祀廢絶，祭奠無主，興言矜念，良以愴然。莒國公蕭琮及高仁英、陳叔寶等，宜令以時脩其祭祀。所須器物，有司給之。」乙卯，制外官九品已上，父母及子年十五已上，不得將之官。

十一月壬戌，制州縣佐吏，三年一代，不得重任。癸未，有星孛于角亢。

十二月乙未，東巡狩。

十五年春正月壬戌，車駕次齊州，親問疾苦。丙寅，旅王符山。庚午，上以歲旱，祠太山，以謝愆咎，大赦天下。

二月丙辰，收天下兵器，敢有私造者坐之。關中、緣邊，不在其例。丁巳，上柱國、蔣國公梁睿卒。

三月己未，至自東巡狩。望祭五嶽海瀆。丁亥，幸仁壽宮。營州總管韋藝卒。

夏四月己丑朔，大赦天下。甲辰，以趙州刺史楊達爲工部尚書。丁未，以開府儀同三司韋沖爲營州總管。

五月癸酉，吐谷渾遣使朝貢。丁亥，制京官五品已上，佩銅魚符。

六月戊子，詔鑿底柱。庚寅，相州刺史豆盧通貢綾文布，命焚之於朝堂。乙未，林邑遣使來貢方物。辛丑，詔名山大川未在祀典者，悉祠之。

秋七月乙丑，晉王廣獻毛龜。甲戌，遣邳國公蘇威巡省江南。戊寅，至自仁壽宮。辛巳，制九品已上官，以理去職者，聽並執笏。

冬十月戊子，以吏部尚書韋世康爲荊州總管。

十一月辛酉，幸温湯。乙丑，至自温湯。

十二月戊子，勑盜邊糧一升已上皆斬，並籍没其家。己丑，詔文武官以四考交代。

十六年春正月丁亥〔二三〕，以皇孫裕爲平原王，筠爲安成王，嶷爲安平王，恪爲襄城王，該爲高陽王，韶爲建安王，煚爲潁川王。

夏五月丁巳，以懷州刺史龐晃爲夏州總管，蔡陽縣公姚辯爲靈州總管。

六月甲午，制工商不得進仕。并州大蝗。辛丑，詔九品已上妻、五品已上妾，夫亡不得改嫁。

秋八月丙戌，詔決死罪者，三奏而後行刑。

冬十月己丑，幸長春宮。

十一月壬子，至自長春宮。

十七年春二月癸未，太平公史萬歲擊西寧羌〔二四〕，平之。庚寅，幸仁壽宮。庚子，上柱國王世積討桂州賊李光仕，平之。壬寅，河南王昭納妃〔二五〕，宴羣臣，頒賜各有差。

三月丙辰，詔曰：「分職設官，共理時務，班位高下，各有等差。若所在官人不相敬憚，多自寬縱，事難克舉。諸有殿失，雖備科條，或據律乃輕，論情則重，不即決罪，無以懲肅。其諸司論屬官，若有愆犯，聽於律外斟酌決杖。」辛酉，上親録囚徒。癸亥，上柱國、彭國公劉昶以罪伏誅。庚午，遣治書侍御史柳彧、皇甫誕巡省河南、河北。

夏四月戊寅，頒新曆。壬午，詔曰：「周曆告終，羣凶作亂，衅起蕃服，毒被生人。朕受命上玄，廓清區宇，聖靈垂祐，文武同心。申明公穆、鄖襄公孝寬、廣平王雄、蔣國公睿、楚國公勣、齊國公熲、越國公素、魯國公慶則、新寧公長叉、宜陽公世積、趙國公羅雲、隴西公詢、廣業公景、真昌公振、沛國公譯、項城公子相、鉅鹿公子幹等，登庸納揆之時，草昧經綸之日，丹誠大節，心盡帝圖，茂績殊勳，力宣王府。宜弘其門緒，與國同休。其世子世孫未經州任者，宜量才升用，庶享榮位，世禄無窮。」

五月，宴百寮於玉女泉〔二六〕，頒賜各有差。己巳，蜀王秀來朝。高麗遣使貢方物。甲戌，以左衞將軍獨孤羅雲爲涼州總管〔二七〕。

閏月己卯，羣鹿入殿門，馴擾侍衞之内。

秋七月丁丑，桂州人李代賢反〔二八〕，遣右武候大將軍虞慶則討平之。丁亥，上柱國、并州總管秦王俊坐事免，以王就第。戊戌，突厥遣使貢方物。

八月丁卯，荆州總管、上庸郡公韋世康卒。

九月甲申，至自仁壽宫。庚寅，上謂侍臣曰：「禮主於敬，皆當盡心。黍稷非馨，貴在祇肅。廟庭設樂，本以迎神，齋祭之日，觸目多感。當此之際，何可爲心！在路奏樂，禮未爲允。羣公卿士，宜更詳之。」

冬十月丁未，頒銅獸符於驃騎、車騎府〔一九〕。戊申，道王靜薨。庚午，詔曰：「五帝異樂，三王殊禮，皆隨事而有損益，因情而立節文。仰惟祭享宗廟，瞻敬如在，罔極之感，情深茲日。而禮畢升路，鼓吹發音，還入宮門，金石振響。斯則哀樂同日，心事相違，情所不安，理實未允。宜改茲往式，用弘禮教。自今已後，享廟日不須備鼓吹，殿庭勿設樂懸。」辛未，京師大索。

十一月丁亥，突厥遣使來朝。

十二月壬子，上柱國、右武候大將軍、魯國公虞慶則以罪伏誅。

十八年春正月辛丑，詔曰：「吳、越之人，往承弊俗，所在之處，私造大船，因相聚結，致有侵害。其江南諸州，人間有船長三丈已上，悉括入官。」

二月甲辰，幸仁壽宮。乙巳，以漢王諒爲行軍元帥，水陸三十萬伐高麗。

三月乙亥，以柱國杜彥爲朔州總管。

夏四月癸卯，以蔣州刺史郭衍爲洪州總管。

五月辛亥〔三〇〕，詔畜猫鬼、蠱毒、厭魅〔三一〕、野道之家，投於四裔。

六月丙寅，下詔黜高麗王高元官爵。

秋七月壬申，詔以河南八州水，免其課役。丙子，詔京官五品已上，總管、刺史，以志行修謹、清平幹濟二科舉人。

九月己丑，漢王諒師遇疾疫而旋，死者十八九〔三二〕。庚寅，勑舍客無公驗者，坐及刺史、縣令。辛卯，至自仁壽宫。

冬十一月甲戌，上親録囚徒。癸未，有事於南郊。

十二月庚子，上柱國、夏州總管、任城郡公王景以罪伏誅。是月，自京師至仁壽宫，置行宫十有二所。

十九年春正月癸酉，大赦天下。戊寅，大射武德殿，宴賜百官。

二月己亥，晉王廣來朝。辛丑，以并州總管長史宇文弼爲朔州總管。甲寅，幸仁壽宫。

夏四月丁酉，突厥利可汗内附〔三三〕。達頭可汗犯塞，遣行軍總管史萬歲擊破之。

六月丁酉，以豫章王暕爲内史令。

秋八月癸卯，上柱國、尚書左僕射、齊國公高熲坐事免。辛亥，上柱國、皖城郡公張威卒。甲寅，上柱國、城陽郡公李徹卒。

九月乙丑，以太常卿牛弘爲吏部尚書。

冬十月甲午，以突厥利可汗爲啓人可汗〔三四〕，築大利城處其部落。庚子，以朔州總管宇文弼爲代州總管。

十二月乙未，突厥都藍可汗爲部下所殺。丁丑，星霣於渤海〔三五〕。

二十年春正月辛酉朔，上在仁壽宮，突厥、高麗、契丹並遣使貢方物。癸亥，以代州總管宇文弼爲吴州總管。

二月己巳，以上柱國崔弘度爲原州總管。丁丑，無雲而雷。

三月辛卯，熙州人李英林反，遣行軍總管張衡討平之。

夏四月壬戌，突厥犯塞，以晉王廣爲行軍元帥，擊破之。乙亥，天有聲如瀉水，自南而北。

六月丁丑，秦王俊薨。

秋八月，老人星見。

九月丁未，至自仁壽宮。癸丑，吴州總管楊异卒。

冬十月己未，太白晝見。乙丑，皇太子勇及諸子並廢爲庶人。殺柱國、太平縣公史萬歲。己巳，殺左衞大將軍、五原郡公元旻。

十一月戊子，天下地震，京師大風雪。以晉王廣爲皇太子。

十二月戊午，詔東宫官屬不得稱臣於皇太子。辛巳，詔曰：「佛法深妙，道教虚融，咸降大慈，濟度羣品，凡在含識，皆蒙覆護。所以雕鑄靈相，圖寫真形，率土瞻仰，用申誠敬。其五嶽四鎮，節宣雲雨，江、河、淮、海，浸潤區域，並生養萬物，利益兆人，故建廟立祀，以時恭敬。敢有毁壞偷盜佛及天尊像、嶽鎮海瀆神形者，以不道論。沙門壞佛像、道士壞天尊者，以惡逆論。」

仁壽元年春正月乙酉朔，大赦，改元。以尚書右僕射楊素爲尚書左僕射，納言蘇威爲尚書右僕射。丁酉，徙河南王昭爲晉王。突厥寇恒安，遣柱國韓洪擊之，官軍敗績。以晉王昭爲内史令。辛丑，詔曰：「君子立身，雖云百行，唯誠與孝，最爲其首。故投生殉節〔三六〕，自古稱難，殞身王事，禮加二等。而代俗之徒，不達大義，至於致命戎旅，不入兆域。虧孝子之意，傷人臣之心，興言念此，每深愍歎！且入廟祭祀，並不廢闕，何止墳塋，獨在其外。自今已後，戰亡之徒，宜入墓域。」

二月乙卯朔，日有蝕之。辛巳，以上柱國獨孤楷爲原州總管。

三月壬辰，以豫章王暕爲揚州總管。

夏四月，以淅州刺史蘇孝慈爲洪州總管。

五月己丑，突厥男女九萬口來降。壬辰，驟雨震雷，大風拔木，宜君湫水，移於始平。

六月癸丑，洪州總管蘇孝慈卒。乙卯，遣十六使巡省風俗。乙丑，詔曰：「儒學之道，訓教生人，識父子君臣之義，知尊卑長幼之序，升之於朝，任之以職，故能贊理時務，弘益風範。朕撫臨天下，思弘德教，延集學徒，崇建庠序，開進仕之路，佇賢雋之人。而國學胄子，垂將千數，州縣諸生，咸亦不少。徒有名録，空度歲時，未有德爲代範，才任國用。良由設學之理，多而未精。今宜簡省，明加獎勵。」於是國子學唯留學生七十人，太學、四門及州縣學並廢。其日，頒舍利於諸州。

秋七月戊戌，改國子爲太學。

九月癸未，以柱國杜彦爲雲州總管。

十一月己丑，有事於南郊。壬辰，以資州刺史衞玄爲遂州總管。

二年春二月辛亥，以邢州刺史侯莫陳穎爲桂州總管〔三七〕，宗正楊紀爲荆州總管〔三八〕。

三月己亥，幸仁壽宫。壬寅，以齊州刺史張喬爲潭州總管〔三九〕。

夏四月庚戌，岐、雍二州地震。

秋七月丙戌，詔内外官各舉所知。戊子，以原州總管獨孤楷爲益州總管。

八月己巳，皇后獨孤氏崩。

九月丙戌，至自仁壽宮。壬辰，河南、北諸州大水，遣工部尚書楊達賑恤之。乙未，上柱國、襄州總管、金水郡公周摇卒。隴西地震。

冬十月壬子，曲赦益州管内。癸丑，以工部尚書楊達爲納言。

閏月甲申，詔尚書左僕射楊素與諸術者刊定陰陽舛謬。己丑，詔曰：「禮之爲用，時義大矣。黄琮蒼璧，降天地之神，粢盛牲食，展宗廟之敬，正父子君臣之序，明婚姻喪紀之節。故道德仁義，非禮不成，安上治人，莫善於禮。自區宇亂離，緜歷年代，王道衰而變風作，微言絶而大義乖，與代推移，其弊日甚。至於四時郊祀之節文，五服麻葛之隆殺，是非異説，踳駁殊塗，致使聖教凋訛，輕重無准。朕祗承天命，撫臨生人，當洗滌之時，屬干戈之代。克定禍亂，先運武功，删正彝典，日不暇給。今四海乂安，五戎勿用，理宜弘風訓俗，導德齊禮，綴往聖之舊章，興先王之茂則。尚書左僕射、越國公楊素，尚書右僕射、邳國公蘇威，吏部尚書、奇章公牛弘，内史侍郎薛道衡，祕書丞許善心，内史舍人虞世基，著作郎王劭，或任居端揆，博達古今，或器推令望，學綜經史。委以裁緝，實允僉議。可並修定五禮。」壬寅，葬獻皇后於太陵。

十二月癸巳，上柱國、益州總管、蜀王秀廢爲庶人。交州人李佛子舉兵反，遣行軍總管劉方討平之。

三年春二月己卯，原州總管、比陽縣公龐晃卒。戊子，以大將軍、蔡陽郡公姚辯爲左武候大將軍。

夏五月癸卯，詔曰：「哀哀父母，生我劬勞，欲報之德，昊天罔極。但風樹不靜，嚴敬莫追，霜露既降，感思空切。六月十三日是朕生日，宜令海內爲武元皇帝、元明皇后斷屠。」

六月甲午，詔曰：

禮云：「至親以期斷。」蓋以四時之變易，萬物之更始，故聖人象之。其有三年，加隆爾也。但家無二尊，母爲厭降，是以父存喪母，還服于期者，服之正也。豈容期內而更小祥！然三年之喪而有小祥者，禮云：「期祭，禮也。期而除喪，道也。」以是之故，雖未再期，而天地一變，不可不祭，不可不除。故有練焉，以存喪祭之本。然期喪有練，於理未安。雖云十一月而練，乃無所法象，非期非時，豈可除祭。而儒者徒擬三年之喪，立練禫之節，可謂苟存其變，而失其本，欲漸於奪，乃薄於喪。致使子則冠練去絰，黄裹縓緣，絰則布葛在躬，麤服未改。豈非絰哀尚存〔四〇〕，子情已奪，親疏失倫，輕重顛倒！乃不順人情，豈聖人之意也！故知先聖之禮廢於人邪，三年之喪尚有不行之者，至於祥練之節，安能不墜者乎？

禮云：「父母之喪，無貴賤一也。」而大夫士之喪父母，乃貴賤異服。然則禮壞樂崩，由來漸矣。所以晏平仲之斬麤縗，其老謂之非禮，滕文公之服三年，其臣咸所不欲。蓋由王道既衰，諸侯異政，將踰越於法度，惡禮制之害己，乃滅去篇籍，自制其宜。遂至骨肉之恩，輕重從俗，無易之道，隆殺任情。況孔子没而微言隱，秦滅學而經籍焚者乎！有漢之興，雖求儒雅，人皆異説，義非一貫。又近代亂離，唯務兵革，其於典禮，時所未遑。夫禮不從天降，不從地出，乃人心而已者，謂情緣於恩也。故恩厚者其禮隆，情輕者其禮殺。聖人以是稱情立文，别親疏貴賤之節。自臣子道消，上下失序，莫大之恩，逐情而薄，莫重之禮，與時而殺。此乃服不稱喪，容不稱服，非所謂聖人緣恩表情制禮之義也。

然喪與易也，寧在於戚，則禮之本也。禮有其餘，未若於哀，則情之實也。今十一月而練者，非禮之本，非情之實。由是言之，父存喪母，不宜有練。但依禮十三月而祥，中月而禫。庶以合聖人之意，達孝子之心。

秋七月丁卯，詔曰：

日往月來，唯天所以運序，山鎮川流，唯地所以宣氣。運序則寒暑無差，宣氣則雲雨有作，故能成天地之大德，育萬物而爲功。況一人君于四海，睹物欲運，獨見致治，不藉羣才，未之有也。是以唐堯欽明，命羲、和以居岳，虞舜叡德，升元、凱而作相。伊尹鼎俎之媵，爲殷之阿衡，呂望漁釣之夫，爲周之尚父。此則鳴鶴在陰，其子必和，風雲之從龍虎，賢哲之應聖明，君德不回，臣道以正，故能通天地之和，順陰陽之序，豈不由元首而有股肱乎？

自王道衰，人風薄，居上莫能公道以御物，爲下必踵私法以希時。上下相蒙，君臣義失，義失則政乖，政乖則人困。蓋同德之風難嗣，離德之軌易追，則任者不休，休者不任，則衆口鑠金，戮辱之禍不測。是以行歌避代，辭位灌園，卷而可懷，黜而無慍，放逐江湖之上，沈赴河海之流，所以自潔而不悔者也。至於閭閻秀異之士，鄉曲博雅之儒，言足以佐時，行足以勵俗，遺棄於草野，堙滅而無聞，豈勝道哉！所以覽古而歎息者也。

方今區宇一家，煙火萬里，百姓乂安，四夷賓服，豈是人功，實乃天意。朕惟夙夜祇懼，將所以上嗣明靈，是以小心勵己，日慎一日。以黎元在念，憂兆庶未康，以庶政爲懷，慮一物失所。雖求傅巖，莫見幽人，徒想崆峒，未聞至道。唯恐商歌於長夜，抱關於夷門，遠跡犬羊之間，屈身僮僕之伍。其令州縣搜揚賢哲，皆取明知今古，通識治亂，究政教之本，達禮樂之源。不限多少，不得不舉。限以三旬，咸令進路。徵召將送，必須以禮。

八月壬申，上柱國、檢校幽州總管、落叢郡公燕榮以罪伏誅。

九月壬戌，置常平官。甲子，以營州總管韋沖爲民部尚書。

十二月癸酉，河南諸州水，遣納言楊達賑恤之。

四年春正月丙辰，大赦。甲子，幸仁壽宮。乙丑，詔賞罰支度，事無巨細，並付皇太子。

夏四月乙卯〔四一〕，上不豫。

六月庚午〔四二〕，大赦天下。有星入月中，數日而退。長人見於雁門。

秋七月乙未，日青無光，八日乃復。己亥，以大將軍段文振爲雲州總管〔四三〕。甲辰，上以疾甚，卧於仁壽宮，與百寮辭訣，並握手歔欷。丁未，崩於大寶殿，時年六十四。遺詔曰：

嗟乎！自昔晉室播遷，天下喪亂，四海不一，以至周、齊，戰爭相尋，年將三百。

故割疆土者非一所，稱帝王者非一人，書軌不同，生人塗炭。上天降鑒，爰命於朕，用登大位，豈關人力！故得撥亂反正，偃武修文，天下大同，聲教遠被，此又是天意欲寧區夏。所以昧旦臨朝，不敢逸豫，一日萬機，留心親覽，晦明寒暑，不憚劬勞，匪曰朕躬〔四四〕，蓋爲百姓故也。王公卿士，每日闕庭，刺史以下，三時朝集，何嘗不罄竭心府，誡敕殷勤。義乃君臣，情兼父子。庶藉百寮智力，萬國歡心，欲令率土之人，永得安樂，不謂遘疾彌留，至於大漸。此乃人生常分，何足言及！但四海百姓，衣食不豐，教化政刑，猶未盡善，興言念此，唯以留恨。朕今年踰六十，不復稱夭，但筋力精神，一時勞竭。如此之事，本非爲身，止欲安養百姓，所以致此。

人生子孫，誰不愛念，既爲天下，事須割情。勇及秀等，並懷悖惡，既知無臣子之心，所以廢黜。古人有言：「知臣莫若於君，知子莫若於父。」若令勇、秀得志，共治家國，必當戮辱徧於公卿，酷毒流於人庶。今惡子孫已爲百姓黜屏，好子孫足堪負荷大業。此雖朕家事，理不容隱，前對文武侍衞，具已論述。皇太子廣，地居上嗣，仁孝著聞，以其行業，堪成朕志。但令內外羣官，同心戮力，以此共治天下，朕雖瞑目，何所復恨。

但國家事大，不可限以常禮。既葬公除，行之自昔，今宜遵用，不勞改定。凶禮所須，纔令周事。務從節儉，不得勞人。諸州總管、刺史已下，宜各率其職，不須奔赴。自古哲王，因人作法，前帝後帝，沿革隨時。律令格式，或有不便於事者，宜依前敕修改，務當政要。嗚呼，敬之哉！無墜朕命！

乙卯，發喪。河間楊柳四株無故黄落，既而花葉復生。

八月丁卯，梓宫至自仁壽宫。丙子，殯于大興前殿。

冬十月己卯，合葬於太陵，同墳而異穴。

上性嚴重，有威容，外質木而内明敏，有大略。初，得政之始，羣情不附，諸子幼弱，内有六王之謀，外致三方之亂。握强兵、居重鎮者，皆周之舊臣。上推以赤心，各展其用，不踰朞月，克定三邊〔四五〕，未及十年，平一四海。薄賦斂，輕刑罰，内脩制度，外撫戎夷。每旦聽朝，日昃忘倦，居處服翫，務存節儉，令行禁止，上下化之。開皇、仁壽之間，丈夫不衣綾綺，而無金玉之飾，常服率多布帛，裝帶不過以銅鐵骨角而已。雖嗇於財，至於賞賜有功，亦無所愛悋。

乘輿四出，路逢上表者，則駐馬親自臨問。或潛遣行人採聽風俗，吏治得失，人間疾苦，無不留意。嘗遇關中飢，遣左右視百姓所食。有得豆屑雜糠而奏之者，上流涕以示羣臣，深自咎責，爲之徹膳不御酒肉者殆將一朞。及東拜太山，關中户口就食洛陽者，道路相屬。上勑斥候，不得輒有驅逼，男女參廁於仗衛之間。逢扶老攜幼者，輒引馬避之，慰勉而去。至艱險之處，見負擔者，遽令左右扶助之。其有將士戰没，必加優賞，仍令使者就家勞問。自強不息，朝夕孜孜，人庶殷繁，帑藏充實。雖未能臻於至治，亦足稱近代之良主。

然天性沉猜，素無學術，好爲小數，不達大體，故忠臣義士莫得盡心竭辭。其草創元勳及有功諸將，誅夷罪退，罕有存者。又不悅詩書，廢除學校，唯婦言是用，廢黜諸子。逮于暮年，持法尤峻，喜怒不常，過於殺戮。嘗令左右送西域朝貢使出玉門關，其人所經之處，或受牧宰小物饋遺鸚鵡、麖皮、馬鞭之屬，上聞而大怒。又詣武庫，見署中蕪穢不治，於是執武庫令及諸受遺者，出開遠門外，親自臨決，死者數十人。又往往潛令人賂遺令史府史，有受者必死，無所寬貸。議者以此少之。

史臣曰：高祖龍德在田，奇表見異，晦明藏用，故知我者希。始以外戚之尊，受託孤之任，與能之議，未爲當時所許，是以周室舊臣，咸懷憤惋。既而王謙固三蜀之阻，不踰朞月，尉迥舉全齊之衆，一戰而亡，斯乃非止人謀，抑亦天之所贊也。乘茲機運，遂遷周鼎。于時蠻夷猾夏，荆、揚未一，劬勞日昃，經營四方。樓船南邁則金陵失險，驃騎北指則單于款塞，職方所載，並入疆理，禹貢所圖，咸受正朔。雖晉武之克平吴、會，漢宣之推亡固存，比義論功，不能尚也。七德既敷，九歌已洽，要荒咸暨，尉候無警。於是躬節儉，平徭賦，倉廩實，法令行，君子咸樂其生，小人各安其業，强無陵弱，衆不暴寡，人物殷阜，朝野歡娱。二十年間，天下無事，區宇之内晏如也。考之前王，足以參蹤盛烈〔四六〕。但素無術學，不能盡下，無寬仁之度，有刻薄之資，暨乎暮年，此風逾扇。又雅好符瑞，暗於大道，建彼維城，權侔京室，皆同帝制，靡所適從。聽哲婦之言，惑邪臣之説，溺寵廢嫡，託付失所。滅父子之道，開昆弟之隙，縱其尋斧，翦伐本枝。墳土未乾，子孫繼踵屠戮，松櫝纔列，天下已非隋有。惜哉！迹其衰怠之源，稽其亂亡之兆，起自高祖，成於煬帝，所由來遠矣，非一朝一夕。其不祀忽諸，未爲不幸也。

校勘記

〔一〕任蠻奴　「蠻奴」，任忠小字，因避隋諱「忠」而稱其字。

〔二〕合州三十　「三十」，北史卷一一隋本紀上作「四十」，是。本書卷二九地理志上述及陳之疆域，稱「州有四十二」。北史謂「四十」，乃舉其成數。

〔三〕代路既夷　「代」，原作「伐」，據宋甲本改。册府卷五九帝王部興教化、通鑑卷一七七隋紀一文帝開皇九年四月作「世」，册府卷一四二帝王部弭兵作「代」。據此，知本作「世」，唐人諱改爲「代」，後形近訛作「伐」。

〔四〕雌一雄一　「雄一」，北史卷一一隋本紀上、北宋本通典卷三三職官一五郡太守作「雄三」。

〔五〕丁丑　北史卷一一隋本紀上作「丁卯」。丁卯乃是月初五日。

〔六〕奇才異藝　「藝」，原作「議」，據宋甲本、汲本、殿本改。册府卷五六八掌禮部作樂亦作「藝」。

〔七〕頒木魚符於京官五品已上　「京官」，原作「京師官」，據宋甲本改。「京」、「官」二字間，大德本作一字空格，至順本作墨釘，汲本作「□」，注：「宋本闕，一有『師』字。」按，北史卷一一隋本紀上、玉海卷八五器用隋玉麟符木魚符引文帝紀皆作「京官」。

〔八〕辛丑　是月乙酉朔，辛丑（十七日）敍事應置於丙午（廿二日）之前。紀文當有訛誤或顛倒。

〔九〕吴代華　北史卷一一隋本紀上、通鑑卷一七七隋紀一文帝開皇十年十一月作「吴世華」，此處乃唐人諱改。

〔一〇〕沈孝徹　原作「沈孝澈」，據宋甲本、汲本、殿本改。北史卷一一隋本紀上亦作「沈孝徹」。

〔一一〕朔州總管吐萬緒爲夏州總管　「朔州」，疑當作「徐州」。本書卷一高祖紀上，開皇五年冬十月，「朔州總管吐萬緒爲徐州總管」。卷六五吐萬緒傳，「徙爲朔州總管，甚爲北夷所憚。其後高祖潛有吞陳之志，轉徐州總管，（中略）及陳平，拜夏州總管」。

〔一二〕五月甲子　是月壬午朔，無甲子。册府卷九七〇外臣部朝貢、三國史記卷二〇均載是月高麗遣使貢方物之事。或「甲子」乃「甲午」（十三日）之誤。

〔一三〕以右衛將軍元旻爲左衛大將軍　「右衛」，宋甲本、大德本、至順本、汲本作「左衛」。

〔一四〕席代雅　應作「席世雅」，唐人諱改。席世雅，周書卷四四有傳。

〔一五〕二月己巳　是月丁丑朔，無己巳。疑繫日有誤。

〔一六〕（十二年八月丁酉）楚國公豆盧勣卒　本書卷三九豆盧勣傳繫其事於開皇十年。

〔一七〕己酉　是月壬申朔，無己酉日。册府卷九七〇外臣部朝貢作「是歲」。

〔一八〕韓建業　原作「韓達業」，據本書卷二三五行志上、北史卷一一隋本紀上改。韓建業傳，附北史卷五三、北齊書卷一九張保洛傳，其事亦見周書卷六武帝紀下建德五年十二月丙辰條、卷七宣帝紀大象元年八月壬午條。

〔一九〕丁亥至自岐州戊子宴考使於嘉則殿　是月辛未朔，丁亥（十七日）、戊子（十八日）敍事不應置於己卯（初九日）之前。紀文當有訛誤或顛倒。隋書求是疑「丁亥」應作「丁丑」（初七日）、「戊子」應作「戊寅」（初八日），則全月干支全無抵觸。

〔二〇〕十月乙卯　北史卷一一隋本紀上作「十一月乙卯」。按，十月戊辰朔，無乙卯日；十一月丁酉朔，乙卯爲十九日。疑「十月」乃「十一月」之訛。

〔二一〕梁彦光　原作「梁彦先」，據本書卷七三循吏梁彦光傳、卷七八藝術來和傳、北史卷一一隋本紀上改。

〔二二〕九月己未　是月壬辰朔，己未（廿八日）敍事不應置於丁巳（廿六日）之前。隋書求是疑「己未」應作「乙未」（初四日）。

〔二三〕正月丁亥　「正月」，北史卷一一隋本紀上作「二月」。按，正月甲寅朔，無丁亥。二月甲申朔，丁亥爲初四日。

〔二四〕太平公史萬歲擊西寧羌　本書卷五三史萬歲傳記其所擊爲「南寧夷爨翫」，通鑑卷一七八隋紀二文帝開皇十七年二月癸未條作「南寧羌」，胡注云：「南寧之地，漢屬牂柯，蜀漢屬南中，晉屬寧州，梁爲南寧州。其後爲爨氏所據，（中略）西爨，蠻也，非羌也。通鑑因隋紀成文。」

〔二五〕河南王昭納妃　「河南王」，原作「河東王」，據本卷開皇十年正月乙未條、仁壽元年正月丁酉條、本書卷五九煬三子元德太子昭傳改。

〔二六〕五月宴百寮於玉女泉　「五月」下疑脱紀日。北史卷一一隋本紀上、册府卷七九帝王部慶賜、卷一〇九帝王部宴享繫此事於庚申（十四日）。

〔二七〕獨孤羅雲　疑即「獨孤羅」，本書卷七九有傳。其仕歷，紀、傳、墓誌多有歧異。

〔二八〕李代賢　本書卷六五權武傳、北史卷一一隋本紀上、通鑑卷一七八隋紀二文帝開皇十七年七月作「李世賢」，是。此爲唐人諱改。本書卷四〇虞慶則傳省稱「李賢」。

〔二九〕頒銅獸符於驃騎車騎府　「獸」，應作「虎」，唐人諱改。

〔三〇〕五月辛亥　是月辛未朔，無辛亥。通鑑卷一七八隋紀二文帝開皇十八年繫此事於四月辛亥。

另，胡注引隋書志云，江南有五月五日聚百種蟲以畜蠱之俗，見本書卷三一地理志下揚州。是年五月五日爲乙亥，倘於是日下詔禁絶，則「辛亥」或爲「乙亥」之誤。

〔三一〕厭魅　「厭」，原作「厥」，據殿本改。北史卷一一隋本紀上、册府卷六一一刑法部定律令亦作「厭」。

〔三二〕死者十八九　「十八九」，北史卷一一隋本紀上作「十二三」。

〔三三〕利可汗　本書卷八四北狄突厥傳作「突利可汗」。錢大昕考異卷三三：「『利可汗』當作『突利可汗』，史脱『突』字。」本卷下文本年冬十月甲午條同。

〔三四〕以突厥利可汗爲啓人可汗　「啓人可汗」，應作「啓民可汗」，唐人諱改。錢大昕考異卷三三：「『啓人，煬帝紀作『啓民』，突厥傳及它傳亦多作『啓民』者。」

〔三五〕十二月乙未突厥都藍可汗爲部下所殺丁丑星賈於渤海　是月壬辰朔，乙未乃初四日，無丁丑。本書卷二一天文志下有「十九年十二月乙未，星賈於渤海」，疑即此事。北史卷一一隋本紀上稱：「十二月乙未，突厥都藍可汗爲部下所殺，國大亂。星隕於勃海。」疑「丁丑」衍。

〔三六〕故投生殉節　「生」，原作「主」，據宋甲本改。北史卷一一隋本紀上、册府卷一五九帝王部革弊亦作「生」。

〔三七〕以邢州刺史侯莫陳穎爲桂州總管　「邢州」，原作「荆州」，據宋甲本、大德本、至順本改。

〔三八〕楊紀　原作「楊祀」，據本書卷六五李景傳、卷七三循吏公孫景茂傳改。按，「楊紀」爲「楊文紀」省稱。楊文紀，本書卷四八有傳。

〔三九〕張奫　原作「張喬」。按，張奫，本書卷六四、北史卷七八有傳，今據改。

〔四〇〕經則布葛在躬麤服未改豈非經哀尚存　兩處「絰」，疑均爲「經」之誤。李慈銘隋書札記：「兩『絰』字皆當作『經』，以伯叔父母期喪無練禫變服之節也。各本及北史同誤。」張元濟校北史，亦稱「二『絰』字皆『經』之誤」。

〔四一〕夏四月乙卯　是月丙寅朔，無乙卯，疑繫日有誤。

〔四二〕六月庚午　「庚午」，原作「庚申」，據本書卷二一天文志下、北史卷一一隋本紀上改。按，是月乙丑朔，無庚申日，庚午爲初六日。

〔四三〕以大將軍段文振爲雲州總管　「雲州」，疑應作「靈州」。按，本書卷三煬帝紀上大業二年十月，「以靈州刺史段文振爲兵部尚書」。卷六〇段文振傳，「尋拜靈州總管，煬帝即位，徵爲兵部尚書」。

〔四四〕匪曰朕躬　「躬」，原作「日」，據宋甲本、殿本改。北史卷一一隋本紀上亦作「躬」。

〔四五〕克定三邊　「三」，原作「二」，據北史卷一一隋本紀上、册府卷一八帝王部帝德改。三邊，或指尉遲迥、司馬消難、王謙三方之亂。

〔四六〕足以參蹤盛烈　「足」，原作「是」，據宋甲本、大德本、南監本、北監本、汲本、殿本改。

隋書卷三

帝紀第三

煬帝上

煬皇帝諱廣，一名英，小字阿𡡉，高祖第二子也。母曰文獻獨孤皇后。上美姿儀，少敏慧，高祖及后於諸子中特所鍾愛。在周，以高祖勳，封雁門郡公。開皇元年，立爲晉王，拜柱國、并州總管，時年十三。尋授武衞大將軍，進位上柱國、河北道行臺尚書令，大將軍如故。高祖令項城公歆〔一〕、安道公李徹輔導之〔二〕。上好學，善屬文，沉深嚴重，朝野屬望。高祖密令善相者來和徧視諸子，和曰：「晉王眉上雙骨隆起，貴不可言。」既而高祖幸上所居第，見樂器絃多斷絶，又有塵埃，若不用者，以爲不好聲妓，善之。上尤自矯飾，當時稱爲仁孝。嘗觀獵遇雨，左右進油衣，上曰：「士卒皆霑濕，我獨衣此乎！」乃令持去。

六年，轉淮南道行臺尚書令〔三〕。其年，徵拜雍州牧、内史令。八年冬，大舉伐陳，以上爲行軍元帥。及陳平，執陳湘州刺史施文慶、散騎常侍沈客卿、市令陽慧朗、刑法監徐析〔四〕、尚書都令史暨慧，以其邪佞，有害於民，斬之右闕下，以謝三吴。於是封府庫資財，無所取，天下稱賢。進位太尉，賜輅車、乘馬，衮冕之服，玄珪、白璧各一。復拜并州總管。俄而江南高智慧等相聚作亂，徙上爲揚州總管，鎮江都，每歲一朝。高祖之祠太山也，領武候大將軍。明年，歸藩。後數載，突厥寇邊，復爲行軍元帥，出靈武，無虜而還。

及太子勇廢，立上爲皇太子。是月，當受册。高祖曰：「吾以大興公成帝業。」令上出舍大興縣。其夜，烈風大雪，地震山崩，民舍多壞，壓死者百餘口。

仁壽初，奉詔巡撫東南。是後高祖每避暑仁壽宫，恒令上監國。

四年七月，高祖崩，上即皇帝位於仁壽宫。八月，奉梓宫還京師。并州總管、漢王諒舉兵反，詔尚書左僕射楊素討平之。九月乙巳，以備身將軍崔彭爲左領軍大將軍。十一月乙未，幸洛陽。丙申，發丁男數十萬掘塹，自龍門東接長平、汲郡，抵臨清關，度河，至浚儀、襄城，達於上洛，以置關防。癸丑，詔曰：

乾道變化，陰陽所以消息，沿創不同，生靈所以順敍。若使天意不變，施化何以成四時，人事不易，爲政何以釐萬姓！易不云乎：「通其變，使民不倦。」「變則通，通則久。」「有德則可久，有功則可大。」朕又聞之，安安而能遷，民用丕變。是故姬邑兩周，如武王之意，殷人五徙，成湯后之業。若不因人順天，功業見乎變，愛人治國者可不謂歟！

然雒邑自古之都，王畿之内，天地之所合，陰陽之所和。控以三河，固以四塞，水陸通，貢賦等。故漢祖曰：「吾行天下多矣，唯見雒陽。」自古皇王，何嘗不留意，所不都者蓋有由焉。或以九州未一，或以困其府庫，作雒之制所以未暇也。我有隋之始，便欲創茲懷、雒，日復一日，越暨于今。念茲在茲，興言感哽！

朕肅膺寶曆，纂臨萬邦，遵而不失，心奉先志。今者漢王諒悖逆，毒被山東，遂使州縣或淪非所。此由關河懸遠，兵不赴急，加以并州移户復在河南。周遷殷人，意在於此。況復南服遐遠，東夏殷大，因機順動，今也其時。羣司百辟，僉諧厥議。但成周墟塉，弗堪胥宇〔五〕。今可於伊、雒營建東京，便即設官分職，以爲民極也。

夫宫室之制本以便生，上棟下宇，足避風露，高臺廣厦，豈曰適形。故傳云：「儉，德之共；侈，惡之大。」宣尼有云：「與其不遜也，寧儉。」豈謂瑶臺瓊室方爲宫殿者乎，土堦采椽而非帝王者乎？是知非天下以奉一人，乃一人以主天下也。民惟國本，本固邦寧，百姓足，孰與不足！今所營構，務從節儉，無令雕牆峻宇復起於當今，欲使卑宮菲食將貽於後世。有司明爲條格，稱朕意焉。

十二月乙丑，以右武衞將軍來護兒爲右驍衞大將軍。戊辰，以柱國李景爲右武衞大將軍。以右衞率周羅睺爲右武候大將軍。

大業元年春正月壬辰朔，大赦，改元。立妃蕭氏爲皇后。改豫州爲溱州，洛州爲豫州，廢諸州總管府。丙申，立晉王昭爲皇太子。丁酉，以上柱國宇文述爲左衞大將軍，上柱國郭衍爲左武衞大將軍，延壽公于仲文爲右衞大將軍。己亥，以豫章王暕爲豫州牧。戊申，發八使巡省風俗，下詔曰：

昔者哲王之治天下也，其在愛民乎？既富而教，家給人足，故能風淳俗厚，遠至邇安。治定功成，率由斯道。朕嗣膺寶曆，撫育黎獻，夙夜戰兢，若臨川谷。雖則聿遵先緒，弗敢失墜，永言政術，多有缺然。況以四海之遠，兆民之衆，未獲親臨，問其疾苦。每慮幽仄莫舉，冤屈不申，一物失所，乃傷和氣，萬方有罪，責在朕躬，所以寤寐增歎，而夕惕載懷者也。

今既布政惟始，宜存寬大。可分遣使人，巡省方俗，宣揚風化，薦拔淹滯，申達幽枉。孝悌力田，給以優復。鰥寡孤獨不能自存者，量加振濟。義夫節婦，旌表門閭。高年之老，加其版授，並依別條，賜以粟帛。篤疾之徒給侍丁者，雖有侍養之名，曾無賙贍之實，明加檢校，使得存養。若有名行顯著，操履脩絜，及學業才能，一藝可取，咸宜訪採，將身入朝。所在州縣，以禮發遣。其有蠹政害人，不便於時者，使還之日，具録奏聞。

己酉，以吴州總管宇文弼爲刑部尚書。

二月己卯，以尚書左僕射楊素爲尚書令。

三月丁未，詔尚書令楊素、納言楊達、將作大匠宇文愷營建東京，徙豫州郭下居人以實之。戊申，詔曰：「聽採輿頌，謀及庶民，故能審政刑之得失。是知昧旦思治，欲使幽枉必達，彝倫有章。而牧宰任稱朝委，苟爲徼幸以求考課，虚立殿最，不存治實，綱紀於是弗理，冤屈所以莫申。關河重阻，無由自達。朕故建立東京，躬親存問。今將巡歷淮海，觀省風俗，眷求讜言，徒繁詞翰，而鄉校之内，闕爾無聞。恇然夕惕，用忘興寢。其民下有知州縣官人政治苛刻，侵害百姓，背公徇私，不便於民者，宜聽詣朝堂封奏，庶乎四聰以達，天下無冤。」又於阜澗營顯仁宫，採海内奇禽異獸草木之類，以實園苑。徙天下富商大賈數萬家於東京。辛亥，發河南諸郡男女百餘萬，開通濟渠，自西苑引穀、洛水達于河，自板渚引河通于淮。庚申，遣黄門侍郎王弘、上儀同於士澄往江南採木，造龍舟、鳳䑽〔六〕、黄龍、赤艦、樓船等數萬艘。

夏四月癸亥，大將軍劉方擊林邑，破之。

五月庚戌，民部尚書義豐侯韋沖卒。

六月甲子，熒惑入太微。

秋七月丁酉，制戰亡之家給復十年。丙午，滕王綸、衞王集並奪爵徙邊。

閏七月甲子，以尚書令楊素爲太子太師，安德王雄爲太子太傅，河間王弘爲太子太保。丙子，詔曰：

君民建國，教學爲先，移風易俗，必自茲始。而言絶義乖，多歷年代，進德脩業，其道寖微。漢採坑焚之餘，不絶如線，晉承板蕩之運，掃地將盡。自時厥後，軍國多虞，雖復黌宇時建，示同愛禮，函丈或陳，殆爲虛器。遂使紆青拖紫，非以學優，製錦操刀，類多牆面。上陵下替，綱維靡立，雅缺道消，實由於此。

朕纂承洪緒，思弘大訓，將欲尊師重道，用闡厥繇，講信修睦，敦獎名教。方今宇宙平一，文軌攸同，十步之内，必有芳草，四海之中，豈無奇秀！諸在家及見入學者，若有篤志好古，耽悦典墳，學行優敏，堪膺時務，所在採訪，具以名聞，即當隨其器能，擢以不次。若研精經術，未願進仕者，可依其藝業深淺，門蔭高卑，雖未升朝，並量準給禄。庶夫恂恂善誘，不日成器，濟濟盈朝，何遠之有！其國子等學，亦宜申明舊制，教習生徒，具爲課試之法，以盡砥礪之道。

八月壬寅，上御龍舟，幸江都。以左武衛大將軍郭衍爲前軍，右武衛大將軍李景爲後軍。文武官五品已上給樓船，九品已上給黄蔑。舳艫相接，二百餘里。

冬十月己丑，赦江淮已南。揚州給復五年，舊總管内給復三年。

十一月己未，以大將軍崔仲方爲禮部尚書。

二年春正月辛酉，東京成，賜監督者各有差。以大理卿梁毗爲刑部尚書。丁卯，遣十使併省州縣。

二月丙戌，詔尚書令楊素、吏部尚書牛弘、大將軍宇文愷、内史侍郎虞世基、禮部侍郎許善心制定輿服。始備輦路及五時副車。上常服，皮弁十有二琪，文官弁服，佩玉，五品已上給犢車、通幰，三公親王加油絡，武官平巾幘，袴褶，三品已上給瓟槊。下至胥吏，服色皆有差。非庶人不得戎服。戊戌，置都尉官。

三月庚午，車駕發江都。先是，太府少卿何稠、太府丞雲定興盛脩儀仗，於是課州縣送羽毛。百姓求捕之，網羅被水陸，禽獸有堪氅毦之用者，殆無遺類。至是而成。

夏四月庚戌，上自伊闕，陳法駕，備千乘萬騎，入於東京。辛亥，上御端門，大赦，免天下今年租稅。癸丑，以冀州刺史楊文思爲民部尚書。

五月甲寅，金紫光祿大夫、兵部尚書李通坐事免〔七〕。乙卯，詔曰：「旌表先哲，式存饗祀，所以優禮賢能，顯彰遺愛。朕永鑒前脩，尚想名德，何嘗不興歎九原，屬懷千載。其自古已來賢人君子，有能樹聲立德、佐世匡時、博利殊功、有益於人者，並宜營立祠宇，以時致祭。墳壟之處，不得侵踐。有司量爲條式，稱朕意焉。」

六月壬子，以尚書令、太子太師楊素爲司徒。進封豫章王暕爲齊王。

秋七月癸丑，以衞尉卿衞玄爲工部尚書。庚申，制百官不得計考增級，必有德行功能灼然顯著者，擢之。壬戌，擢藩邸舊臣鮮于羅等二十七人官爵有差。甲戌，皇太子昭薨。乙亥，上柱國、司徒、楚國公楊素薨。

八月辛卯，封皇孫倓爲燕王，侗爲越王，侑爲代王。

九月乙丑，立秦孝王俊子浩爲秦王。

冬十月戊子，以靈州刺史段文振爲兵部尚書。

十二月庚寅，詔曰：「前代帝王，因時創業，君民建國，禮尊南面。而歷運推移，年世永久，丘壠殘毀，樵牧相趨，塋兆堙蕪，封樹莫辨。興言淪滅，有愴于懷。自古已來帝王陵墓，可給隨近十户，蠲其雜役，以供守視。」

三年春正月癸亥，敕并州逆黨已流配而逃亡者，所獲之處，即宜斬決。丙子，長星竟天，出於東壁，二旬而止。是月，武陽郡上言，河水清。

二月己丑，彗星見於奎，掃文昌，歷大陵、五車、北河，入太微，掃帝坐，前後百餘日而止。

三月辛亥，車駕還京師。壬子，以大將軍姚辯爲左屯衞將軍〔八〕。癸丑，遣羽騎尉朱寬使於流求國。乙卯，河間王弘薨。

夏四月庚辰，詔曰：「古者帝王觀風問俗，皆所以憂勤兆庶，安集遐荒。自蕃夷内附，未遑親撫，山東經亂，須加存恤。今欲安輯河北，巡省趙、魏。所司依式。」甲申，頒律令，大赦天下，關内給復三年。壬辰，改州爲郡。改度量權衡，並依古式。改上柱國已下官爲大夫。甲午，詔曰：

天下之重，非獨治所安，帝王之功，豈一士之略。自古明君哲后，立政經邦，何嘗不選賢與能，收採幽滯。周稱多士，漢號得人，常想前風，載懷欽佇。朕負扆夙興，冕旒待旦，引領巖谷，寘以周行，冀與羣才共康庶績。而彙茅寂寞，投竿罕至，豈美璞韜采，未值良工，將介石在懷，確乎難拔？永鑒前哲，憮然興歎！凡厥在位，譬諸股肱，若濟巨川，義同舟楫。豈得保茲寵禄，晦爾所知，優游卒歲，甚非謂也。祁大夫之舉善，良史以爲至公，臧文仲之蔽賢，尼父譏其竊位。求諸往古，非無褒貶，宜思進善，用匡寡薄。

夫孝悌有聞，人倫之本，德行敦厚，立身之基。或節義可稱，或操履清潔，所以激貪厲俗，有益風化。强毅正直，執憲不撓，學業優敏，文才美秀，並爲廊廟之用，實乃瑚璉之資。才堪將略，則拔之以禦侮，膂力驍壯，則任之以爪牙。爰及一藝可取，亦宜採録，衆善畢舉，與時無棄。以此求治，庶幾非遠。文武有職事者，五品已上，宜依令十科舉人。有一於此，不必求備。朕當待以不次，隨才升擢。其見任九品已上官者，不在舉送之限。

丙申，車駕北巡狩。丁酉，以刑部尚書宇文弢爲禮部尚書。戊戌，勑百司不得踐暴禾稼，其有須開爲路者，有司計地所收，即以近倉酬賜，務從優厚。己亥，次赤岸澤〔九〕，以太牢祭故太師李穆墓。

五月丁巳，突厥啓民可汗遣子拓特勤來朝。戊午，發河北十餘郡丁男鑿太行山，達于并州，以通馳道。丙寅，啓民可汗遣其兄子毗黎伽特勤來朝。辛未，啓民可汗遣使請自入塞，奉迎輿駕。上不許。癸酉，有星孛于文昌上將，星皆動摇。

六月辛巳，獵於連谷。丁亥，詔曰：

聿追孝饗，德莫至焉，崇建寢廟，禮之大者。然則質文異代，損益殊時，學滅坑焚，經典散逸，憲章湮墜，廟堂制度，師説不同。所以世數多少，莫能是正，連室異宫，亦無準定。

朕獲奉祖宗，欽承景業，永惟嚴配，思隆大典。於是詢謀在位，博訪儒術。咸以爲高祖文皇帝受天明命，奄有區夏，拯羣飛於四海，革凋敝於百王，恤獄緩刑，生靈皆遂其性，輕徭薄賦，比屋各安其業。恢夷宇宙，混壹車書。東漸西被，無思不服，南征北怨，俱荷來蘇。駕毳乘風，歷代所弗至，辮髮左衽，聲教所罕及，莫不厥角關塞，頓顙闕庭。譯靡絶時，書無虚月，韜戈偃武，天下晏如。嘉瑞休徵，表裏禔福，猗歟偉歟，無得而名者也。

朕又聞之，德厚者流光，治辨者禮縟。是以周之文、武，漢之高、光，其典章特立，謚號斯重，豈非緣情稱述，即崇顯之義乎？高祖文皇帝宜别建廟宇，以彰巍巍之德，仍遵月祭，用表蒸蒸之懷。有司以時創造，務合典制。又名位既殊，禮亦異等。天子七廟，事著前經，諸侯二昭，義有差降，故其以多爲貴。王者之禮，今可依用，貽厥後昆。

戊子，次榆林郡。丁酉，啓民可汗來朝。己亥，吐谷渾、高昌並遣使貢方物。甲辰，上御北樓，觀漁于河，以宴百寮。

秋七月辛亥，啓民可汗上表請變服，襲冠帶。詔啓民贊拜不名，位在諸侯王上。甲寅，上於郡城東御大帳，其下備儀衞，建旌旗，宴啓民及其部落三千五百人，奏百戲之樂，賜啓民及其部落各有差。丙子，殺光禄大夫賀若弼、禮部尚書宇文弢、太常卿高熲。尚書左僕射蘇威坐事免。發丁男百餘萬築長城，西距榆林，東至紫河，一旬而罷〔一〇〕，死者十五六。

八月壬午，車駕發榆林。乙酉，啓民飾廬清道，以候乘輿。帝幸其帳，啓民奉觴上壽，宴賜極厚。上謂高麗使者曰：「歸語爾王，當早來朝見。不然者，吾與啓民巡彼土矣。」皇后亦幸義城公主帳〔一一〕。己丑，啓民可汗歸蕃。癸巳，入樓煩關。壬寅，次太原。詔營晉陽宫。

九月己未，次濟源。幸御史大夫張衡宅，宴享極歡。己巳，至于東都。壬申，以齊王暕爲河南尹、開府儀同三司。癸酉，以民部尚書楊文思爲納言。

四年春正月乙巳，詔發河北諸郡男女百餘萬開永濟渠，引沁水南達于河，北通涿郡。庚戌，百寮大射於允武殿。丁卯，賜城内居民米各十石。壬申，以太府卿元壽爲内史令，鴻臚卿楊玄感爲禮部尚書。癸酉，以工部尚書衞玄爲右候衞大將軍，大理卿長孫熾爲民部尚書。

二月己卯，遣司朝謁者崔毅使突厥處羅〔一二〕，致汗血馬。

三月辛酉，以將作大匠宇文愷爲工部尚書。壬戌，百濟、倭、赤土、迦羅舍國並遣使貢方物。乙丑，車駕幸五原〔一三〕，因出塞巡長城。丙寅，遣屯田主事常駿使赤土，致羅刹〔一四〕。

夏四月丙午，以離石之汾源、臨泉，雁門之秀容，爲樓煩郡。起汾陽宫。癸丑，以河内太守張定和爲左屯衞大將軍。乙卯，詔曰：「突厥意利珍豆啓民可汗率領部落，保附關塞，遵奉朝化，思改戎俗，頻入謁覲，屢有陳請。以氈牆毳幕，事窮荒陋，上棟下宇，願同比屋。誠心懇切，朕之所重。宜於萬壽戍置城造屋，其帷帳牀褥已上，隨事量給，務從優厚，稱朕意焉。」

五月壬申，蜀郡獲三足烏，張掖獲玄狐，各一。

秋七月辛巳，發丁男二十餘萬築長城，自榆林谷而東〔一五〕。乙未，左翊衞大將軍宇文述破吐谷渾於曼頭、赤水。

八月辛酉，親祠恒岳，河北道郡守畢集。大赦天下，車駕所經郡縣，免一年租調。

九月辛未，徵天下鷹師悉集東京，至者萬餘人。戊寅，彗星出於五車，掃文昌，至房而滅。辛巳，詔免長城役者一年租賦。

冬十月丙午，詔曰：「先師尼父，聖德在躬，誕發天縱之姿，憲章文、武之道。命世膺期，蘊茲素王，而頹山之歎，忽踰於千祀，盛德之美，不存於百代。永惟懿範，宜有優崇。可立孔子後爲紹聖侯。有司求其苗裔，録以申上。」辛亥，詔曰：「昔周王下車，首封唐、虞之胤，漢帝承曆，亦命殷、周之後。皆所以褒立先代，憲章在昔。朕嗣膺景業，傍求雅訓，有一弘益，欽若令典。以爲周兼夏、殷，文質大備，漢有天下，車書混一，魏、晉沿襲，風流未遠。並宜立後，以存繼絶之義。有司可求其冑緒列聞。」乙卯，頒新式於天下。

五年春正月丙子，改東京爲東都。癸未，詔天下均田。戊子，上自東都還京師。己丑，制民間鐵叉、搭鈎、穳刃之類，皆禁絶之。太守每歲密上屬官景迹。

二月戊戌，次于閿鄉。詔祭古帝王陵及開皇功臣墓。庚子，制魏、周官不得爲蔭。辛丑，赤土國遣使貢方物。戊申，車駕至京師。丙辰，宴耆舊四百人於武德殿，頒賜各有差。

己未，上御崇德殿之西院，憮然不悅〔一六〕，顧謂左右曰：「此先帝之所居，實用增感，情所未安，宜於此院之西别營一殿。」壬戌，制父母聽隨子之官。

三月己巳，車駕西巡河右。庚午，有司言，武功男子史永遵與從父昆弟同居。上嘉之，賜物一百段，米二百石，表其門閭。乙亥，幸扶風舊宅。

夏四月己亥，大獵於隴西。壬寅，高昌、吐谷渾、伊吾並遣使來朝。乙巳，次狄道，党項羌來貢方物。癸亥，出臨津關，渡黄河，至西平，陳兵講武。

五月乙亥，上大獵於拔延山，長圍周亘二千里〔一七〕。庚辰，入長寧谷。壬午，度星嶺。甲申，宴羣臣於金山之上。丙戌，梁浩亹，御馬度而橋壞，斬朝散大夫黄亘及督役者九人。吐谷渾主率衆保覆袁川〔一八〕，帝分命内史元壽南屯金山，兵部尚書段文振北屯雪山，太僕卿楊義臣東屯琵琶峽，將軍張壽西屯泥嶺，四面圍之。渾主伏允以數十騎遁出，遣其名王詐稱伏允，保車我真山。壬辰，詔右屯衞大將軍張定和往捕之〔一九〕。定和挺身挑戰，爲賊所殺。亞將柳武建擊破之，斬首數百級。甲午，其仙頭王被圍窮蹙，率男女十餘萬口來降。

六月丁酉，遣左光禄大夫梁默、右翊衞將軍李瓊等追渾主，皆遇賊死之。癸卯，經大斗拔谷，山路隘險，魚貫而出。風霰晦冥，與從官相失〔二〇〕，士卒凍死者太半。丙午，次張掖。辛亥，詔諸郡學業該通、才藝優洽，膂力驍壯、超絶等倫，在官勤舊〔三三〕、堪理政事，立性正直、不避强禦四科舉人。壬子，高昌王麴伯雅來朝，伊吾吐屯設等獻西域數千里之地，上大悦。癸丑，置西海、河源、鄯善、且末等四郡。丙辰，上御觀風行殿，盛陳文物，奏九部樂，設魚龍曼延，宴高昌王、吐屯設於殿上，以寵異之。其蠻夷陪列者三十餘國。戊午，大赦天下，開皇已來流配，悉放還鄉，晉陽逆黨，不在此例。隴右諸郡，給復一年，行經之所，給復二年。

秋七月丁卯，置馬牧於青海渚中，以求龍種，無效而止。

九月癸未，車駕入長安。

冬十月癸亥，詔曰：「優德尚齒，載之典訓，尊事乞言，義彰膠序。鬻熊爲師，取非筋力，方叔元老，克壯其猷。朕永言稽古，用求至治，是以厖眉黄髮，更令收叙，務簡秩優，無虧藥膳，庶等卧治，佇其弘益。今歲耆老赴集者，可於近郡處置，年七十以上，疾患沉滯，不堪居職，即給賜帛，送還本郡；其官至七品已上者，量給廩，以終厥身。」

十一月丙子，車駕幸東都。

六年春正月癸亥朔，旦，有盜數十人，皆素冠練衣，焚香持華，自稱彌勒佛，入自建國門。監門者皆稽首。既而奪衞士仗，將爲亂。齊王暕遇而斬之。於是都下大索，與相連坐者千餘家。丁丑，角抵大戲於端門街，天下奇伎異藝畢集，終月而罷。帝數微服往觀之。己丑，倭國遣使貢方物。

二月乙巳，武賁郎將陳稜、朝請大夫張鎮州擊流求，破之，獻俘萬七千口，頒賜百官。乙卯，詔曰：「夫帝圖草創，王業艱難，咸仗股肱，叶同心德，用能拯厥頹運，克膺大寶，然後疇庸茂賞，開國承家，誓以山河，傳之不朽。近代喪亂，四海未一，茅土妄假，名實相乖，歷茲永久，莫能懲革。皇運之初，百度伊始，猶循舊貫，未暇改作，今天下交泰，文軌攸同，宜率遵先典，永垂大訓。自今已後，唯有功勳乃得賜封，仍令子孫承襲。」丙辰，改封安德王雄爲觀王，河間王子慶爲郇王。庚申，徵魏、齊、周、陳樂人，悉配太常。

三月癸亥，幸江都宮。甲子，以鴻臚卿史祥爲左驍衞大將軍。

夏四月丁未，宴江淮已南父老，頒賜各有差。

六月辛卯，室韋、赤土並遣使貢方物。壬辰，雁門賊帥尉文通聚衆三千，保於莫壁谷。遣鷹揚楊伯泉擊破之。甲寅，制江都太守秩同京尹。

冬十月壬申〔二二〕，刑部尚書梁毗卒。壬子，民部尚書、銀青光祿大夫長孫熾卒。

十二月己未，左光祿大夫、吏部尚書牛弘卒〔二三〕。辛酉，朱崖人王萬昌舉兵作亂，遣隴西太守韓洪討平之。

七年春正月壬寅，左武衞大將軍、光祿大夫、真定侯郭衍卒。

二月己未，上升釣臺，臨揚子津，大宴百寮，頒賜各有差。庚申，百濟遣使朝貢。乙亥，上自江都御龍舟入通濟渠，遂幸于涿郡。壬午，詔曰：「武有七德，先之以安民。政有六本，興之以教義。高麗高元，虧失藩禮，將欲問罪遼左，恢宣勝略。雖懷伐國，仍事省方。今往涿郡，巡撫民俗。其河北諸郡及山西、山東年九十已上者，版授太守；八十者，授縣令。」

三月丁亥，右光祿大夫、左屯衞大將軍姚辯卒。

夏四月庚午，至涿郡之臨朔宮。

五月戊子，以武威太守樊子蓋爲民部尚書。

秋，大水，山東、河南漂没三十餘郡〔二四〕，民相賣爲奴婢。

冬十月乙卯，底柱山崩，偃河逆流數十里。戊午，以東平太守吐萬緒爲左屯衞大將軍。

十二月己未，西面突厥處羅多利可汗來朝。上大悦，接以殊禮。于時遼東戰士及餽運者塡咽於道，晝夜不絶，苦役者始爲羣盜。甲子，勑都尉、鷹揚與郡縣相知追捕，隨獲斬決之。

校勘記

〔一〕項城公歆　「歆」，原作「歆」，據御覽卷一〇六皇王部三一煬皇帝引隋書改。項城公歆即王韶，本書卷六二有傳。

〔二〕安道公李徹　「公」下原衍「才」，據本書卷五四李徹傳、北史卷六六李和傳附李徹傳删。

〔三〕六年轉淮南道行臺尚書令　本書卷二高祖紀下繫其事於開皇八年十月己未。

〔四〕徐析　南史卷七七沈客卿傳附傳作「徐哲」。

〔五〕弗堪胥宇　「胥」，原作「葺」，據北史卷一二隋本紀下、册府卷一一三帝王部都邑改。詩大雅緜：「古公亶父，來朝走馬。率西水滸，至於岐下。爰及姜女，聿來胥宇。」

〔六〕鳳艒　「艒」，本書卷二四食貨志、北史卷一二隋本紀下作「䑽」，御覽卷一〇六皇王部三一煬皇帝引隋書作「舸」。「艒」爲小船，「䑽」乃大船，或應作「䑽」。

〔七〕李通　即李圓通，本書卷六四有傳。

〔八〕姚辯　原作「姚辨」，據宋甲本、南監本改。

〔九〕赤岸澤　册府卷一一三帝王部巡幸、卷一三八帝王部旌表作「赤岸驛」。

〔一〇〕一旬而罷　「一」，北史卷一一隋本紀上、册府卷九九〇外臣部備禦作「二」。

〔一一〕義城公主　本書多作「義成公主」。本書「義城」、「義成」雜出，不另出校。

〔一二〕崔毅　即崔君肅，使突厥處羅事見本書卷八四北狄西突厥傳。

〔一三〕車駕幸五原　「五原」，册府卷一一三帝王部巡幸作「大原」，即太原。隋書求是「卷五六張衡傳」條，據煬帝巡幸路綫及相關記載，以爲應作「太原」。

〔一四〕羅刹　原作「羅罽」，據本書卷二四食貨志、通典卷一八八邊防四羅刹改。

〔一五〕榆林谷　宋甲本、大德本、至順本、册府卷九九〇外臣部備禦作「榆谷」。

〔一六〕憮然不悦　「憮」，宋甲本、大德本、南監本、北監本、汲本、殿本作「愀」。「悦」，宋甲本、至順本、汲本作「怡」。

〔一七〕上大獵於拔延山長圍周亘二千里　本書卷八禮儀志三，大業中「詔虞部量拔延山南北周二百里」，通典卷七六禮三六天子諸侯四時田獵同。

〔一八〕吐谷渾主率衆保覆袁川　「主」，原作「王」，據宋甲本、至順本、南監本、北監本、汲本、殿本改。北史卷一二隋本紀下亦作「主」。

〔一九〕詔右屯衛大將軍張定和往捕之　「右屯衛」，本卷上年四月、本書卷六四張定和傳、明本册府卷九八四外臣部征討作「左屯衛」。

〔二〇〕與從官相失　「從官」，北史卷一二隋本紀下、册府卷一一三帝王部巡幸、卷一三五帝王部好邊功作「後宮」。

〔三一〕在官勤舊　「舊」，原作「奮」，據宋甲本、大德本、至順本、汲本改。北史卷一二隋本紀下、御覽卷一〇六皇王部三一煬皇帝引隋書亦作「舊」。

〔三二〕冬十月壬申　是月己丑朔，無壬申，疑誤。

〔三三〕十二月己未左光禄大夫吏部尚書牛弘卒　「十二月」，本書卷四九牛弘傳作「十一月」。

〔三四〕山東河南漂没三十餘郡　「三十」，本書卷二四食貨志作「四十」。

隋書卷四

帝紀第四

煬帝下

八年春正月辛巳，大軍集于涿郡。以兵部尚書段文振爲左候衛大將軍。壬午，下詔曰：

天地大德，降繁霜於秋令，聖哲至仁，著甲兵於刑典。故知造化之有肅殺，義在無私，帝王之用干戈，蓋非獲已。版泉、丹浦，莫匪龔行，取亂覆昏，咸由順動。況乎甘野誓師，夏開承大禹之業，商郊問罪，周發成文王之志。永監前載，屬當朕躬。

粵我有隋，誕膺靈命，兼三才而建極，一六合而爲家。提封所漸，細柳、盤桃之外，聲教爰暨，紫舌、黄枝之域。遠至邇安，罔不和會，功成治定，於是乎在。而高麗小醜，迷昏不恭，崇聚勃、碣之間，荐食遼、獩之境。雖復漢、魏誅戮，巢窟暫傾，亂離多阻，種落還集。萃川藪於往代〔一〕，播實繁以迄今，眷彼華壤，翦爲夷類。歷年永久，惡稔既盈，天道禍淫，亡徵已兆。亂常敗德，非可勝圖，掩慝懷姦，唯日不足。移告之嚴，未嘗面受，朝覲之禮，莫肯躬親。誘納亡叛，不知紀極，充斥邊垂，亟勞烽候，關柝以之不靜，生人爲之廢業。在昔薄伐，已漏天網，既緩前禽之戮，未即後服之誅，曾不懷恩，翻爲長惡，乃兼契丹之黨，虔劉海戍，習靺鞨之服，侵軼遼西。又青丘之表，咸修職貢，碧海之濱，同稟正朔，遂復敚攘琛賮，遏絶往來，虐及弗辜，誠而遇禍。輶軒奉使，爰暨海東，旌節所次，途經藩境，而擁塞道路，拒絶王人，無事君之心，豈爲臣之禮！此而可忍，孰不可容！且法令苛酷，賦斂煩重，强臣豪族，咸執國鈞，朋黨比周，以之成俗，賄貨如市，冤枉莫申。重以仍歲災凶，比屋饑饉，兵戈不息，徭役無期，力竭轉輸，身填溝壑。百姓愁苦，爰誰適從？境内哀惶，不勝其弊。迴首面内，各懷性命之圖，黄髮稚齒，咸興酷毒之歎。省俗觀風，爰屆幽朔，弔人問罪，無俟再駕。於是親總六師，用申九伐，拯厥阽危，協從天意，殄兹逋穢，克嗣先謨。

今宜授律啓行，分麾屆路，掩勃澥而雷震，歷夫餘以電掃。比戈按甲，誓旅而後行，三令五申〔二〕，必勝而後戰。左第一軍可鏤方道，第二軍可長岑道，第三軍可海冥道，第四軍可蓋馬道，第五軍可建安道，第六軍可南蘇道，第七軍可遼東道，第八軍可玄菟道，第九軍可扶餘道，第十軍可朝鮮道，第十一軍可沃沮道，第十二軍可樂浪道。右第一軍可黏蟬道，第二軍可含資道，第三軍可渾彌道，第四軍可臨屯道，第五軍可候城道，第六軍可提奚道，第七軍可踏頓道，第八軍可肅愼道，第九軍可碣石道，第十軍可東暆道，第十一軍可帶方道，第十二軍可襄平道。凡此衆軍，先奉廟略，駱驛引途，總集平壤。莫非如豺如貔之勇，百戰百勝之雄，顧眄則山岳傾頽，叱吒則風雲騰鬱，心德攸同，爪牙斯在。朕躬馭元戎，爲其節度，涉遼而東，循海之右，解倒懸於遐裔，問疾苦於遺黎。其外輕齎遊闕，隨機赴響，卷甲銜枚，出其不意。又滄海道軍舟艫千里，高颿電逝，巨艦雲飛，橫斷浿江〔三〕，逕造平壤，島嶼之望斯絶，坎井之路已窮。其餘被髮左衽之人，控弦待發，微、盧、彭、濮之旅，不謀同辭。杖順臨逆，人百其勇，以此衆戰，勢等摧枯。

然則王者之師，義存止殺，聖人之教，必也勝殘。天罰有罪，本在元惡，人之多僻，脅從罔治。若高元泥首轅門，自歸司寇，即宜解縛焚櫬，弘之以恩。其餘臣人歸朝奉順，咸加慰撫，各安生業，隨才任用，無隔夷夏。營壘所次，務在整肅，芻蕘有禁，秋毫勿犯，布以恩宥，喻以禍福。若其同惡相濟，抗拒官軍，國有常刑，俾無遺類。明加曉示，稱朕意焉。

總一百一十三萬三千八百，號二百萬，其餽運者倍之。癸未，第一軍發，終四十日，引師乃盡，旌旗亘千里。近古出師之盛，未之有也。乙未，以右候衞大將軍衞玄爲刑部尚書。甲辰，内史令元壽卒。

二月甲寅，詔曰：「朕觀風燕裔，問罪遼濱。文武叶力，爪牙思奮，莫不執鋭勤王，捨家從役，罕蓄倉廩之資，兼損播殖之務。朕所以夕惕愀然，慮其匱乏。雖復素飽之衆，情在忘私，悦使之人，宜從其厚。諸行從一品以下、佽飛募人以上家口，郡縣宜數存問。若有糧食乏少，皆宜賑給；或雖有田疇，貧弱不能自耕種，可於多丁富室勸課相助。使夫居者有斂積之豐，行役無顧後之慮。」壬戌，司空、京兆尹、光禄大夫觀王雄薨。

三月辛卯，兵部尚書、左候衞大將軍段文振卒。癸巳，上御師。甲午，臨戎于遼水橋。戊戌，大軍爲賊所拒，不果濟。右屯衞大將軍、左光禄大夫麥鐵杖，武賁郎將錢士雄、孟金叉等，皆死之。甲午，車駕度遼。大戰于東岸，擊賊破之，進圍遼東。乙未，大頓，見二大鳥〔四〕，高丈餘，皜身朱足，遊泳自若。上異之，命工圖寫，并立銘頌。

五月壬午，納言楊達卒。

于時諸將各奉旨，不敢赴機〔五〕。既而高麗各城守，攻之不下。

六月己未，幸遼東，責怒諸將。止城西數里，御六合城。

七月壬寅，宇文述等敗績于薩水，右屯衛將軍辛世雄死之〔六〕。九軍並陷，將帥奔還亡者二千餘騎〔七〕。癸卯，班師。

九月庚辰〔八〕，上至東都。己丑，詔曰：「軍國異容，文武殊用，匡危拯難，則霸德攸興，化人成俗，則王道斯貴。時方撥亂，屠販可以登朝，世屬隆平，經術然後升仕。豐都爰肇，儒服無預于周行，建武之朝，功臣不參于吏職。自三方未一，四海交爭，不遑文教，唯尚武功。設官分職，罕以才授，班朝治人，乃由勳敍，莫非拔足行陣，出自勇夫，斅學之道，既所不習，政事之方，故亦無取。是非暗于在己，威福專於下吏，貪冒貨賄，不知紀極，蠹政害民，實由於此。自今已後，諸授勳官者，並不得回授文武職事，庶遵彼更張，取類於調瑟，求諸名製，不傷于美錦。若吏部輒擬用者，御史即宜糾彈。」

冬十月甲寅，工部尚書宇文愷卒。

十一月己卯，以宗女華容公主嫁于高昌王〔九〕。辛巳，光禄大夫韓壽卒〔一〇〕。甲申，敗將宇文述、于仲文等並除名爲民，斬尚書右丞劉士龍以謝天下。

是歲，大旱，疫，人多死，山東尤甚。密詔江、淮南諸郡閲視民間童女，姿質端麗者，每歲貢之。

九年春正月丁丑，徵天下兵，募民爲驍果，集于涿郡。壬午，賊帥杜彦冰〔一一〕、王潤等陷平原郡，大掠而去。辛卯，置折衝、果毅、武勇、雄武等郎將官，以領驍果。乙未，平原李德逸聚衆數萬，稱「阿舅賊」，劫掠山東。靈武白榆妄，稱「奴賊」，劫掠牧馬，北連突厥，隴右多被其患。遣將軍范貴討之，連年不能剋。戊戌，大赦。己亥，遣代王侑、刑部尚書衛玄鎮京師。辛丑，以右驍衛將軍李渾爲右驍衛大將軍〔一二〕。

二月己未，濟北人韓進洛聚衆數萬爲羣盜。壬午〔一三〕，復宇文述等官爵。又徵兵討高麗。

三月丙子，濟陰人孟海公起兵爲盜，衆至數萬。丁丑，發丁男十萬城大興。戊寅，幸遼東。以越王侗、民部尚書樊子蓋留守東都。庚子，北海人郭方預聚徒爲盜〔一四〕，自號盧公，衆至三萬，攻陷郡城，大掠而去。

夏四月庚午，車駕度遼。壬申，遣宇文述、楊義臣趣平壤。

五月丁丑，熒惑入南斗。己卯，濟北人甄寶車聚衆萬餘，寇掠城邑。

六月乙巳，禮部尚書楊玄感反於黎陽。丙辰，玄感逼東都。河南贊務裴弘策拒之〔一五〕，反爲賊所敗。戊辰，兵部侍郎斛斯政奔于高麗。庚午，上班師。高麗犯後軍，敕右武衞大將軍李景爲後拒。遣左翊衞大將軍宇文述、左候衞將軍屈突通等馳傳發兵〔一六〕，以討玄感。

秋七月己卯，令所在發人城縣府驛。癸未，餘杭人劉元進舉兵反，衆至數萬。

八月壬寅，左翊衞大將軍宇文述等破楊玄感於閿鄉，斬之，餘黨悉平。癸卯，吴人朱燮、晉陵人管崇擁衆十萬餘，自稱將軍，寇江左。甲辰，制驍果之家蠲免賦役。丁未，詔郡縣城去道過五里已上者，徙就之。戊申，制盜賊籍没其家。乙卯，賊帥陳瑱等衆三萬，攻陷信安郡。辛酉，司農卿、光禄大夫、葛國公趙元淑以罪伏誅。

九月己卯，濟陰人吴海流、東海人彭孝才並舉兵爲盜，衆數萬。庚辰，賊帥梁慧尚率衆四萬，陷蒼梧郡。甲午，車駕次上谷，以供費不給，上大怒，免太守虞荷等官。丁酉，東陽人李三兒、向但子舉兵作亂，衆至萬餘。

閏月己巳，幸博陵。庚午，上謂侍臣曰：「朕昔從先朝周旋於此，年甫八歲，日月不居，倏經三紀，追惟平昔，不可復希！」言未卒，流涕嗚咽，侍衞者皆泣下沾襟。

冬十月丁丑，賊帥吕明星率衆數千圍東郡，武賁郎將費青奴擊斬之。乙酉，詔曰：「博陵昔爲定州，地居衝要，先皇歷試所基，王化斯遠，故以道冠豳風，義高姚邑。朕巡撫氓庶，爰屆茲邦，瞻望郊廛，緬懷敬止，思所以宣播德澤，覃被下人，崇紀顯號，式光令緒。

可改博陵爲高陽郡，赦境内死罪已下，給復一年。」於是召高祖時故吏，皆量材授職。壬辰，以納言蘇威爲開府儀同三司。朱燮、管崇推劉元進爲天子。遣將軍吐萬緒、魚俱羅討之，連年不能剋。齊人孟讓、王薄等衆十餘萬，據長白山，攻剽諸郡，清河賊張金稱衆數萬，渤海賊帥格謙自號燕王，孫宣雅自號齊王，衆各十萬，山東苦之。丁亥〔一七〕，以右候衛將軍郭榮爲右候衛大將軍〔一八〕。

十一月己酉，右候衛將軍馮孝慈討張金稱於清河，反爲所敗，孝慈死之。

十二月甲申，車裂玄感弟朝請大夫積善及黨與十餘人，仍焚而揚之。丁亥，扶風人向海明舉兵作亂，稱皇帝，建元白烏。遣太僕卿楊義臣擊破之。

十年春正月甲寅，以宗女爲信義公主，嫁於突厥曷娑那可汗〔一九〕。

二月辛未，詔百寮議伐高麗〔二〇〕，數日無敢言者。戊子，詔曰：「竭力王役，致身戎事，咸由徇義，莫匪勤誠，委命草澤，棄骸原野，興言念之，每懷愍惻。往年出車問罪，將届遼濱，廟筭勝略，具有進止。而諒惽凶，罔識成敗，高熲愎很，本無智謀，臨三軍猶兒戲，視人命如草芥，不遵成規，坐貽撓退，遂令死亡者衆，不及埋藏。今宜遣使人分道收葬，設祭於遼西郡，立道場一所。恩加泉壤，庶弭窮魂之冤，澤及枯骨，用弘仁者之惠。」辛卯，詔曰：

黄帝五十二戰，成湯二十七征，方乃德施諸侯，令行天下。盧芳小盜，漢祖尚且親戎，隗囂餘燼，光武猶自登隴，豈不欲除暴止戈，勞而後逸者哉！朕纂成寶業，君臨天下，日月所照，風雨所沾，孰非我臣，獨隔聲教。蕞爾高麗，僻居荒表，鴟張狼噬，侮慢不恭，抄竊我邊陲，侵軼我城鎮。是以去歲出軍，問罪遼、碣，殪長蛇於玄菟，戮封豕於襄平。扶餘衆軍，風馳電逝，追奔逐北，徑踰浿水，滄海舟楫，衝賊腹心，焚其城郭，汙其宫室。高元伏鑕泥首，送款軍門，尋請入朝，歸罪司寇。朕以許其改過，乃詔班師。而長惡靡悛，宴安鴆毒，此而可忍，孰不可容！便可分命六師，百道俱進。朕當親執武節，臨御諸軍，秣馬丸都，觀兵遼水，順天誅於海外，救窮民於倒懸，征伐以正之，明德以誅之，止除元惡，餘無所問。若有識存亡之分，悟安危之機，翻然北首，自求多福；必其同惡相濟，抗拒王師，若火燎原，刑茲無赦。有司便宜宣布，咸使知聞。

丁酉，扶風人唐弼舉兵反，衆十萬，推李弘爲天子〔三〕，自稱唐王。

三月壬子，行幸涿郡。癸亥，次臨渝宫，親御戎服，禡祭黄帝，斬叛軍者以釁鼓。

夏四月辛未，彭城賊張大虎聚衆數萬〔三〕，保懸薄山爲盜。遣榆林太守董純擊破，斬之。甲午，車駕次北平。

五月庚子，詔舉郡孝悌廉潔各十人。壬寅，賊帥宋世謨陷琅邪郡。庚申，延安人劉迦論舉兵反，自稱皇王，建元大世。

六月辛未，賊帥鄭文雅、林寶護等衆三萬，陷建安郡，太守楊景祥死之。

秋七月癸丑，車駕次懷遠鎮。乙卯，曹國遣使貢方物。甲子，高麗遣使請降，囚送斛斯政。上大悅。

八月己巳，班師。庚午，右衛大將軍、左光祿大夫鄭榮卒〔三〕。

冬十月丁卯，上至東都。己丑，還京師。

十一月丙申，支解斛斯政於金光門外。乙巳，有事於南郊。己酉，賊帥司馬長安破長平郡。乙卯，離石胡劉苗王舉兵反，自稱天子，以其弟六兒爲永安王，衆至數萬。將軍潘長文討之，不能剋。是月，賊帥王德仁擁衆數萬，保林慮山爲盜。

十二月壬申，上如東都。其日，大赦天下。戊子，入東都。庚寅，賊帥孟讓衆十餘萬，據都梁宮。遣江都郡丞王世充擊破之，盡虜其衆。

十一年春正月甲午朔，大宴百寮。突厥、新羅、靺鞨、畢大辭、訶咄、傳越、烏那曷、波臘、吐火羅、俱慮建、忽論、靺鞨、訶多、沛汗、龜茲、疎勒、于闐、安國、曹國、何國、穆國、畢、衣密、失范延、伽折、契丹等國並遣使朝貢。戊戌，武賁郎將高建毗破賊帥顏宣政於齊郡，虜男女數千口。乙卯，大會蠻夷，設魚龍曼延之樂，頒賜各有差。

二月戊辰，賊帥楊仲緒率衆萬餘，攻北平，滑公李景破斬之。庚午，詔曰：「設險守國，著自前經，重門禦暴，事彰往策，所以宅土寧邦，禁邪固本。而近代戰爭，居人散逸，田疇無伍，郛郭不修，遂使遊惰實繁，寇歎未息。今天下平一，海內晏如，宜令人悉城居，田隨近給，使强弱相容，力役兼濟，穿窬無所厝其姦宄，萑蒲不得聚其逋逃。有司具爲事條，務令得所。」丙子，上谷人王須拔反〔二四〕，自稱漫天王，國號燕，賊帥魏刁兒自稱歷山飛，衆各十餘萬，北連突厥，南寇趙。

五月丁酉〔二五〕，殺右驍衞大將軍、光祿大夫、郕公李渾，將作監、光祿大夫李敏，並族滅其家。癸卯，賊帥司馬長安破西河郡。己酉，幸太原，避暑汾陽宮。

秋七月己亥，淮南人張起緒舉兵爲盜，衆至三萬。辛丑，光祿大夫、右禦衞大將軍張壽卒。

八月乙丑，巡北塞。戊辰，突厥始畢可汗率騎數十萬，謀襲乘輿，義成公主遣使告變。壬申，車駕馳幸雁門。癸酉，突厥圍城，官軍頻戰不利。上大懼，欲率精騎潰圍而出，民部尚書樊子蓋固諫乃止。齊王暕以後軍保于崞縣。甲申，詔天下諸郡募兵，於是守令各來赴難。

九月甲辰，突厥解圍而去。丁未，曲赦太原、雁門郡死罪已下。

冬十月壬戌，上至于東都。丁卯，彭城人魏騏驎聚衆萬餘爲盜，寇魯郡。壬申，賊帥盧明月聚衆十餘萬，寇陳、汝間。東海賊帥李子通擁衆度淮，自號楚王，建元明政，寇江都。

十一月乙卯，賊帥王須拔破高陽郡。

十二月戊寅，有大流星如斛，墜明月營，破其衝車。庚辰，詔民部尚書樊子蓋發關中兵，討絳郡賊敬盤陀、柴保昌等，經年不能剋。譙郡人朱粲擁衆數十萬，寇荊襄，僭稱楚帝，建元昌達。漢南諸郡多爲所陷焉。

十二年春正月甲午，雁門人翟松柏起兵於靈丘，衆至數萬，轉攻傍縣。

二月己未，真臘國遣使貢方物。甲子夜，有二大鳥似鵰，飛入大業殿，止于御幄，至明而去。癸亥〔二六〕，東海賊盧公暹率衆萬餘，保于蒼山。

夏四月丁巳，顯陽門災。癸亥，魏刁兒所部將甄翟兒復號歷山飛，衆十萬，轉寇太原。將軍潘長文討之，反爲所敗，長文死之。

五月丙戌朔，日有蝕之，既。癸巳，大流星隕于吳郡，爲石。壬午〔二七〕，上於景華宮徵求螢火，得數斛，夜出遊山，放之，光徧巖谷。

秋七月壬戌，民部尚書、光禄大夫濟北公樊子蓋卒〔二八〕。甲子，幸江都宮，以越王侗、光禄大夫段達、太府卿元文都、檢校民部尚書韋津、右武衛將軍皇甫無逸、右司郎盧楚等總留後事。奉信郎崔民象以盜賊充斥，於建國門上表，諫不宜巡幸。上大怒，先解其頤，乃斬之。戊辰，馮翊人孫華自號總管，舉兵爲盜。高涼通守洗珤徹舉兵作亂，嶺南溪洞多應之。己巳，熒惑守羽林，月餘乃退。車駕次汜水，奉信郎王愛仁以盜賊日盛，諫上請還西京。上怒，斬之而行。

八月乙巳，賊帥趙萬海衆數十萬，自恒山寇高陽。壬子，有大流星如斗，出王良閣道，聲如隤牆。癸丑，大流星如甕，出羽林。

九月丁酉〔二九〕，東海人杜揚州〔三〇〕、沈覓敵等作亂，衆至數萬。右禦衛將軍陳稜擊破之。戊午，有二枉矢出北斗魁，委曲蛇形，注於南斗。壬戌，安定人荔非世雄殺臨涇令，舉兵作亂，自號將軍。

冬十月己丑，開府儀同三司、左翊衛大將軍、光禄大夫、許公宇文述薨。

十二月癸未，鄱陽賊操天成舉兵反，自號元興王，建元始興，攻陷豫章郡。乙酉，以右翊衛大將軍來護兒爲開府儀同三司、行左翊衛大將軍。壬辰，鄱陽人林士弘自稱皇帝，國號楚，建元太平，攻陷九江、廬陵郡。唐公破甄翟兒於西河，虜男女數千口。

十三年春正月壬子，齊郡賊杜伏威率衆度淮，攻陷歷陽郡。丙辰，勃海賊竇建德設壇於河間之樂壽，自稱長樂王，建元丁丑。辛巳，賊帥徐圓朗率衆數千，破東平郡。弘化人到凸成聚衆萬餘人爲盜[三]，傍郡苦之。

二月壬午，朔方人梁師都殺郡丞唐世宗，據郡反，自稱大丞相。遣銀青光祿大夫張世隆擊之，反爲所敗。戊子，賊帥王子英破上谷郡。己丑，馬邑校尉劉武周殺太守王仁恭，舉兵作亂，北連突厥，自稱定楊可汗。庚寅，賊帥李密、翟讓等陷興洛倉。越王侗遣武賁郎將劉長恭、光祿少卿房崱擊之，反爲所敗，死者十五六。庚子，李密自號魏公，稱元年，開倉以振羣盜，衆至數十萬，河南諸郡相繼皆陷焉。壬寅，劉武周破武賁郎將王智辯于桑乾鎮，智辯死之。

三月戊午，廬江人張子路舉兵反。遣右禦衛將軍陳稜討平之。丁丑，賊帥李通德衆十萬，寇廬江，左屯衛將軍張鎮州擊破之。

夏四月癸未，金城校尉薛舉率衆反，自稱西秦霸王，建元秦興，攻陷隴右諸郡。己丑，賊帥孟讓，夜入東都外郭，燒豐都市而去。癸巳，李密陷迴洛東倉。丁酉，賊帥房憲伯陷汝陰郡。是月，光禄大夫裴仁基、淮陽太守趙佗等並以衆叛歸李密。

五月辛酉〔三二〕，夜有流星如甕，墜於江都。甲子，唐公起義師於太原。丙寅，突厥數千寇太原，唐公擊破之。

秋七月壬子，熒惑守積屍。丙辰，武威人李軌舉兵反，攻陷河西諸郡，自稱涼王，建元安樂。

八月辛巳，唐公破武牙郎將宋老生於霍邑，斬之。

九月己丑〔三三〕，帝括江都人女寡婦，以配從兵。是月，武陽郡丞元寶藏以郡叛歸李密，與賊帥李文相攻陷黎陽倉。彗星見於營室。

冬十月丁亥，太原楊世洛聚衆萬餘人〔三四〕，寇掠城邑。丙申，羅令蕭銑以縣反，鄱陽人董景珍以郡反，迎銑於羅縣，號爲梁王，攻陷傍郡。戊戌，武賁郎將高毗敗濟北郡賊甄寶車於嶬山。

十一月丙辰，唐公入京師。辛酉，遥尊帝爲太上皇，立代王侑爲帝，改元義寧。上起宫丹陽，將遜于江左。有烏鵲來巢幄帳，驅不能止。熒惑犯太微。有石自江浮入于揚子。日光四散如流血。上甚惡之。

二年三月，右屯衞將軍宇文化及，武賁郎將司馬德戡、元禮，監門直閤裴虔通，將作少監宇文智及，武勇郎將趙行樞，鷹揚郎將孟景〔三五〕，内史舍人元敏，符璽郎李覆、牛方裕，千牛左右李孝本、弟孝質，直長許弘仁、薛世良，城門郎唐奉義，醫正張愷等，以驍果作亂，入犯宫闈。上崩于温室，時年五十。蕭后令宫人撤牀簀爲棺以埋之。化及發後，右禦衞將軍陳稜奉梓宫於成象殿，葬吴公臺下。發斂之始，容貌若生，衆咸異之。大唐平江南之後，改葬雷塘。

初，上自以藩王，次不當立，每矯情飾行，以釣虚名，陰有奪宗之計。時高祖雅信文獻皇后，而性忌妾媵。皇太子勇内多嬖幸，以此失愛。帝後庭有子，皆不育之，示無私寵，取媚於后。大臣用事者，傾心與交。中使至第，無貴賤，皆曲承顔色，申以厚禮。婢僕往來者，無不稱其仁孝。又常私入宫掖，密謀於獻后，楊素等因機構扇，遂成廢立。自高祖大漸，暨諒闇之中，烝淫無度，山陵始就，即事巡遊，以天下承平日久，士馬全盛，慨然慕秦皇、漢武之事。乃盛治宫室，窮極侈靡，召募行人，分使絶域。諸蕃至者，厚加禮賜，有不恭命，以兵擊之。盛興屯田於玉門、柳城之外。課天下富室，益市武馬，匹直十餘萬，富强坐是凍餒者十家而九。帝性多詭譎，所幸之處，不欲人知。每之一所，輒數道置頓，四海珍羞殊味，水陸必備焉，求市者無遠不至。郡縣官人，競爲獻食，豐厚者進擢，疎儉者獲罪。姦吏侵漁，内外虛竭，頭會箕斂，人不聊生。于時軍國多務，日不暇給，帝方驕怠，惡聞政事，冤屈不治，奏請罕決。又猜忌臣下，無所專任，朝臣有不合意者，必構其罪而族滅之。故高熲、賀若弼先皇心膂，參謀帷幄，張衡、李金才藩邸惟舊，績著經綸，或惡其直道，或忿其正議，求其無形之罪，加以刎頸之誅。其餘事君盡禮，謇謇匪躬，無辜無罪，橫受夷戮者，不可勝紀。政刑弛紊，賄貨公行，莫敢正言，道路以目。六軍不息，百役繁興，行者不歸，居者失業。人飢相食〔三六〕，邑落爲墟，上不之恤也。東西遊幸，靡有定居，每以供費不給，逆收數年之賦。所至唯與後宫流連躭湎，惟日不足，招迎姥媪，朝夕共肆醜言，又引少年，令與宫人穢亂，不軌不遜，以爲娱樂。區宇之内，盜賊蜂起，劫掠從官，屠陷城邑，近臣互相掩蔽，隱賊數不以實對。或有言賊多者，輒大被詰責，各求苟免，上下相蒙，每出師徒，敗亡相繼。戰士盡力，必不加賞，百姓無辜，咸受屠戮。黎庶憤怨，天下土崩，至於就擒而猶未之寤也。

史臣曰：煬帝爰在弱齡，早有令聞，南平吴、會，北却匈奴，昆弟之中，獨著聲績。於是矯情飾貌，肆厥姦回，故得獻后鍾心，文皇革慮，天方肇亂，遂登儲兩，踐峻極之崇基，承丕顯之休命。地廣三代，威振八紘，單于頓顙，越裳重譯。赤仄之泉，流溢于都内，紅腐之粟[三七]，委積於塞下。負其富强之資，思逞無厭之欲，狹殷、周之制度，尚秦、漢之規摹。恃才矜己，傲狠明德，内懷險躁，外示凝簡，盛冠服以飾其姦，除諫官以掩其過。淫荒無度，法令滋章，教絶四維，刑參五虐，鋤誅骨肉，屠勦忠良，受賞者莫見其功，爲戮者不知其罪。驕怒之兵屢動，土木之功不息，頻出朔方，三駕遼左，旌旗萬里，徵税百端，猾吏侵漁，人不堪命。乃急令暴條以擾之，嚴刑峻法以臨之，甲兵威武以董之，自是海内騷然，無聊生矣。俄而玄感肇黎陽之亂，匈奴有雁門之圍，天子方棄中土，遠之揚、越。姦宄乘釁，强弱相陵，關梁閉而不通，皇輿往而不反。加之以師旅，因之以饑饉，流離道路，轉死溝壑，十八九焉。於是相聚萑蒲，蝟毛而起，大則跨州連郡，稱帝稱王，小則千百爲羣，攻城剽邑，流血成川澤，死人如亂麻，炊者不及析骸，食者不遑易子。茫茫九土，並爲麋鹿之場，慄慄黔黎，俱充蛇豕之餌。四方萬里，簡書相續，猶謂鼠竊狗盜，不足爲虞，上下相蒙，莫肯念亂，振蜉蝣之羽，窮長夜之樂。土崩魚爛，貫盈惡稔，普天之下，莫匪仇讎，左右之人，皆爲敵國。終然不悟，同彼望夷，遂以萬乘之尊，死於一夫之手。億兆靡感恩之士，九牧無勤王之師。子弟同就誅夷，骸骨棄而莫掩，社稷顛隕，本枝殄絶，自肇有書契以迄于兹，宇宙崩離，生靈塗炭，喪身滅國，未有若斯之甚也。書曰：「天作孽，猶可違，自作孽，不可逭。」傳曰：「吉凶由人，祆不妄作。」又曰：「兵猶火也，不戢將自焚。」觀隋室之存亡，斯言信而有徵矣！

校勘記

〔一〕萃川藪於往代　「川藪」，李慈銘隋書札記：「本當作『淵藪』，唐人避諱，改爲『川』。」

〔二〕三令五申　「三」，原作「先」，據南監本改。北史卷一二隋本紀下、册府卷一一七帝王部親征、三國史記卷二〇亦作「三」。

〔三〕横斷淈江　「淈」，原作「沮」，據三國史記卷二〇改。本書卷八一東夷高麗傳，稱其國「南臨淈水」。本卷下文大業十年二月辛卯詔中之「淈水」同改，不另出校。

〔四〕「甲午臨戎于遼水橋」至「乙未大頓見二大鳥」　此處重紀甲午日事，當有誤。且三月庚辰朔，後之甲午（十五日）、乙未（十六日）紀事不應置於戊戌（十九日）之後。通鑑考異卷八隋紀大業八年三月條引隋帝紀，以此處繫日紀事混亂，「今並除之」，未予繫日；且「乙未大頓」下有「丙申大赦」事。今疑後二「甲午」當屬四月，且應作甲子（四月庚戌朔，無甲午）；册府卷一三五帝王部好邊功「三月帝御師於遼水，四月進遼東」，可爲佐證。又，本書卷七六文學虞綽傳，臨海頓見大鳥乃四月丙子（廿七日）事。册府卷一一七帝王部親征繫時與此完全不同：三月辛巳（初二日），帝御師；戊子（初九日）臨戎於遼水橋；辛卯（十二日）大軍爲賊所拒，不果濟，麥鐵杖、錢士雄、孟金義（叉）死之：，甲午（十五日），車駕渡遼，戰於東岸，擊賊破之，進圍遼東。隋書求是疑「甲午」應作「甲辰」（廿五日），「乙未」應作「乙亥」，且上奪「四月」。

〔五〕不敢赴機　「赴」，原作「越」，據宋甲本、大德本、至順本、汲本改。

〔六〕辛世雄　原作「薛世雄」，據宋甲本、大德本、至順本、汲本改。御覽卷一〇六皇王部三一煬皇帝引隋書、册府卷一一七帝王部親征、卷一三五帝王部好邊功亦作「辛世雄」。

〔七〕將帥奔還亡者二千餘騎　本書卷六一宇文述傳敍其事作「及還至遼東城，唯二千七百人」，北史卷一二隋本紀下作「師奔還，亡者千餘騎」。「亡」，通志卷一八隋紀作「至」。

〔八〕九月庚辰　「庚辰」，宋甲本、大德本、至順本、汲本作「庚寅」（十三日）。御覽卷一〇六皇王部三一煬皇帝引隋書、通鑑卷一八一隋紀五煬帝大業八年同。若作「庚寅」，則不當在下文己丑（十二日）之前。亦或此處紀文有訛誤或顛倒。

〔九〕以宗女華容公主嫁于高昌王　「王」，宋甲本、大德本、至順本、汲本無。

〔一〇〕韓壽　即韓僧壽，本書卷五二有傳。

〔一一〕杜彦冰　北史卷一二隋本紀下作「杜彦永」。

〔一二〕右驍衛將軍李渾　「驍衛」，原作「驍騎」，據宋甲本改。按，本書卷三七李穆傳附李渾傳：「大業初，轉右驍衛將軍。（中略）九年，遷右驍衛大將軍。」北史卷一二隋本紀下亦作「驍衞」。

〔一三〕（二月）壬午　是月乙巳朔，無壬午日，疑誤。四部叢刊本通鑑考異卷八隋紀大業九年二月條：「雜記在去年十一月，今從隋書。」

〔一四〕郭方預　原作「郭方頂」，據本書卷七一誠節張須陁傳、北史卷一二隋本紀下、御覽卷一〇六皇王部三一煬皇帝引隋書、通鑑卷一八二隋紀六煬帝大業九年三月改。

〔一五〕河南贊務裴弘策拒之　「贊務」，應作「贊治」，唐人諱改。

〔一六〕左候衞將軍屈突通等馳傳發兵　「左候衞」，本書卷六一宇文述傳、卷七〇楊玄感傳作「武衞」。

〔一七〕（十月）丁亥　是月辛未朔，丁亥（十七日）敍事應在壬辰（廿二日）之前，紀文疑有訛誤或顛倒。

〔一八〕以右候衞將軍郭榮爲右候衞大將軍　「右候衞將軍」，本書卷五〇郭榮傳作「左候衞將軍」。

〔一九〕嫁於突厥曷娑那可汗　「曷娑那」，本書卷六七裴矩傳、卷八四北狄西突厥傳作「曷薩那」，音譯異字。

〔二〇〕詔百寮議伐高麗　「議」，原作「講」，據宋甲本、至順本、汲本改。北史卷一二隋本紀下、册府卷一一七帝王部親征亦作「議」。

〔二一〕李弘　舊唐書卷五五薛舉傳作「李弘芝」。

〔三〕張大彪　通鑑卷一八二隋紀六煬帝大業十年四月作「張大虎」，本書爲唐人諱改。

〔三〕右衛大將軍左光禄大夫鄭榮卒　「鄭榮」，疑係「郭榮」之誤。郭榮，本書卷五〇有傳。「右衛」，據本卷大業九年十月條及郭榮本傳，疑應作「右候衛」。

〔四〕上谷人王須拔反　「上谷」，原作「土谷」，據南監本、殿本改。按，通鑑卷一八二隋紀六煬帝大業十一年正月有「上谷賊帥王須拔」。

〔五〕五月丁酉　「五月」，宋甲本、至順本、北史卷一二隋本紀下、通鑑卷一八二隋紀六煬帝大業十一年作「三月」。

〔六〕（二月）癸亥　是月戊午朔，癸亥（初六日）事應置於甲子（初七日）之前，紀文疑有訛誤或顛倒。

〔七〕（五月）壬午　是月丙戌朔，無壬午；閏五月丙辰朔，壬午爲廿七日，疑此係閏五月事。

〔八〕濟北公　原作「齊北公」，據宋甲本、至順本、南監本、汲本改。通鑑卷一八三隋紀七煬帝大業十二年七月作「濟景公」，胡注引隋書樊子蓋傳：「帝以子蓋守東都平玄感之功，進爵濟公，謂其功濟天下，封以嘉名，無此郡國也。」「景」乃謚號，「北」字疑誤或衍。

〔九〕九月丁酉　是月甲寅朔，無丁酉，疑此日應繫於八月，或爲丁巳之訛。

〔10〕杜揚州　原作「杜伏威揚州」，據宋甲本、大德本、至順本、汲本改。册府卷一二一帝王部征討、通志卷一八隋紀亦作「杜揚州」。按，李慈銘隋書札記：「伏威齊郡人，非東海人。下文

『十三年正月齊郡賊杜伏威率衆度淮』是也。陳稜時在江都，伏威始起於山東，不得與稜相接。稜傳及舊唐書杜伏威、李子通、沈法興等傳皆有稜擊伏威之事，自在伏威據歷陽以後。且伏威等傳言稜兵屢敗，求救於伏威，安得有擊破之事？此處自以『杜揚州』爲名，當時小盜，起滅無常，無他可考耳。」

〔三一〕到佡成　舊唐書卷五六梁師都傳、卷六四高祖二十二子隱太子建成傳、新唐書卷八七梁師都傳、通鑑卷一八八唐紀四高祖武德四年正月作「劉佡成」，册府卷四四九將帥部殺降、卷九七七外臣部降附、卷九八五外臣部征討四作「劉企成」。

〔三二〕五月辛酉　「辛酉」，本書卷二一天文志下作「辛亥」。

〔三三〕九月己丑　是月己酉朔，無己丑日。疑此事應繫於八月。隋書求是則以爲「己丑」乃「乙丑」之訛。

〔三四〕楊世洛　北史卷一二隋本紀下作「陽世洛」。

〔三五〕孟景　即孟秉，唐人諱改。

〔三六〕人飢相食　「人」，原作墨釘，據宋甲本、大德本、至順本、汲本補。

〔三七〕紅腐之粟　「粟」，原作「粟」，據宋甲本、大德本、至順本、南監本改。

隋書卷五

帝紀第五

恭帝

恭皇帝諱侑，元德太子之子也。母曰韋妃。性聰敏，有氣度。大業三年，立爲陳王。後數載，徙爲代王〔一〕，邑萬户。及煬帝親征遼東，令於京師總留事。十一年，從幸晉陽，拜太原太守。尋鎮京師。義兵入長安，尊煬帝爲太上皇，奉帝纂業。

義寧元年十一月壬戌，上即皇帝位於大興殿。詔曰：「王道喪亂，天步不康，古往今來，代有其事，屬之於朕，逢此百罹，彼蒼者天，胡寧斯忍！襁褓之歲，夙遭憫凶，孺子之辰，太上播越，興言感動，實疚于懷。太尉唐公，膺期作宰，時稱舟楫，大拯横流，糾合義兵，翼戴皇室，與國休戚，再匡區夏，爰奉明詔，弼予幼沖，顯命光臨，天威咫尺，對揚尊號，悼心失圖。一人在遠，三讓不遂，僶俛南面，厝身無所，苟利社稷，莫敢或違，俯從羣議，奉遵聖旨。可大赦天下，改大業十三年爲義寧元年。十一月十六日昧爽以前，大辟罪已下，皆赦除之；常赦所不免者，不在赦限。」甲子，以光禄大夫、大將軍、太尉唐公爲假黄鉞、使持節、大都督内外諸軍事、尚書令、大丞相，進封唐王。丙寅，詔曰：「朕惟孺子，未出深宫，太上遠巡，追蹤穆滿。時逢多難，委當尊極，辭不獲免，恭己臨朝，若涉大川，罔知所濟，撫躬永歎，憂心孔棘。民之情僞，曾未之聞，王業艱難，載云其易。賴股肱戮力，上宰賢良，匡佐沖人，輔其不逮。軍國機務，事無大小，文武設官，位無貴賤，憲章賞罰，咸歸相府，庶績其凝，責成斯屬，遊聽前史，茲爲典故。因循仍舊，非曰徒言，所存至公，無爲讓德。」己巳，以唐王子隴西公建成爲唐國世子，敦煌公爲京兆尹，改封秦公，元吉爲齊公，食邑各萬户。太原置鎮北府。乙亥，張掖康老和舉兵反。

十二月癸未，薛舉自稱天子，寇扶風。秦公爲元帥，擊破之。丁亥，桂陽人曹武徹舉兵反，建元通聖。丁酉，義師擒驍衛大將軍屈突通於閿鄉，虜其衆數萬。乙巳，賊帥張善安陷廬江郡。

二年春正月丁未，詔唐王劍履上殿，入朝不趨，贊拜不名，加前後羽葆鼓吹。壬戌，將軍王世充爲李密所敗，河内通守孟善誼、武賁郎將王辯、楊威、劉長恭、梁德、董智通皆死之。庚戌〔二〕，河陽郡尉獨孤武都降於李密。

三月丙辰，右屯衛將軍宇文化及殺太上皇於江都宮，右禦衛將軍獨孤盛死之。齊王暕，趙王杲，燕王倓，光禄大夫、開府儀同三司、行右翊衛大將軍宇文協，金紫光禄大夫、内史侍郎虞世基，銀青光禄大夫、御史大夫裴藴，通議大夫、行給事郎許善心，皆遇害。化及立秦王浩爲帝，自稱大丞相，朝士文武皆受其官爵。光禄大夫、宿公麥才〔三〕，折衝郎將、朝請大夫沈光，同謀討賊，夜襲化及營，反爲所害。戊辰，詔唐王備九錫之禮，加璽紱、遠遊冠、緑綟綬，位在諸侯王上。唐國置丞相已下，一依舊式。

五月乙巳朔，詔唐王冕十有二旒，建天子旌旗，出警入蹕，金根車駕，備五時副車，置旄頭雲罕車，儛八佾，設鍾虡宮懸。王后、王子、王女爵命之號，一遵舊典。戊午，詔曰：

天禍隋國，大行太上皇遇盜江都，酷甚望夷，釁深驪北。憫予小子，奄逮丕愆，哀號承感，心情糜潰，仰惟荼毒，仇復靡申，形影相弔，罔知啓處。

相國唐王，膺期命世，扶危拯溺，自北徂南，東征西怨，總九合於一匡，決百勝於千里，糾率夷夏，大庇氓黎，保乂朕躬，繄王是賴。德侔造化，功格蒼旻，兆庶歸心，曆數斯在，屈爲人臣，載違天命。在昔虞、夏，揖讓相推，苟非重華，誰堪命禹！當今九服崩離，三靈改卜，大運去矣，請避賢路，兆謀布德，顧己莫能，私僮命駕，須歸藩國。予本代王，及予而代，天之所廢，豈期如是！庶憑稽古之聖，以誅四凶，幸值惟新之恩，預充三恪。雪寃恥於皇祖，守禋祀爲孝孫，朝聞夕殞，及泉無恨，今遵故事，遜於舊邸。庶官羣辟，改事唐朝，宜依前典，趣上尊號。若釋重負，感泰兼懷，假手真人，俾除醜逆。濟濟多士，明知朕意。仍勑有司，凡有表奏，皆不得以聞。是日，上遜位於大唐，以爲酅國公。武德二年夏五月崩，時年十五。

史臣曰：恭帝年在幼沖，遭家多難，一人失德，四海土崩。羣盜蜂起，豺狼塞路，南巢遂往，流彘不歸。既鍾百六之期，躬踐數終之運，謳歌有屬，笙鍾變響，雖欲不遵堯舜之迹，其庸可得乎！

校勘記

〔一〕大業三年立爲陳王後數載徙爲代王　本書卷三煬帝紀上、通鑑卷一八〇隋紀四繫侑封代王事於大業二年八月。

〔二〕庚戌　南監本作「庚午」。是月丁未朔，庚戌（初四日）敍事不應置於壬戌（十六日）之後。或係「庚午」（廿四日）之誤。

〔三〕麥才　即麥孟才，本書卷六四有傳。

隋書卷六

志第一

禮儀一

唐、虞之時，祭天之屬爲天禮，祭地之屬爲地禮，祭宗廟之屬爲人禮。故書云命伯夷典朕三禮，所以彌綸天地，經緯陰陽，辨幽賾而洞幾深，通百神而節萬事。殷因於夏，有所損益，旁垂祇訓，以勸生靈。商辛無道，雅章湮滅。周公救亂，弘制斯文，以吉禮敬鬼神，以凶禮哀邦國，以賓禮親賓客，以軍禮誅不虔，以嘉禮合姻好，謂之五禮。故曰「禮經三百，威儀三千，未有入室而不由户者」也。成、康由之，而刑厝不用。

自犬戎弑后，遷周削弱，禮失樂微，風凋俗敝。仲尼預蜡賓而歎曰：「丘有志焉，禹、湯、文、武、成王、周公未有不謹於禮者也。」於是緝禮興樂，欲救時弊。君棄不顧，道鬱不行。故敗國喪家亡人，必先廢其禮。昭公娶孟子而諱姓，楊侯竊女色而傷人。故曰婚姻之禮廢，則淫僻之罪多矣。羣飲而逸，不知其郵，鄉飲酒之禮廢，則爭鬭之獄繁矣。魯侯逆五廟之祀，漢帝罷三年之制，喪祭之禮廢，則骨肉之恩薄矣。諸侯下堂於天子，五伯召君於河陽，朝聘之禮廢，則侵陵之漸起矣。

秦氏以戰勝之威，并吞九國，盡收其儀禮，歸之咸陽。唯採其尊君抑臣，以爲時用。至於退讓起於趨步，忠孝成於動止，華葉靡舉，鴻纖並擯。甚芻狗之棄路，若章甫之遊越，儒林道盡，詩書爲煙。

漢高祖既平秦亂，初誅項羽，放賞元勳，未遑朝制。羣臣飲酒爭功，或拔劍擊柱，高祖患之。叔孫通言曰：「儒者難與進取，可與守成。」於是請起朝儀而許焉，猶曰「度吾能行者爲之」。微習禮容，皆知順軌。若祖述文、武，憲章洙、泗，則良由不暇，自畏之也。武帝興典制而愛方術，至於鬼神之祭，流宕不歸。世祖中興，明皇纂位，祀明堂，襲冠冕，登靈臺，望雲物，得其時制，百姓悦之。而朝廷憲章，其來已舊，或得之於升平之運，或失之於凶荒之年，而世載遐邈，風流訛舛。必有人情，將移禮意，殷、周所以異軌，秦、漢於焉改轍。至於增輝風俗，廣樹隄防，非禮威嚴，亦何以尚！譬山祇之有嵩、岱，海若之有滄溟，飾以涓塵，不貽伊敗。而高堂生於所傳士禮亦謂之儀，弘暢人情，粉飾行事。洎西京以降，用相裁准，咸稱當世之美，自有周旋之節。黄初之詳定朝儀，太始之削除乖謬，則宋書言之備矣。

梁武始命羣儒，裁成大典。吉禮則明山賓，凶禮則嚴植之，軍禮則陸璉，賓禮則賀瑒，嘉禮則司馬褧。帝又命沈約、周捨、徐勉、何佟之等，咸在參詳。陳武克平建業，多准梁舊，仍詔尚書左丞江德藻、員外散騎常侍沈洙、博士沈文阿、中書舍人劉師知等，或因行事，隨時取捨。後齊則左僕射陽休之、度支尚書元脩伯、鴻臚卿王晞、國子博士熊安生，在周則蘇綽、盧辯、宇文弼，並習於儀禮者也，平章國典，以爲時用。高祖命牛弘、辛彦之等採梁及北齊儀注，以爲五禮云。

禮曰：「萬物本乎天，人本乎祖，所以配上帝也。」秦人蕩六籍以爲煨燼，祭天之禮殘缺，儒者各守其所見物而爲之義焉。一云：祭天之數，終歲有九，祭地之數，一歲有二，圓丘、方澤，三年一行。若圓丘、方澤之年，祭天有九，祭地有二。若天不通圓丘之祭，終歲有八。地不通方澤之祭，終歲有一。此則鄭學之所宗也。一云：唯有昊天，無五精之帝。而一天歲二祭，壇位唯一。圓丘之祭，即是南郊，南郊之祭，即是圓丘。日南至，於其上以祭天，春又一祭，以祈農事，謂之二祭，無別天也。五時迎氣，皆是祭五行之人帝太皞之屬，非祭天也。天稱皇天，亦稱上帝，亦直稱帝。五行人帝亦得稱上帝，但不得稱天。故五時迎氣及文、武配祭明堂，皆祭人帝，非祭天也。此則王學之所宗也。梁、陳以降，以迄于隋，議者各宗所師，故郊丘互有變易。

梁南郊，爲圓壇，在國之南。高二丈七尺，上徑十一丈，下徑十八丈。其外再壝，四門。常與北郊間歲。正月上辛行事，用一特牛，祀天皇上帝之神於其上〔一〕，以皇考太祖文帝配。禮以蒼璧制幣。五方上帝、五官之神、太一、天一、日、月、五星、二十八宿、太微、軒轅、文昌、北斗、三台、老人、風伯、司空、雷電、雨師，皆從祀。其二十八宿及雨師等座有坎，五帝亦如之，餘皆平地。器以陶匏，席用稾秸。太史設柴壇於丙地。皇帝齋於萬壽殿，乘玉輅，備大駕以行禮。禮畢，變服通天冠而還。

北郊，爲方壇於北郊。上方十丈，下方十二丈，高一丈。四面各有陛。其外爲壝再重。與南郊間歲。正月上辛，以一特牛，祀后地之神於其上，以德后配。禮以黄琮制幣。五官之神、先農、五岳、沂山、嶽山、白石山、霍山、醫無閭山〔二〕、蔣山、四海、四瀆、松江、會稽江、錢塘江、四望，皆從祀。太史設埋坎於壬地焉。

天監三年，左丞吴操之啓稱：「傳云『啓蟄而郊』，郊應立春之後。」尚書左丞何佟之議：「今之郊祭，是報昔歲之功，而祈今年之福。故取歲首上辛，不拘立春之先後。周冬至於圓丘，大報天也。夏正又郊，以祈農事，故有啓蟄之說。自晉太始二年，并圓丘、方澤同於二郊。是知今之郊禋，禮兼祈報，不得限以一途也。」帝曰：「圓丘自是祭天，先農即是祈穀。但就陽之位，故在郊也。冬至之夜，陽氣起於甲子，既祭昊天，宜在冬至。祈穀時可依古，必須啓蟄。在一郊壇，分爲二祭。」自是冬至謂之祀天，啓蟄名爲祈穀。何佟之又啓：「案𠷎者盛以六彝，覆以畫冪，備其文飾，施之宗廟。今南北二郊，儀注有裸，既乖尚質，謂宜革變。」博士明山賓議，以爲：「表記『天子親耕，粢盛秬𠷎，以事上帝』，蓋明堂之裸耳。郊不應裸。」帝從之。又有司以爲祀竟，器席相承還庫，請依典燒埋之。佟之等議：「案禮『祭器弊則埋之』。今一用便埋，費而乖典。」帝曰：「薦藉輕物，陶匏賤器，方還付庫，容復穢惡。但敝則埋之，蓋謂四時祭器耳。」自是從有司議，燒埋之。

四年，佟之云：「周禮『天曰神，地曰祇』。今天不稱神，地不稱祇，天欑題宜曰皇天座，地欑宜曰后地座。又南郊明堂用沉香，取本天之質，陽所宜也。北郊用上和香，以地於人親，宜加雜馥。」帝並從之。

五年，明山賓稱：「伏尋制旨，周以建子祀天，五月祭地。殷以建丑祀天，六月祭地。夏以建寅祀天，七月祭地。自頊代以來，南北二郊，同用夏正。」詔更詳議。山賓以爲二儀並尊，三朝慶始，同以此日二郊爲允。并請迎五帝於郊，皆以始祖配饗。及郊廟受福，唯皇帝再拜，明上靈降祚，臣下不敢同也。詔並依議。

六年，議者以爲北郊有岳鎮海瀆之座，而又有四望之座，疑爲煩重。儀曹郎朱异議曰：「望是不即之名，豈容局於星海，拘於岳瀆？」明山賓曰：「舜典云『望于山川』。春秋傳曰『江、漢、沮、漳，楚之望也』。而今北郊設岳鎮海瀆，又立四望，竊謂煩黷，宜省。」徐勉曰：「岳瀆是山川之宗。至於望祀之義，不止於岳瀆也。若省四望，於義爲非。」議久不能決。至十六年，有事北郊，帝復下其議。於是八座奏省四望、松江、浙江、五湖等座。其鍾山、白石，既土地所在，並留如故。

七年，帝以一獻爲質，三獻則文，事天之道，理不應然，詔下詳議。博士陸瑋、明山賓、禮官司馬褧，以爲「宗祧三獻，義兼臣下，上天之禮，主在帝王，約理申義，一獻爲允」。自是天地之祭皆一獻，始省太尉亞獻，光禄終獻。又太常丞王僧崇稱：「五祀位在北郊，圓丘不宜重設。」帝曰：「五行之氣，天地俱有，故宜兩從。」僧崇又曰：「風伯、雨師，即箕、畢星矣。而今南郊祀箕、畢二星，復祭風師、雨師，恐乖祀典〔三〕。」帝曰：「箕、畢自是二十八宿之名，風師、雨師自是箕、畢星下隸。兩祭非嫌。」

十一年，太祝牒，北郊止有一海，及二郊相承用柴俎盛牲，素案承玉。又制南北二郊壇下衆神之座，悉以白茅，詔下詳議。八座奏：「禮云『觀天下之物，無可以稱其德』，則知郊祭爲俎，理不應柴。又藉用白茅，禮無所出。皇天大帝坐既用俎，則知郊有俎義。」於是改用素俎，并北郊置四海座。五帝以下，悉用蒲席藁薦，并以素俎。又帝曰：「禮『祭月於坎』，良由月是陰義。今五帝天神，而更居坎。又禮云『祭日於壇，祭月於坎』，並是別祭，不關在郊，故得各從陰陽，而立壇坎。兆於南郊，就陽之義，居於北郊，就陰之義。既云就陽，義與陰異。星月與祭，理不爲坎。」八座奏曰：「五帝之義，不應居坎。良由齊代圓丘，小而且峻，邊無安神之所。今丘形既大，易可取安。請五帝座悉於壇上，外壝二十八宿及雨師等座〔四〕，悉停爲坎。」自是南北二郊，悉無坎位矣。

十七年，帝以威仰、魄寶俱是天帝，於壇則尊，於下則卑。且南郊所祭天皇，其五帝別有明堂之祀，不煩重設。又郊祀二十八宿而無十二辰，於義闕然。於是南郊始除五帝祀，加十二辰座，與二十八宿各於其方而爲壇。

陳制，亦以間歲。正月上辛，用特牛一，祀天地於南北二郊。永定元年，武帝受禪，脩南郊，圓壇高二丈二尺五寸，上廣十丈，柴燎告天。明年正月上辛，有事南郊，以皇考德皇帝配〔五〕，除十二辰座，加五帝位，其餘準梁之舊。北郊爲壇，高一丈五尺，廣八丈〔六〕，以皇妣昭后配，從祀亦準梁舊。及文帝天嘉中，南郊改以高祖配，北郊以德皇帝配天。

太中大夫、領大著作、攝太常卿許亨奏曰：「昔梁武帝云：『天數五，地數五，五行之氣，天地俱有。』故南北郊內，並祭五祀。臣按周禮：『以血祭社稷、五祀。』鄭玄云：『陰祀自血起，貴氣臭也。五祀，五官之神也。』五神主五行，隸於地，故與埋沈副辜同爲陰祀。既非煙柴，無關陽祭。故何休云：『周爵五等者，法地有五行也。』五神位在北郊，圓丘不宜重設。」制曰：「可。」亨又奏曰：「梁武帝議，箕、畢自是二十八宿之名，風師、雨師自是箕、畢下隸，非即星也。故郊雩之所，皆兩祭之。臣案周禮大宗伯之職云：『槱燎祀司中、司命、風師、雨師。』鄭衆云：『風師，箕也；雨師，畢也。』詩云：『月離于畢，俾滂沱矣。』如此則風伯、雨師即箕、畢星矣。而今南郊祀箕、畢二星，復祭風伯、雨師，恐乖祀典。」制曰：「若郊設星位，任即除之。」亨又奏曰：「梁儀注曰：『一獻爲質，三獻爲文。事天之事，故不三獻。』臣案周禮司樽所言，三獻施於宗祧，而鄭注『一獻施於羣小祀』。今用小祀之禮施於天神大帝，梁武此義爲不通矣。且樽俎之物，依於質文，拜獻之禮，主於虔敬。今請凡郊丘祀事，準於宗祧，三獻爲允。」制曰：「依議。」

廢帝光大中，又以昭后配北郊。及宣帝即位，以南北二郊卑下，更議增廣。久而不決。至太建十一年，尚書祠部郎王元規議曰：

案前漢黃圖，上帝壇徑五丈，高九尺；后土壇方五丈，高六尺。梁南郊壇上徑十一丈，下徑十八丈，高二丈七尺，北郊壇上方十丈，下方十二丈，高一丈。即日南郊壇廣十丈，高二丈二尺五寸，北郊壇廣九丈三尺，高一丈五尺〔七〕。今議增南郊壇上徑十二丈，則天大數，下徑十八丈，取於三分益一，高二丈七尺，取三倍九尺之堂。北郊壇上方十丈，以則地義，下至十五丈，亦取二分益一〔八〕，高一丈二尺，亦取二倍漢家之數。

禮記云：「爲高必因丘陵，爲下必因川澤。因名山升中于天，因吉土饗帝于郊。」周官云：「冬日至，祠天於地上之圓丘。夏日至，祭地於澤中之方丘。」祭法云：「燔柴於泰壇，祭天也。瘞埋於泰折，祭地也。」記云：「至敬不壇」，「埽地而祭，於其質也」，以報覆燾持載之功。爾雅亦云：「丘，言非人所造爲。」古圓方兩丘，並因見有而祭。本無高廣之數。後世隨事遷都，而建立郊禮。或有地吉而未必有丘，或有見丘而不必廣絜。故有築建之法，而制丈尺之儀。愚謂郊祀事重，圓方二丘，高下廣狹，既無明文，但五帝不相沿，三王不相襲。今謹述漢、梁并即日三代壇不同，及更增修丈尺如前。聽旨。

尚書僕射臣繕，左户尚書臣元饒、左丞臣周確、舍人臣蕭淳、儀曹郎臣沈客卿同元規議〔九〕。詔遂依用。

後主嗣立，無意典禮之事，加舊儒碩學，漸以凋喪，至於朝亡，竟無改作。

後齊制，圓丘方澤，並三年一祭，謂之禘祀。圓丘在國南郊。丘下廣輪二百七十尺，上廣輪四十六尺，高四十五尺。三成，成高十五尺，上中二級，四面各一陛，下級方維八陛。周以三壝，去丘五十步。中壝去内壝，外壝去中壝，各二十五步。皆通八門。又爲大營於外壝之外，輪廣三百七十步。其營壍廣一十二尺，深一丈，四面各通一門。又爲燎壇於中壝之外，當丘之丙地。廣輪三十六尺，高三尺，四面各有陛。方澤爲壇在國北郊，廣輪四十尺，高四尺，面各一陛。其外爲三壝，相去廣狹同圓丘。壝外大營，廣輪三百二十步。營壍廣一十二尺，深一丈，四面各通一門。又爲瘞坎於壇之壬地，中壝之外，廣深一丈二尺。

圓丘則以蒼璧束帛，正月上辛，祀昊天上帝於其上，以高祖神武皇帝配。五精之帝，從祀於其中丘。面皆内向。日月、五星、北斗、二十八宿，司中、司命、司人、司禄、風師、雨師、靈星於下丘，爲衆星之位，遷於内壝之中。合用蒼牲九。夕牲之旦，太尉告廟，陳幣於神武廟訖，埋於兩楹間焉。皇帝初獻，太尉亞獻，光禄終獻。司徒獻五帝，司空獻日月、五星、二十八宿，太常丞已下薦衆星。方澤則以黄琮束帛，夏至之日，禘崐崘皇地祇於其上，以武明皇后配。其神州之神、社稷、岱岳、沂鎮、會稽鎮、云云山、亭亭山、蒙山、羽山、嶧山、崧岳、霍岳、衡鎮、荆山、内方山、大别山、敷淺原山、桐柏山、陪尾山、華岳、太岳鎮、積石山、龍門山、江山、岐山、荆山、嶓冢山、壺口山、雷首山、底柱山、析城山、王屋山、西傾朱圉山、鳥鼠同穴山、熊耳山、敦物山、蔡蒙山、梁山、嶓山、武功山、太白山、恒岳、醫無閭山鎮、陰山、白登山、碣石山、太行山、狼山、封龍山、漳山、宣務山、閼山、方山、苟山、狹龍山、淮水、東海、泗水、沂水、淄水、濰水、江水、南海、漢水、穀水、洛水、伊水、漾水、沔水、河水、西海、黑水、澇水、渭水、涇水、酆水、濟水、北海、松水、京水、桑乾水、漳水、呼沲水、衛水、洹水、延水，並從祀。其神州位在青陛之北甲寅地，社位赤陛之西未地，稷位白陛之南庚地；自餘並内壝之内，内向，各如其方。合用牲十二，儀同圓丘。其後諸儒定禮，圓丘改以冬至云。

其南北郊則歲一祀，皆以正月上辛。南郊爲壇於國南，廣輪三十六尺，高九尺，四面各一陛。爲三壝，内壝去壇二十五步，中壝、外壝相去如内壝。四面各通一門。又爲大營於外壝之外，廣輪二百七十步。營壍廣一丈，深八尺，四面各一門。又爲燎壇於中壝之外丙地，廣輪二十七尺，高一尺八寸，四面各一陛。祀所感帝靈威仰於壇，以高祖神武皇帝配。禮用四圭有邸，幣各如方色。其上帝及配帝，各用騂特牲一，儀燎同圓丘。其北郊則爲壇如南郊壇，爲瘞坎如方澤坎，祀神州神於其上，以武明皇后配。禮用兩圭有邸，各用黄牲一，儀瘞如北郊。

後周憲章姬周，祭祀之式，多依儀禮。司量掌爲壇之制，圓丘三成，成崇一丈二尺，深二丈。上徑六丈，十有二階，每等十有二節。在國陽七里之郊。圓壝徑三百步，内壝半之。方一成，下崇一丈，徑六丈八尺，上崇五尺，方四丈，八方，方一階，階十級，級一尺〔一〇〕。方丘在國陰六里之郊。丘一成，八方，下崇一丈，方六丈八尺，上崇五尺，方四丈。方一階，尺一級。其壝八面，徑百二十步，内壝半之。南郊爲方壇於國南五里。其崇一丈二尺，其廣四丈。其壝方百二十步，内壝半之。神州之壇，崇一丈，方四丈，在北郊方丘之右。其壝如方丘。

其祭圓丘及南郊，並正月上辛。圓丘則以其先炎帝神農氏配昊天上帝於其上。五方上帝、日月、内官、中官、外官、衆星，並從祀。皇帝乘蒼輅，載玄冕，備大駕而行。預祭者皆蒼服。南郊，以始祖獻侯莫那配所感帝靈威仰於其上。北郊方丘，則以神農配后地之祇。神州則以獻侯莫那配焉。

其用牲之制，祀昊天上帝，祭皇地祇及五帝、日月、五星、十二辰、四望、五官，各以其方色毛。宗廟以黄，社稷以黝，散祭祀用純，表狢磔禳用厖。

高祖受命，欲新制度。乃命國子祭酒辛彦之議定祀典。爲圓丘於國之南，太陽門外道東二里。其丘四成，各高八尺一寸。下成廣二十丈，再成廣十五丈，又三成廣十丈，四成廣五丈。再歲冬至之日，祀昊天上帝於其上，以太祖武元皇帝配。五方上帝、日月、五星、內官四十二座、次官一百三十六座、外官一百一十一座〔一〕、衆星三百六十座，並皆從祀。上帝、日月在丘之第二等，北斗、五星、十二辰、河漢、內官在丘第三等，二十八宿、中官在丘第四等，外官在內壝之內，衆星在內壝之外。其牲，上帝、配帝用蒼犢二，五帝、日月用方色犢各一，五星已下用羊豕各九。

爲方丘於宮城之北十四里。其丘再成，成高五尺，下成方十丈，上成方五丈。夏至之日，祭皇地祇於其上，以太祖配。神州、迎州、冀州、戎州、拾州、柱州、營州、咸州、陽州九州山、海、川、林、澤、丘陵、墳衍、原隰，並皆從祀。地祇及配帝在壇上，用黃犢二。神州九州神座於第二等八陛之間：神州東南方，迎州南方，冀州、戎州西南方，拾州西方，柱州西北方，營州北方，咸州東北方，陽州東方，各用方色犢一。九州山海已下，各依方面八陛之間。其冀州山林川澤，丘陵墳衍，於壇之南，少西，加羊豕各九。南郊爲壇於國之南，太陽門外道西一里。去宮十里。壇高七尺，廣四丈。孟春上辛，祠所感帝赤熛怒於其上，以太祖武元皇帝配。其禮四圭有邸，牲用騂犢二。北郊孟冬祭神州之神，以太祖武元皇帝配。牲用犢二。

凡大祀，齋官皆於其晨集尚書省，受誓戒。散齋四日，致齋三日。祭前一日，晝漏上水五刻，到祀所，沐浴，著明衣，咸不得聞見衰絰哭泣。昊天上帝、五方上帝、日月、皇地祇、神州、社稷、宗廟等爲大祀，星辰、五祀、四望等爲中祀，司中、司命、風師、雨師及諸星、諸山川等爲小祀。大祀養牲，在滌九旬，中祀三旬，小祀一旬。其牲方色難備者，聽以純色代。告祈之牲者不養。祭祀犧牲，不得捶扑。其死則埋之。

初帝既受周禪，恐黎元未愜，多說符瑞以耀之。其或造作而進者，不可勝計。仁壽元年冬至祠南郊，置昊天上帝及五方天帝位，並于壇上，如封禪禮。板曰：

維仁壽元年，歲次作噩，嗣天子臣堅，敢昭告于昊天上帝。璇璣運行，大明南至。臣蒙上天恩造，羣靈降福，撫臨率土，安養兆人。顧惟虛薄，德化未暢，夙夜憂懼，不敢荒怠。天地靈祇，降錫休瑞，鏡發區宇，昭彰耳目。爰始登極，蒙授龜圖，遷都定鼎，醴泉出地，平陳之歲，龍引舟師。省俗巡方，展禮東岳，盲者得視，瘖者得言，復有躄人，忽然能步。自開皇已來，日近北極，行於上道，晷度延長。天啓太平，獸見一角，改元仁壽，楊樹生松。石魚彰合符之徵，玉龜顯永昌之慶，山圖石瑞，前後繼出，皆載臣姓名，褒紀國祚。經典諸緯，爰及玉龜，文字義理，遞相符會。

宮城之內，及在山谷，石變爲玉，不可勝數。桃區一嶺，盡是琉璃，黃銀出於神山，碧玉生於瑞巘。多楊山響，三稱國興，連雲山聲，萬年臨國。野鵝降天，仍住池沼，神鹿入苑，頻賜引導。騶虞見質，遊麟在野，鹿角生於楊樹，龍湫出於荆谷。慶雲發彩，壽星垂耀。宫殿樓閣，咸出靈芝，山澤川原，多生寶物。威香散馥，零露凝甘。敦煌烏山，黑石變白，弘禄巖嶺，石華遠照。玄狐玄豹，白兔白狼，赤雀蒼烏，野蠶天豆，嘉禾合穗，珍木連理。神瑞休徵，洪恩景福，降賜無疆，不可具紀。此皆昊天上帝，爰降明靈，矜愍蒼生，寧靜海内。故錫兹嘉慶，咸使安樂，豈臣微誠，所能上感。虔心奉謝，敬薦玉帛犧齊、粢盛庶品，燔祀于昊天上帝。皇考太祖武元皇帝，配神作主。

大業元年，孟春祀感帝，孟冬祀神州，改以高祖文帝配。其餘並用舊禮。十年，冬至祀圓丘，帝不齋于次。詰朝，備法駕，至便行禮。是日大風，帝獨獻上帝，三公分獻五帝。禮畢，御馬疾驅而歸。

明堂在國之陽。梁初，依宋、齊，其祀之法，猶依齊制。禮有不通者，武帝更與學者議之。舊齊儀，郊祀，帝皆以衮冕。至天監七年，始造大裘，而明堂儀注猶云衮服。十年，儀曹郎朱异以爲：「禮大裘而冕，祭昊天上帝。五帝亦如之。良由天神高遠，義須誠質，今從汎祭五帝，理不容文。」於是改服大裘。异又以爲：「齊儀初獻樽彝，明堂貴質，不應三獻。又不應象樽。禮云：『朝踐用太樽。』鄭云：『太樽，瓦也。』記又云：『有虞氏瓦樽。』此皆在廟所用，猶以質素，况在明堂，禮不容象。今請改用瓦樽，庶合文質之衷。」又曰：「宗廟貴文，故庶羞百品，天義尊遠，則須簡約。今儀注所薦，與廟不異，即理徵事，如爲未允。請自今明堂肴膳准二郊。但帝之爲名，本主生育，成歲之功，實爲顯著。非如昊天，義絕言象，雖曰同郊，復應微異。若水土之品，蔬果之屬，猶宜以薦，止用梨棗橘栗四種之果，薑蒲葵韭四種之葅，粳稻黍粱四種之米。自此以外，郊所無者，請並從省除。」

初，博士明山賓制儀注，明堂祀五帝，行禮先自赤帝始。异又以爲：「明堂既汎祭五帝，不容的有先後，東階而升，宜先春帝。請改從青帝始。」又以爲：「明堂籩豆等器，皆以彫飾。尋郊祀貴質，改用陶匏，宗廟貴文，誠宜彫俎。明堂之禮，既方郊爲文，則不容陶匏，比廟爲質，又不應彫俎。斟酌二途，須存厥衷，請改用純漆。」异又以「舊儀，明堂祀五帝，先酌鬱鬯，灌地求神，及初獻清酒，次酳終醁。禮畢，太祝取俎上黍肉，當御前以授。請依郊儀，止一獻清酒。且五帝天神，不可求之於地，二郊之祭，並無黍肉之禮。並請停灌及授俎法。」又以爲：「舊明堂皆用太牢。案記云『郊用特牲』；又云『天地之牛，角繭栗』。五帝既曰天神，理無三牲之祭。而毛詩我將篇云，祀文王於明堂，有『維羊維牛』之說。良由周監二代，其義貴文，明堂方郊，未爲極質，故特用三牲，止爲一代之制。今斟酌百王，義存通典，蔬果之薦，雖符周禮，而牲牢之用，宜遵夏、殷。請自今明堂止用特牛，既合質文之中，又見貴誠之義。」帝並從之。

先是，帝欲有改作，乃下制旨，而與羣臣切磋其義。制曰：「明堂准大戴禮：『九室八牖，三十六户。以茅蓋屋，上圓下方。』鄭玄據援神契，亦云『上圓下方』，又云『八窗四達』。明堂之義，本是祭五帝神，九室之數，未見其理。若五堂而言，雖當五帝之數，向南則背叶光紀，向北則背赤熛怒，東向西向，又亦如此，於事殊未可安。且明堂之祭五帝，則是總義，在郊之祭五帝，則是別義。宗祀所配，復應有室，若專配一室，則是義非配五，若皆配五，則便成五位。以理而言，明堂本無有室。」朱异以爲：「月令『天子居明堂左个、右个』。聽朔之禮，既在明堂，今若無室，則於義成闕。」制曰：「若如鄭玄之義，聽朔必在明堂，於此則人神混淆，莊敬之道有廢。春秋云：『介居二大國之間。』此言明堂左右个者，謂所祀五帝堂之南，又有小室，亦號明堂，分爲三處聽朔。既三處，則有左右之義。在營域之内，明堂之外，則有个名，故曰明堂左右个也。以此而言，聽朔之處，自在五帝堂之外，人神有別，差無相干。」其議是非莫定，初尚未改。十二年，太常丞虞皭復引周禮明堂九尺之筵[三]，以爲高下脩廣之數，堂崇一筵，故階高九尺。漢家制度，猶遵此禮，故張衡云，「度堂以筵」者也。鄭玄以廟寢三制既同，俱應以九尺爲度。制曰：「可。」於是毁宋太極殿，以其材構明堂十二間，基准太廟。以中央六間安六座，悉南向。東來第一青帝，第二赤帝，第三黄帝，第四白帝，第五黑帝。配帝總配享五帝，在阼階東上，西向。大殿後爲小殿五間，以爲五佐室焉。

陳制，明堂殿屋十二間。中央六間，依齊制，安六座。四方帝各依其方，黄帝居坤維，而配饗坐依梁法。武帝時，以德帝配〔三〕。文帝時，以武帝配。廢帝已後，以文帝配。牲以太牢，粢盛六飯，鉶羹果蔬備薦焉。

後齊採周官考工記爲五室，周採漢三輔黄圖爲九室，各存其制，而竟不立。

高祖平陳，收羅杞梓，郊丘宗社，典禮粗備，唯明堂未立。開皇十三年，詔命議之。禮部尚書牛弘、國子祭酒辛彦之等定議，事在弘傳。後檢校將作大匠事宇文愷，依月令文，造明堂木樣，重檐複廟，五房四達，丈尺規矩，皆有准憑，以獻。高祖異之，命有司於郭内安業里爲規兆。方欲崇建，又命詳定，諸儒爭論，莫之能決。弘等又條經史正文重奏。時非議既多，久而不定，又議罷之。及大業中，愷又造明堂議及樣奏之。煬帝下其議，但令於霍山採木，而建都興役，其制遂寢。終隋代，祀五方上帝，止於明堂，恒以季秋在雩壇上而祀。其用幣各於其方。人帝各在天帝之左。太祖武元皇帝在太昊南，西向。五官在庭，亦各依其方。牲用犢十二。皇帝、太尉、司農行三獻禮于青帝及太祖。自餘有司助奠。祀五官於堂下，行一獻禮。有燎。其省牲進熟，如南郊儀。

校勘記

〔一〕祀天皇上帝之神於其上　「上帝」，宋甲本、至順本、汲本均作「大帝」。

〔二〕醫無閭山　「醫」字原闕，據宋甲本補。本卷下文敍北齊圓丘所祭有「醫無閭山鎮」。按，周禮夏官職方氏：「東北曰幽州，其山鎮曰醫無閭。」

〔三〕恐乖祀典　「乖」，原作「緐」，於義難通。按，下文言此事亦稱「恐乖祀典」，册府卷一九三閏位部崇祀、通典卷四二禮二郊天上亦作「乖」。今據改。

〔四〕外壝二十八宿及雨師等座　「壝」，原作「域」，據通典卷四二禮二郊天上改。

〔五〕以皇考德皇帝配　陳書卷二高祖紀下，永定元年十月辛巳，「追尊皇考曰景皇帝」。周書卷一文帝紀上，周文帝父肱「武成初，追尊曰德皇帝」。此處敍陳制，「德皇帝」當作「景皇帝」。本卷下文「北郊以德皇帝配天」同。

〔六〕廣八丈　「八丈」，本卷下文王元規議，言及此制，作「九丈三尺」。

〔七〕高一丈五尺　「尺」，原作「寸」，據本卷上文所述陳北郊爲壇之制及册府卷五七九掌禮部奏議改。

〔八〕亦取二分益一　「二」，通典卷四五禮五方丘、册府卷五七九掌禮部奏議作「三」。

〔九〕儀曹郎臣沈客卿同元規議　「同」，原作「周」，據册府卷五七九掌禮部奏議改。

〔一〇〕「方一成」至「級一尺」　此三十字上無所屬，疑衍。通典卷四二禮二郊天上有上文内容、卷四五禮五方丘有下文内容，恰無此三十字内容。

〔一一〕外官一百一十一座　「一百一十一」，通典卷四二禮二郊天上作「一百二十一」。

〔一二〕虞曙　原作「虞爵」，據宋甲本、大德本、至順本改。册府卷五六三掌禮部制禮亦作「虞曙」。

〔一三〕武帝時以德帝配　「德帝」，當作「景帝」。參本卷校勘記〔五〕。

隋書卷七

志第二

禮儀二

春秋「龍見而雩」，梁制不爲恒祀。四月後旱，則祈雨，行七事：一，理冤獄及失職者；二，振鰥寡孤獨者；三，省繇輕賦；四，舉進賢良；五，黜退貪邪；六，命會男女，恤怨曠；七，撤膳羞，弛樂懸而不作。天子又降法服。七日，乃祈社稷；七日，乃祈山林川澤常興雲雨者；七日，乃祈羣廟之主于太廟；七日，乃祈古來百辟卿士有益於人者；七日，乃大雩，祈上帝，徧祈所有事者。大雩禮，立圓壇於南郊之左，高及輪廣四丈，周十二丈，四陛。牲用黄牯牛一。祈五天帝及五人帝於其上，各依其方，以太祖配，位於青帝之南，五官配食於下。七日乃去樂。又徧祈社稷山林川澤，就故地處大雩。國南除地爲墠，舞童六十四人。祈百辟卿士於雩壇之左，除地爲墠，舞童六十四人，皆袨服，爲八列，各執羽翳。每列歌雲漢詩一章而畢。旱而祈，澍則報以太牢，皆有司行事。唯雩則不報。若郡國縣旱請雨，則五事同時並行：一，理冤獄失職；二，存鰥寡孤獨；三，省徭役；四，進賢良；五，退貪邪。守令皆絜齋三日，乃祈社稷。七日不雨，更齋祈如初。三變仍不雨，復齋祈其界內山林川澤常興雲雨者。祈而澍，亦各有報。

陳氏亦因梁制，祈而澍則報以少牢。武帝時，以德皇帝配〔一〕，文帝時，以武帝配。廢帝即位，以文帝配青帝。牲用黄牯牛，而以清酒四升洗其首。其壇墠配饗歌舞，皆如梁禮。天子不親奉，則太宰、太常、光禄行三獻禮。其法皆採齊建武二年事也。

梁、陳制，諸祠官皆給除穢氣藥，先齋一日服之，以取清潔。

天監九年，有事雩壇。武帝以爲雨既類陰，而求之正陽，其謬已甚。東方既非盛陽，而爲生養之始，則雩壇應在東方，祈晴亦宜此地。於是遂移於東郊。

十年，帝又以雩祭燔柴，以火祈水，於理爲乖。儀曹郎朱异議曰：「案周宣雲漢之詩，毛注有瘞埋之文，不見有燔柴之説。若以五帝必柴，今明堂又無其事。」於是停用柴，從坎瘞典。

十一年，帝曰：「四望之祀，頃來遂絶。宜更議復。」朱异議：「鄭衆云：『四望謂日月星海。』鄭玄云：『謂五岳四鎮四瀆。』尋二鄭之説，互有不同。竊以望是不即之名，凡厥遥祭，皆有斯目。豈容局於星漢，拘於海瀆？請命司天，有關水旱之義，爰有四海名山大川，能興雲致雨，一皆備祭。」帝從之。又揚州主簿顧協又云：「禮『仲夏大雩』，春秋『龍見而雩』，則雩常祭也，水旱且又禱之，謂宜式備斯典。」太常博士亦從協議。祠部郎明巖卿以爲：「祈報之祀，已備郊禋，沿革有時，不必同揆。」帝從其議，依舊不改。

大同五年，又築雩壇於藉田兆内。有祈禜，則齋官寄藉田省云。

後齊以孟夏龍見而雩，祭太微五精帝於夏郊之東。爲圓壇，廣四十五尺，高九尺，四面各一陛。爲三壝外營，相去深淺，并燎壇，一如南郊。於其上祈穀實，以顯宗文宣帝配。青帝在甲寅之地，赤帝在丙巳之地，黄帝在己未之地，白帝在庚申之地，黑帝在壬亥之地。面皆内向，藉以藁秸。配帝在青帝之南，小退，藉以莞席，牲以騂。其儀同南郊。又祈禱者有九焉：一曰雩，二曰南郊，三曰堯廟，四曰孔、顔廟，五曰社稷，六曰五岳，七曰四瀆，八曰滏口，九曰豹祠。水旱癘疫，皆有事焉。無牲，皆以酒脯棗栗之饌。若建午、建未、建申之月不雨，則使三公祈五帝於雩壇。禮用玉幣，有燎，不設金石之樂，選伎工端絜善謳詠者，使歌雲漢詩於壇南。自餘同正雩。南郊則使三公祈五天帝於郊壇，有燎，座位如雩。五人帝各在天帝之左。其儀如郊禮。堯廟，則遣使祈於平陽。孔、顔廟，則遣使祈於國學，如堯廟。社稷如正祭。五岳，遣使祈於岳所。四瀆如祈五岳，溢口如祈堯廟，豹祠如祈溢口。

隋雩壇，國南十三里啓夏門外道左。高一丈，周百二十尺。孟夏之月，龍星見，則雩五方上帝，配以五人帝於上，以太祖武元帝配饗，五官從配於下。牲用犢十，各依方色。京師孟夏後旱，則祈雨，理冤獄失職，存鰥寡孤獨，振困乏，掩骼埋胔，省徭役，進賢良，舉直言，退佞諂，黜貪殘，命有司會男女，恤怨曠。七日，乃祈岳鎮海瀆及諸山川能興雲雨者；又七日，乃祈社稷及古來百辟卿士有益於人者；又七日，乃祈宗廟及古帝王有神祠者；又七日，乃修雩，祈神州；又七日，仍不雨，復從岳瀆已下祈如初典。秋分已後不雩，但禱而已。皆用酒脯。初請後二旬不雨者，即徙市禁屠。皇帝御素服，避正殿，減膳撤樂，或露坐聽政。百官斷傘扇。令人家造土龍。雨澍，則命有司報。州郡尉祈雨，則理冤獄，存鰥寡孤獨，掩骼埋胔，潔齋祈于社。七日，乃祈界内山川能興雨者，徙市斷屠如京師。祈而澍，亦各有報。霖雨則禜京城諸門，三禜不止，則祈山川岳鎮海瀆社稷。又不止，則祈宗廟、神州。報以太牢。州郡縣苦雨，亦各禜其城門，不止則祈界内山川。及祈報，用羊豕。

禮，天子每以四立之日及季夏，乘玉輅，建大旂，服大裘，各於其方之近郊爲兆，迎其帝而祭之。所謂燔柴於泰壇，掃地而祭者也。春迎靈威仰者，三春之始，萬物稟之而生，莫不仰其靈德，服而畏之也。夏迎赤熛怒者，火色熛怒，其靈炎至明盛也。秋迎白招拒者，招集，拒大也，言秋時集成萬物，其功大也。冬迎叶光紀者，叶拾，光華，紀法也，言冬時收拾光華之色，伏而藏之，皆有法也。中迎含樞紐者，含容也，樞機有開闔之義，紐者結也。言土德之帝，能含容萬物，開闔有時，紐結有法也。然此五帝之號，皆以其德而名焉。梁、陳、後齊、後周及隋，制度相循，皆以其時之日，各於其郊迎，而以太皡之屬五人帝配祭。並以五官、三辰、七宿於其方從祀焉。

梁制，迎氣以始祖配，牲用特牛一，其儀同南郊。天監七年，尚書左丞司馬筠等議：「以昆蟲未蟄，不以火田，鳩化爲鷹，罻羅方設。仲春之月，祀不用牲，止珪璧皮幣。斯又事神之道，可以不殺，明矣。況今祀天，豈容尚此？請夏初迎氣，祭不用牲。」帝從之。八年，明山賓議曰：「周官祀昊天以大裘，祀五帝亦如之。頃代郊祀之服，皆用衮冕，是以前奏迎氣、祀五帝，亦服衮冕。愚謂迎氣、祀五帝亦宜用大裘，禮俱一獻。」帝從之。

陳迎氣之法，皆因梁制。

後齊五郊迎氣，爲壇各於四郊，又爲黄壇於未地。所祀天帝及配帝五官之神同梁。

其玉帛牲各以其方色。其儀與南郊同。帝及后各以夕牲日之旦，太尉陳幣，告請其廟，以就配焉。其從祀之官，位皆南陛之東，西向。壇上設饌畢，太宰丞設饌於其座。亞獻畢，太常少卿乃於其所獻。事畢，皆撤。又云，立春前五日，於州大門外之東，造青土牛兩頭，耕夫犁具。立春，有司迎春於東郊，豎青幡於青牛之傍焉。

後周五郊壇，其崇及去國，如其行之數。其廣皆四丈，其方俱百二十步。內壝皆半之。祭配皆同後齊。星辰、七宿、岳鎮、海瀆、山林、川澤、丘陵、墳衍，亦各於其方配郊而祀之。其星辰爲壇，崇五尺，方二丈。岳鎮爲埳，方二丈，深二尺。山林已下，亦爲埳。壇，崇三尺，埳深一尺，俱方一丈。其儀頗同南郊。冢宰亞獻，宗伯終獻，禮畢。

隋五時迎氣。青郊爲壇，國東春明門外道北，去宮八里。高八尺。赤郊爲壇，國南明德門外道西，去宮十三里。高七尺。黄郊爲壇，國南安化門外道西，去宮十二里。高七尺。白郊爲壇，國西開遠門外道南，去宮八里。高九尺。黑郊爲壇，宮北十一里丑地〔三〕。高六尺。並廣四丈。各以四方立日，黄郊以季夏土王日。祀其方之帝，各配以人帝，以太祖武元帝配。五官及星三辰七宿，亦各依其方從祀。其牲依方色，各用犢二，星辰加羊豕各一。其儀同南郊。其岳瀆鎮海，各依五時迎氣日，遣使就其所，祭之以太牢。

晉江左以後，乃至宋、齊，相承始受命之主，皆立六廟，虛太祖之位。宋武初爲宋王，立廟於彭城，但祭高祖已下四世。

中興二年，梁武初爲梁公。曹文思議：「天子受命之日，便祭七廟。諸侯始封，即祭五廟。」祠部郎謝廣等並駁之，遂不施用。乃建臺於東城，立四親廟，并妃郗氏而爲五廟〔三〕。告祠之禮，並用太牢。其年四月，即皇帝位。謝廣又議，以爲初祭是四時常祭，首月既不可移易，宜依前剋日於東廟致齋。帝從之。遂於東城時祭訖，遷神主於太廟。始自皇祖太中府君、皇祖淮陰府君、皇高祖濟陰府君、皇曾祖中從事史府君、皇祖特進府君，并皇考，以爲三昭三穆，凡六廟。追尊皇考爲文皇帝，皇妣爲德皇后，廟號太祖。皇祖特進以上，皆不追尊。擬祖遷於上，而太祖之廟不毀，與六親廟爲七，皆同一堂，共庭而別室。春祀、夏礿、秋嘗、冬烝并臘，一歲凡五，謂之時祭。三年一禘，五年一祫，謂之殷祭。禘以夏，祫以冬，皆以功臣配。其儀頗同南郊。又有小廟，太祖太夫人廟也。非嫡，故別立廟。皇帝每祭太廟訖，乃詣小廟，亦以一太牢，如太廟禮。

天監三年，尚書左丞何佟之議曰：「禘於首夏，物皆未成，故爲小。祫於秋冬，萬物皆成，其禮尤大。司勳列功臣有六，皆祭於大烝，知祫尤大，乃及之也。近代禘祫，並及功臣〔四〕，有乖典制。宜改。」詔從之。自是祫祭乃及功臣。是歲，都令史王景之，列自江左以來，郊廟祭祀，帝已入齋，百姓尚哭，以爲乖禮。佟之等奏：「案禮，國門在皋門外，今之籬門是也。今古殊制，若禁凶服不得入籬門爲太遠，宜以六門爲斷。」詔曰：「六門之内，士庶甚多，四時蒸嘗，俱斷其哭，若有死者，棺器須來。既許其大，而不許其細也。到齋日，宜去廟二百步斷哭。」

四年，何佟之議：「案禮，未祭一日，大宗伯省牲鑊，祭日之晨，君親牽牲麗碑。後代有冒暗之防，而人主猶必親奉，故有夕牲之禮。頃代人君，不復躬牽，相承丹陽尹牽牲，於古無取。宜依以未祭一日之暮，太常省牲視鑊，祭日之晨，使太尉牽牲出入也。」少牢饋食殺牲於廟門外，今儀注詣厨烹牲，謂宜依舊。帝可其奏。佟之又曰：「鄭玄云：『天子諸侯之祭禮，先有祼尸之事，乃迎牲。』今儀注乃至薦熟畢，太祝方執珪瓚祼地，違謬若斯。又近代人君，不復躬行祼禮。太尉既攝位，實宜親執其事，而越使卑賤太祝，甚乖舊典。愚謂祭日之晨，宜使太尉先行祼獻，乃後迎牲。」帝曰：「祼尸本使神有所附。今既無尸，祼將安設？」佟之曰：「如馬、鄭之意，祼雖獻尸，而義在求神。今雖無尸，求神之義，恐不可闕。」帝曰：「此本因尸以祀神。今若無尸，則宜立寄求之所。」祼義乃定。佟之曰：「祭統云：『獻之屬，莫重於祼。』今既存尸卒食之獻，則祼鬯之求，實不可闕。又送神更祼，經記無文，宜依禮革。」奏未報而佟之卒。後明山賓復申其理。帝曰：「佟之既不復存，宜從其議也。」自是始使太尉代太祝行祼而又牽牲。太常任昉，又以未明九刻呈牲，加又太尉祼酒，三刻施饌，間中五刻，行儀不辦。近者臨祭從事，實以二更，至未明三刻方辦。明山賓議，謂九刻已疑太早，況二更非復祭旦。帝曰：「夜半子時，即是晨始。宜取三更省牲，餘依儀注。」又有司以爲三牲或離杙，依制埋瘞，猪羊死則不埋。請議其制。司馬褧等議，以爲：「牲死則埋，必在滌矣。謂三牲在滌死，悉宜埋。」帝從之。

五年，明山賓議：「樽彝之制，祭圖唯有三樽：一曰象樽，周樽也；二曰山罍，夏樽也；三曰著樽，殷樽也。徒有彝名，竟無其器，直酌象樽之酒，以爲珪瓚之實。竊尋祼重於獻，不容共樽，宜循彝器，以備大典。案禮器有六彝，春祠夏礿，祼用雞彝鳥彝。王以珪瓚初祼，后以璋瓚亞祼，故春夏兩祭，俱用二彝。今古禮殊，無復亞祼，止循其二。春夏雞彝，秋冬斝彝〔五〕，庶禮物備也。」帝曰：「雞是金禽，亦主巽位。但金火相伏，用之通夏，於義爲疑。」山賓曰：「臣愚管，不奉明詔，則終年乖舛。案鳥彝是南方之物，則主火位，木生於火，宜以鳥彝，春夏兼用。」帝從之。

七年，舍人周捨以爲：「禮『玉輅以祀，金輅以賓』，則祭日應乘玉輅。」詔下其議。左丞孔休源議：「玉輅既有明文，而儀注金輅，當由宋、齊乖謬，宜依捨議。」帝從之。又禮官司馬筠議：「自今大事，遍告七廟，小事止告一室。」於是議以封禪，南、北郊，祀明堂，巡省四方，御臨戎出征，皇太子加元服，寇賊平蕩，築宮立闕，纂戎戒嚴、解嚴，合十一條，則遍告七廟。講武、脩宗廟明堂、臨軒封拜公王、四夷款化貢方物、諸公王以愆削封及詔封王紹襲，合六條，則告一室。帝從之。

九年，詔簠簋之實，以藉田黑黍。

十二年，詔曰：「祭祀用洗匜中水盥，仍又滌爵。爵以禮神，宜窮精潔，而一器之內，雜用洗手，外可詳議。」於是御及三公應盥及洗爵，各用一匜。

十六年四月，詔曰：「夫神無常饗，饗于克誠，所以西鄰礿祭，實受其福。宗廟祭祀，猶有牲牢，無益至誠，有累冥道。自今四時蒸嘗外，可量代。」八座議：「以大脯代一元大武。」八座又奏：「既停宰殺，無復省牲之事，請立省饌儀。其衆官陪列，並同省牲。」帝從之。十月，詔曰：「今雖無復牲腥，猶有脯脩之類，即之幽明，義爲未盡。可更詳定，悉薦時蔬。」左丞司馬筠等參議：「大餅代大脯，餘悉用蔬菜。」帝從之。又舍人朱异議：「二廟祀〔六〕，相承止有一鉶羹，蓋祭祀之禮，應有兩羹，相承止於一鉶，即禮爲乖。請加熬油蓴羹一鉶。」帝從之。於是起至敬殿、景陽臺，立七廟座。月中再設淨饌。自是訖於臺城破，諸廟遂不血食。

普通七年，祔皇太子所生丁貴嬪神主于小廟。其儀，未祔前，先脩埳室，改塗。其日，有司行埽除，開埳室，奉皇考太夫人神主於坐。奠制幣訖，衆官入自東門，位定，祝告訖，撤幣，埋於兩楹間。有司遷太夫人神主於上，又奉穆貴嬪神主於下，陳祭器，如時祭儀。禮畢，納神主，閉于埳室。

陳制，立七廟，一歲五祠，謂春夏秋冬臘也。每祭共以一太牢，始祖以三牲首，餘唯骨體而已。五歲再殷，殷大祫而合祭也。初文帝入嗣，而皇考始興昭烈王廟在始興國，謂之東廟。天嘉四年，徙東廟神主，祔于梁之小廟，改曰國廟。祭用天子儀。

後齊文襄嗣位，猶爲魏臣，置王高祖秦州使君、王曾祖太尉武貞公、王祖太師文穆公、王考相國獻武王，凡四廟。文宣帝受禪，置六廟：曰皇祖司空公廟、皇祖吏部尚書廟、皇祖秦州使君廟、皇祖文穆皇帝廟、太祖獻武皇帝廟、世宗文襄皇帝廟，爲六廟。獻武已下不毁，已上則遞毁，並同廟而别室。既而遷神主於太廟，文襄、文宣，並太祖之子。文宣初疑其昭穆之次，欲别立廟，衆議不同，至二年秋，始祔太廟。春祠、夏礿、秋嘗、冬蒸，皆以孟月，并臘，凡五祭。禘祫如梁之制。每祭，室一太牢，始以皇后預祭。河清定令，四時祭廟禘祭及元日廟庭，並設庭燎二所。

王及五等開國，執事官、散官從二品已上〔七〕，皆祀五世。五等散品及執事官、散官正三品已下從五品已上，祭三世。三品已上，牲用一太牢，五品已下，少牢〔八〕。執事官正六品已下、從七品已上，祭二世，用特牲。正八品已下，達於庶人，祭於寢，牲用特肫，或亦祭祖禰。諸廟悉依其宅堂之制，其間數各依廟多少爲限。其牲皆子孫見官之牲。

後周之制，思復古之道，乃右宗廟而左社稷。置太祖之廟，并高祖已下二昭二穆，凡五。親盡則遷。其有德者謂之祧，廟亦不毁。閔帝受禪，追尊皇祖爲德皇帝，文王爲文皇帝〔九〕，廟號太祖。擬已上三廟遞遷，至太祖不毁。其下相承置二昭二穆爲五焉。明帝崩，廟號世宗，武帝崩，廟號高祖，並爲祧廟而不毁。其時祭，各於其廟，祫禘則於太祖廟，亦以皇后預祭。其儀與後齊同。所異者，皇后亞獻訖，后又薦加豆之籩，其實菱芡芹菹兔醢。冢宰終獻訖，皇后親撤豆，降還板位。然後太祝撤焉。

高祖既受命，遣兼太保宇文善、兼太尉李詢，奉策詣同州，告皇考桓王廟，兼用女巫，同家人之禮。上皇考桓王尊號爲武元皇帝，皇妣尊號爲元明皇后，奉迎神主，歸于京師。犧牲尚赤，祭用日出。是時帝崇建社廟，改周制，左宗廟而右社稷。宗廟未言始祖，又無受命之祧，自高祖已下，置四親廟，同殿異室而已。一曰皇高祖太原府君廟，二曰皇曾祖康王廟，三曰皇祖獻王廟，四曰皇考太祖武元皇帝廟。擬祖遷於上，而太祖之廟不毁。各以孟月，饗以太牢。四時薦新於太廟，有司行事，而不出神主。祔祭之禮，並准時饗。其司命、户以春，竈以夏，門以秋，行以冬，各於享廟日，中霤則以季夏祀黄郊日，各命有司，祭於廟西門道南。牲以少牢。三年一祫，以孟冬，遷主、未遷主合食於太祖之廟。五年一禘，以孟夏，其遷主各食於所遷之廟，未遷之主各於其廟。禘祫之月，則停時饗，而陳諸瑞物及伐國所獲珍奇於廟庭，及以功臣配饗。并以其日，使祀先代王公：帝堯於平陽，以契配；帝舜於河東，咎繇配；夏禹於安邑，伯益配；殷湯於汾陰，伊尹配；文王、武王於澧渭之郊〔一〇〕，周公、召公配；漢高帝於長陵，蕭何配。各以一太牢而無樂。配者饗於廟庭。

大業元年，煬帝欲遵周法，營立七廟，詔有司詳定其禮。禮部侍郎、攝太常少卿許善心，與博士褚亮等議曰：

謹案禮記：「天子七廟，三昭三穆，與太祖之廟而七。」鄭玄注曰：「此周制也。七者，太祖及文王、武王之祧，與親廟四也。殷則六廟，契及湯，與二昭二穆也。夏則五廟，無太祖，禹與二昭二穆而已。」玄又據王者禘其祖之所自出，而立四廟。案鄭玄義，天子唯立四親廟，并始祖而爲五。周以文、武爲受命之祖，特立二祧，是爲七廟。王肅注禮記：「尊者尊統上，卑者尊統下。故天子七廟，諸侯五廟。其有殊功異德，非太祖而不毁，不在七廟之數。」案王肅以爲天子七廟，是通百代之言，又據王制之文「天子七廟，諸侯五廟，大夫三廟」，降二爲差。是則天子立四親廟，又立高祖之父，高祖之祖，并太祖而爲七。周有文、武、姜嫄，合爲十廟。漢諸帝之廟各立，無迭毁之義，至元帝時，貢禹、匡衡之徒，始建其禮，以高帝爲太祖，而立四親廟，是爲五廟。唯劉歆以爲天子七廟，諸侯五廟，降殺以兩之義。七者，其正法，可常數也，宗不在數內，有功德則宗之，不可預設爲數也〔一二〕。是以班固稱，考論諸儒之議，劉歆博而篤矣。光武即位，建高廟於雒陽，乃立南頓君以上四廟，就祖宗而爲七。至魏初，高堂隆爲鄭學，議立親廟四，太祖武帝，猶在四親之內，乃虛置太祖及二祧，以待後代。至景初間，乃依王肅，更立五世、六世祖，就四親而爲六廟。晉武受禪，博議宗祀，自文帝以上六世祖征西府君，而宣帝亦序於昭穆，未升太祖，故祭止六也。江左中興，賀循知禮，至於寢廟之儀，皆依魏、晉舊事。宋武帝初受晉命爲王，依諸侯立親廟四。即位之後，增祠五世祖相國掾府君、六世祖右北平府君，止於六廟。逮身歿，主升從昭穆，猶太祖之位也。降及齊、梁，守而弗革，加崇迭毀，禮無違舊。

臣等又案姬周自太祖已下，皆別立廟，至於禘祫，俱合食於太祖。是以炎漢之初，諸廟各立，歲時嘗享，亦隨處而祭，所用廟樂，皆象功德而歌儛焉。至光武乃總立一堂，而羣主異室，斯則新承寇亂，欲從約省。自此以來，因循不變。伏惟高祖文皇帝，睿哲玄覽，神武應期，受命開基，垂統聖嗣，當文明之運，定祖宗之禮。且損益不同，沿襲異趣，時王所制，可以垂法。自歷代以來，雜用王、鄭二義，若尋其指歸，校以優劣，康成止論周代，非謂經通，子雍總貫皇王，事兼長遠。今請依據古典，崇建七廟。受命之祖，宜別立廟祧，百代之後，爲不毀之法。至於鑾駕親奉，申孝享於高廟，有司行事，竭誠敬於羣主，俾夫規模可則，嚴祀易遵，表有功而彰明德，大復古而貴能變。

臣又案周人立廟，亦無處置之文。據冢人處職而言之，先王居中，以昭穆爲左右。阮忱撰禮圖，亦從此義〔二〕。漢京諸廟既遠，又不序禘祫。今若依周制，理有未安，雜用漢儀，事難全採。謹詳立別圖，附之議末。

其圖，太祖、高祖各一殿，准周文武二祧，與始祖而三。餘並分室而祭。始祖及二祧之外，從迭毁之法。詔可，未及創制。

既營建洛邑，帝無心京師，乃於東都固本里北，起天經宮，以遊高祖衣冠，四時致祭。於三年，有司奏，請准前議，於東京建立宗廟。帝謂祕書監柳䛒曰：「今始祖及二祧已具，今後子孫，處朕何所？」又下詔，唯議別立高祖之廟，屬有行役，遂復停寢。

自古帝王之興，皆禀五精之氣。每易姓而起，以致太平，必封乎太山，所以告成功也。封訖而禪乎梁甫，梁甫者，太山之支山卑下者也，能以其道配成高德。故禪乎梁甫，亦以告太平也。封禪者，高厚之謂也。天以高爲尊，地以厚爲德，增太山之高，以報天也，厚梁甫之基，以報地也。明天之所命，功成事就，有益於天地，若天地之更高厚云。記曰：「王者因天事天，因地事地。因名山升中于天，而鳳凰降，龜龍格。」齊桓公既霸而欲封禪，管仲言之詳矣。秦始皇既黜儒生，而封太山，禪梁甫，其封事皆祕之，不可得而傳也。漢武帝頗採方士之言，造爲玉牒，而編以金繩，封廣九尺，高一丈二尺。光武中興，聿遵其故。晉、宋、齊、梁及陳，皆未遑其議。後齊有巡狩之禮，并登封之儀，竟不之行也。

開皇十四年，羣臣請封禪，高祖不納。晉王廣又率百官抗表固請，帝命有司草儀注。於是牛弘、辛彦之、許善心、姚察、虞世基等創定其禮，奏之。帝逡巡其事，曰：「此事體大，朕何德以堪之。但當東狩，因拜岱山耳。」十五年春，行幸兗州，遂次岱岳。爲壇，如南郊，又壝外爲柴壇，飾神廟，展宮懸於庭。爲埋埳二於南門外。又陳樂設位於青帝壇，如南郊。帝服衮冕，乘金輅，備法駕而行。禮畢，遂詣青帝壇而祭焉。

開皇十四年閏十月，詔東鎮沂山，南鎮會稽山，北鎮醫無閭山，冀州鎮霍山，並就山立祠。東海於會稽縣界，南海於南海鎮南，並近海立祠。及四瀆、吴山，並取側近巫一人，主知灑掃，並命多蒔松柏。其霍山，雩祀日遣使就焉。十六年正月，又詔北鎮於營州龍山立祠。東鎮晉州霍山鎮，若脩造，並准西鎮吴山造神廟。

大業中，煬帝因幸晉陽，遂祭恒岳。其禮頗採高祖拜岱宗儀，增置二壇，命道士女官數十人，於壝中設醮。十年，幸東都，過祀華岳，築場於廟側。事乃不經，蓋非有司之定禮也。

禮天子以春分朝日於東郊，秋分夕月於西郊。漢法，不俟二分於東西郊，常以郊泰畤。旦出竹宮東向揖日，其夕西向揖月。魏文譏其煩褻，似家人之事，而以正月朝日于東門之外。前史又以爲非時。及明帝太和元年二月丁亥，朝日于東郊。八月己丑，夕月于西郊。始合於古。

後周以春分朝日於國東門外，爲壇，如其郊。用特牲青幣，青圭有邸。皇帝乘青輅，及祀官俱青冕，執事者青弁。司徒亞獻，宗伯終獻。燔燎如圓丘。秋分夕月於國西門外，爲壇於埳中，方四丈，深四尺，燔燎禮如朝日。

開皇初，於國東春明門外爲壇，如其郊。每以春分朝日。又於國西開遠門外爲坎，深三尺，廣四丈。爲壇於坎中，高一尺，廣四尺。每以秋分夕月。牲幣與周同。

凡人非土不生，非穀不食，土穀不可偏祭，故立社稷以主祀。古先聖王，法施於人則祀之，故以勾龍主社，周棄主稷而配焉。歲凡再祭，蓋春求而秋報，列於中門之外、外門之內，尊而親之，與先祖同也。然而古今既殊，禮亦異制。故左社稷而右宗廟者，得質之道也。右社稷而左宗廟者，文之道也。

梁社稷在太廟西，其初蓋晉元帝建武元年所創，有太社、帝社、太稷，凡三壇。門牆並隨其方色。每以仲春仲秋，并令郡國縣祠社稷、先農，縣又兼祀靈星、風伯、雨師之屬。及臘，又各祠社稷于壇。百姓則二十五家爲一社，其舊社及人稀者，不限其家。春秋祠、水旱禱祈，祠具隨其豐約。其郡國有五岳者，置宰祝三人，及有四瀆若海應祠者，皆以孟春仲冬祠之。

舊太社，廩犧吏牽牲，司農省牲，太祝吏讚牲。天監四年，明山賓議，以爲：「案郊廟省牲日，則廩犧令牽牲，太祝令讚牲。祭之日，則太尉牽牲。郊特牲云『社者神地之道』，國主社稷，義實爲重。今公卿貴臣，親執盛禮，而令微吏牽牲，頗爲輕末。且司農省牲，又非其義，太常禮官，實當斯職。禮，祭社稷無親事牽之文。」謂宜以太常省牲，廩犧令牽牲，太祝令讚牲。帝唯以太祝讚牲爲疑，又以司農省牲，於理似傷，犧吏執紖，即事成卑。議以太常丞牽牲，餘依明議。於是遂定。至大同初，又加官社、官稷，并前爲五壇焉。

陳制皆依梁舊。而帝社以三牲首，餘以骨體。薦粢盛爲六飯：粳以敦，稻以牟，黄粱以簠，白粱以簋，黍以瑚，粢以璉。又令太史署〔一三〕，常以二月八日，於署庭中，以太牢祠老人星，兼祠天皇大帝、天一〔一四〕、太一、日月、五星、鉤陳、北極、北斗、三台、二十八宿、丈人星〔一五〕、子孫星，都四十六坐。

凡應預祠享之官，亦太醫給除穢氣散藥，先齋一日服之，以自潔。其儀本之齊制。

後齊立太社、帝社、太稷三壇於國右〔一六〕。每仲春仲秋月之元辰及臘，各以一太牢祭焉。皇帝親祭，則司農卿省牲進熟，司空亞獻，司農終獻。

後周社稷，皇帝親祀，則冢宰亞獻，宗伯終獻。

開皇初，社稷並列於含光門內之右，仲春仲秋吉戊，各以一太牢祭焉。牲色用黑。孟冬下亥，又臘祭之。州郡縣二仲月，並以少牢祭，百姓亦各爲社。又於國城東南七里延興門外，爲靈星壇，立秋後辰，令有司祠以一少牢。

古典有天子東耕儀。江左未暇，至宋始有其典。

梁初藉田，依宋、齊，以正月用事，不齋不祭。天監十二年，武帝以爲：「啓蟄而耕，則在二月節內。書云：『以殷仲春。』藉田理在建卯。」於是改用二月。又，「國語云：『王即齋宮，與百官御事並齋三日。』乃有沐浴祼饗之事。前代當以耕而不祭，故闕此禮。國語又云：『稷臨之，太史讚之。』則知耕藉應有先農神坐，兼有讚述耕旨。今藉田應散齋七日，致齋三日，兼於耕所設先農神坐，陳薦羞之禮。讚辭如社稷法。」又曰：「齊代舊事，藉田使御史乘馬車，載耒耜，於五輅後。禮云：『親載耒耜，措于參保介之御間。』則置所乘輅上。若以今輅與古不同，則宜升之次輅，以明慎重。而遠在餘處，於義爲乖。且御史掌視，尤爲輕賤。自今宜以侍中奉耒耜，載於象輅，以隨木輅之後。」

普通二年，又移籍田於建康北岸，築兆域大小，列種梨柏，便殿及齋官省，如南北郊。別有望耕臺，在壇東。帝親耕畢，登此臺，以觀公卿之推伐。又有祈年殿云。

北齊籍於帝城東南千畝内，種赤粱、白穀、大豆、赤黍、小豆、黑穄、麻子、大麥[一七]、小麥，色別一頃。自餘一頃，地中通阡陌，作祠壇於陌南阡西，廣輪三十六尺，高九尺，四陛三壝四門。又爲大營於外，又設御耕壇於阡東陌北。每歲正月上辛後吉亥，使公卿以一太牢祠先農神農氏於壇上，無配饗。祭訖，親耕。先祠，司農進穜稑之種，六宮主之。行事之官并齋，設齋省於壇所，列宮懸。又置先農坐於壇上。衆官朝服，司空一獻，不燎。祠訖，皇帝乃服通天冠、青紗袍、黑介幘，佩蒼玉，黄綬，青帶、袜、舄，備法駕，乘木輅。耕官具朝服從。殿中監進御耒於壇南，百官定列。帝出便殿，升耕壇南陛，即御座。應耕者各進於列。帝降自南陛，至耕位，釋劍執耒，三推三反，升壇即坐。耕，官一品五推五反，二品七推七反，三品九推九反。籍田令帥其屬以牛耕，終千畝。以青箱奉穜稑種，跪呈司農，詣耕所灑之。耰訖，司農省功，奏事畢。皇帝降之便殿，更衣饗宴。禮畢，班賚而還。

隋制，於國南十四里啓夏門外，置地千畝，爲壇，孟春吉亥，祭先農於其上，以后稷配。牲用一太牢。皇帝服袞冕，備法駕，乘金根車〔一八〕。禮三獻訖，因耕。司農授耒，皇帝三推訖，執事者以授應耕者，各以班五推九推〔一九〕。而司徒帥其屬〔二〇〕，終千畝。播殖九穀，納于神倉，以擬粢盛。穰稾以餇犧牲云。

周禮王后蠶於北郊，而漢法皇后蠶於東郊。魏遵周禮，蠶于北郊。吴韋昭制西蠶頌，則孫氏亦有其禮矣。晉太康六年，武帝楊皇后蠶于西郊，依漢故事。江左至宋孝武大明四年，始於臺城西白石里，爲西蠶設兆域，置大殿七間，又立蠶觀。自是有其禮。

後齊爲蠶坊於京城北之西，去皇宫十八里之外，方千步。蠶宫方九十步，牆高一丈五尺，被以棘。其中起蠶室二十七口，别殿一區。置蠶宫令丞佐史，皆宦者爲之。路西置皇后蠶壇，高四尺，方二丈，四出，階廣八尺。置先蠶壇於桑壇東南，大路東、横路之南。壇高五尺，方二丈，四出，階廣五尺。外兆方四十步，面開一門。有緑襜襦、褠衣、黄履，以供蠶母。每歲季春，穀雨後吉日，使公卿以一太牢祀先蠶黄帝軒轅氏於壇上，無配，如祀先農。禮訖，皇后因親桑於桑壇。備法駕，服鞠衣，乘重翟，帥六宮升桑壇東陛，即御座。女尚書執筐，女主衣執鈎，立壇下。皇后降自東陛，執筐者處右，執鈎者居左，蠶母在後。乃躬桑三條訖，升壇，即御座。內命婦以次就桑，鞠衣五條，展衣七條，褖衣九條，以授蠶母。還蠶室，初授世婦〔一一〕，灑一簿〔一二〕。預桑者並復本位。后乃降壇，還便殿，改服，設勞酒，班賚而還。

後周制，皇后乘翠輅，率三妃、三㛗、御媛、御婉、三公夫人、三孤內子至蠶所，以一太牢親祭，進奠先蠶西陵氏神。禮畢，降壇，昭化嬪亞獻，淑嬪終獻，因以公桑焉〔一三〕。

隋制，於宮北三里爲壇，高四尺。季春上巳，皇后服鞠衣，乘重翟，率三夫人、九嬪、內外命婦，以一太牢、制幣，祭先蠶於壇上，用一獻禮。祭訖，就桑位於壇南，東面。尚功進金鉤，典制奉筐。皇后採三條，反鉤。命婦各依班採五條九條而止。世婦亦有蠶母受功桑〔一四〕，灑訖，還依位。皇后乃還宮。

自後齊、後周及隋，其典大抵多依晉儀，然亦時有損益矣。

禮仲春以玄鳥至之日，用太牢祀于高禖。漢武帝年二十九，乃得太子，甚喜，爲立禖祠於城南，祀以特牲，因有其祀。晉惠帝元康六年，禖壇石中破爲二。詔問，石毀今應復不？博士議：「禮無高禖置石之文，未知造設所由，既已毀破，可無改造。」更下西府博議〔二五〕。而賊曹屬束皙議，以石在壇上，蓋主道也。祭器弊則埋而置新，今宜埋而更造，不宜遂廢。時此議不用。後得高堂隆故事，魏青龍中，造立此石，詔更鐫石，令如舊，置高禖壇上。埋破石入地一丈。案梁太廟北門内道西有石，文如竹葉，小屋覆之，宋元嘉中修廟所得，陸澄以爲孝武時郊禖之石。然則江左亦有此禮矣。

後齊高禖，爲壇於南郊傍，廣輪二十六尺，高九尺，四陛三壝。每歲春分玄鳥至之日，皇帝親帥六宫，祀青帝於壇，以太昊配，而祀高禖之神以祈子。其儀，青帝北方南向，配帝東方西向，禖神壇下東陛之南西向。禮用青珪束帛，牲共以一太牢。祀日，皇帝服衮冕，乘玉輅。皇后服褘衣，乘重翟。皇帝初獻，降自東陛，皇后亞獻，降自西陛，並詣便坐。夫人終獻。上嬪獻于禖神訖，帝及后並詣攢位，乃送神。皇帝皇后及羣官皆拜，乃撤就燎，禮畢而還。

隋制亦以玄鳥至之日，祀高禖於南郊壇，牲用太牢一。

舊禮祀司中、司命、風師、雨師之法，皆隨其類而祭之。兆風師於西方者，就秋風之勁，而不從箕星之位。兆司中、司命於南郊，以天神是陽，故兆於南郊也。兆雨師於北郊者，就水位，在北也。

隋制，於國城西北十里亥地，爲司中、司命、司禄三壇，同壝，祀以立冬後亥。國城東北七里通化門外爲風師壇，祀以立春後丑。國城西南八里金光門外爲雨師壇，祀以立夏後申。壇皆三尺，牲並以一少牢。

昔伊耆氏始爲蜡。蜡者，索也。古之君子，使人必報之。故周法，以歲十二月，合聚萬物而索饗之。仁之至，義之盡也。其祭法，四方各自祭之。若不成之方，則闕而不祭。

後周亦存其典，常以十一月，祭神農氏、伊耆氏、后稷氏、田畯、鱗、羽、臝、毛、介、水墉、坊、郵表畷、獸猫之神於五郊。五方上帝、地祇、五星、列宿、蒼龍、朱雀、白獸〔二六〕、玄武、五人帝、五官之神、岳鎮海瀆、山林川澤、丘陵墳衍原隰，各分其方，合祭之。日月，五方皆祭之。上帝、地祇、神農、伊耆、人帝於壇上，南郊則以神農，既蜡，無其祀。三辰七宿則爲小壇於其側，岳鎮海瀆、山林川澤、丘陵墳衍原隰，則各爲坎，餘則於平地。皇帝初獻上帝、地祇、神農、伊耆及人帝，冢宰亞獻，宗伯終獻。上大夫獻三辰、五官、后稷、田畯、岳鎮海瀆，中大夫獻七宿、山林川澤已下。自天帝、人帝、田畯、羽、毛之類，牲幣玉帛皆從燎；地祇、郵表畷之類，皆從埋。祭畢，皇帝如南郊便殿致齋，明日乃蜡祭于南郊，如東郊儀。祭訖，又如黃郊便殿致齋，明日乃祭。祭訖，又如西郊便殿，明日乃祭。祭訖，又如北郊便殿，明日蜡祭訖，還宮。

隋初因周制，定令亦以孟冬下亥蜡百神，臘宗廟，祭社稷。其方不熟，則闕其方之蜡焉。

又以仲冬祭名源川澤於北郊，用一太牢。祭井於社宮，用一少牢。季冬藏冰，仲春開冰，並用黑牡秬黍，於冰室祭司寒神。開冰，加以桃弧棘矢。

開皇四年十一月，詔曰：「古稱臘者，接也，取新故交接。前周歲首，今之仲冬，建冬之月〔二七〕，稱蜡可也。後周用夏后之時，行姬氏之蜡。考諸先代，於義有違。其十月行蜡者停，可以十二月爲臘。」於是始革前制。

後齊，正月晦日，中書舍人奏祓除。年暮，上臺、東宮奏擇吉日詣殿堂，貴臣與師行事所須，皆移尚書省備設云。

後主末年，祭非其鬼，至於躬自鼓儛，以事胡天。鄴中遂多淫祀，茲風至今不絕。後周欲招來西域，又有拜胡天制，皇帝親焉。其儀並從夷俗，淫僻不可紀也。

校勘記

〔一〕武帝時以德皇帝配　「德皇帝」，當作「景皇帝」。參本書卷六校勘記〔五〕。

〔二〕宮北十一里丑地　「丑」，原作「田」，據宋甲本、至順本、汲本、殿本改。

〔三〕并妃郗氏而爲五廟　「郗氏」，原作「郄氏」，據宋甲本、殿本改。隋書詳節卷二禮儀志亦作「郗氏」。按，郗氏即高祖郗皇后，梁書卷七有傳。

〔四〕並及功臣　「及」，原作「不及」，據通典卷五〇禮一〇功臣配享、册府卷五七八掌禮部奏議改。

〔五〕秋冬斝彝　「斝」，原作「牛」，據宋甲本、大德本、至順本、汲本改。

〔六〕二廟祀　「二」，原作「上」，據宋甲本、至順本、南監本、北監本、汲本、殿本改。

〔七〕散官從二品已上　「二」，原作「三」，據通典卷四八禮八諸侯大夫士宗廟改。與下文「散官正三品已下從五品已上」適成對應。

〔八〕三品已上牲用一太牢五品已下少牢　「三品已上」、「五品已下」，未言四品，下文又徑言「正六品已下」。疑「五品已下」應作「五品已上」。通典卷四八禮八諸侯大夫士宗廟：「三品以上，牲用太牢，以下少牢。」

〔九〕文王爲文皇帝　「文王」，通典卷四七禮七天子宗廟、通志二十略禮略二宗廟作「父文王」。

〔一〇〕文王武王於澧渭之郊　「澧」，原作「灃」，據南監本改。通典卷五三禮一三祀先代帝王亦作

「澧」。

〔一二〕不可預設爲數也　「設」，原作「毁」，據舊唐書卷七二褚亮傳、册府卷五八四掌禮部奏議改。隋書詳節卷二禮儀志無此字，作「不可預爲數也」。

〔一三〕亦從此義　「義」，原作「議」，據宋甲本、大德本、至順本、汲本改。

〔一三〕又令太史署　「太史署」，原作「太中署」，據宋甲本改。通典卷四四禮四風師雨師及諸星等祠、隋書詳節卷二禮儀志亦作「太史署」。

〔一四〕天一　二字原闕，據至順本補。通典卷四四禮四風師雨師及諸星等祠、隋書詳節卷二禮儀志、玉海卷九九郊祀隋司中司命司禄壇引志陳制亦有「天一」二字。

〔一五〕丈人星　原作「大人星」，據通典卷四四禮四風師雨師及諸星等祠、玉海卷九九郊祀隋司中司命司禄壇引志陳制改。

〔一六〕後齊立太社帝社太稷三壇於國右　「右」，原作「方」，據宋甲本、至順本、汲本改。通典卷四五禮五社稷亦作「右」。

〔一七〕大麥　二字原闕，據通典卷四六禮六籍田補。按上下文，北齊籍田千畝，種赤粱等，色别一頃，餘一頃作祠壇，則需九種。

〔一八〕乘金根車　「金根車」，唐六典卷一九司農寺作「耕根車」。按本書卷一〇禮儀志五，耕根車爲大業車輦之制。

〔一九〕各以班五推九推　「五推九推」，原作「九推五推」，據宋甲本、大德本、至順本、汲本、殿本、隋書詳節卷二禮儀志改。

〔二〇〕而司徒帥其屬　「司徒」，唐六典卷一九司農寺敘其事作「司農」。

〔二一〕初授世婦　「初」，通典卷四六禮六先蠶作「切之」。

〔二二〕灑一簿　「簿」下原衍「領」字，據宋甲本刪。通典卷四六禮六先蠶亦無「領」字。

〔二三〕因以公桑焉　「公」，通典卷四六禮六先蠶作「躬」。

〔二四〕世婦亦有蠶母受功桑　通典卷四六禮六先蠶作「世婦於蠶母受切桑」。

〔二五〕更下西府博議　「西府博議」，御覽卷五二九禮儀部八高禖作「四府博士議」。

〔二六〕白獸　「獸」，應作「虎」，唐人諱改。

〔二七〕建冬之月　「建冬」，通典卷四四禮四大禘、隋書詳節卷二禮儀志作「建亥」。

隋書卷八

志第三

禮儀三

陳永定三年七月，武帝崩〔一〕。新除尚書左丞庾持稱：「晉、宋以來，皇帝大行儀注，未祖一日，告南郊太廟，奏策奏謚。梓宮將登轀輬，侍中版奏，已稱某謚皇帝。遣奠，出於陛階下，方以此時，乃讀哀策。而前代策文，猶云大行皇帝，請明加詳正。」國子博士、領步兵校尉、知儀禮沈文阿等謂：「應劭風俗通，前帝謚未定，臣子稱大行，以別嗣主。近檢梁儀，自梓宮將登轀輬，版奏皆稱某謚皇帝登轀輬。伏尋今祖祭已奉策謚，哀策既在庭，遣祭不應猶稱大行。且哀策篆書，藏於玄宮。請依梁儀稱謚〔二〕，以傳無窮。」詔可之。

天嘉元年八月癸亥，尚書儀曹請今月晦皇太后服安吉君禫除儀注。沈洙議，謂：「至親朞斷，加隆故再朞〔三〕，而再周之喪，斷二十五月。但重服不可頓除，故變之以纖縞；創巨不可便愈，故稱之以祥禫。禫者，淡也，所以漸祛其情。至如父在爲母出適後之子〔四〕，則屈降之以朞。朞而除服，無復衰麻，緣情有本同之義，許以心制。心制既無杖絰可除，不容復改玄緌，既是心憂，則無所更淡其心也。且禫杖朞者，十五月已有禫制。今申其免懷之感，故斷以再周，止二十五月而已。所以宋元嘉立義，心喪以二十五月爲限。大明中，王皇后父喪，又申明其制。齊建元中，太子穆妃喪，亦同用此禮。唯王儉古今集記云，心制終二十七月，又爲王逡所難。何佟之儀注用二十五月而除。案古循今，宜以再周二十五月爲斷。今皇太后於安吉君心喪之期，宜除於再周，無復心禫之禮。」詔可之。

隋制，諸岳崩瀆竭，天子素服，避正寢，撤膳三日。遣使祭崩竭之山川，牲用太牢。

皇帝本服大功已上親及外祖父母、皇后父母、諸官正一品喪，皇帝不視事三日。皇帝本服五服内親及嬪、百官正二品已上喪，並一舉哀。太陽虧、國忌日，皇帝本服小功緦麻親、百官三品已上喪，皇帝皆不視事一日。

皇太后、皇后爲本服五服内諸親及嬪，一舉哀。皇太子爲本服五服之内親及東宮三師、三少、宫臣三品已上，一舉哀。

梁天監元年，齊臨川獻王所生妾謝墓被發，不至埏門。蕭子晉傳重，諮禮官何佟之。佟之議，以爲：「改葬服緦，見柩不可無服故也。此止侵墳土，不及於椁，可依新宮火處三日哭假而已。」帝以爲得禮。

二年，何佟之議：「追服三年無禫。」尚書議，並以佟之言爲得。

又，二年，始興王嗣子喪。博士管咺議，使國長從服緦麻。

四年，掌凶禮嚴植之定儀注，以亡月遇閏，後年中祥，疑所附月。帝曰：「閏蓋餘分，月節則各有所隸。若節屬前月，則宜以前月爲忌，節屬後月，則宜以後月爲忌。祥逢閏則宜取遠日。」

又，四年，安成國刺稱：「廟新建，欲剋今日遷立所生吳太妃神主。國王既有妃喪，欲使臣下代祭。」明山賓議，以爲不可：「宜待王妃服竟，親奉盛禮。」

五年，貴嬪母車喪，議者疑其儀。明山賓以爲：「貴嬪既居母憂，皇太子出貴嬪別第，一舉哀，以申聖情，庶不乖禮。」帝從之。

又，五年，祠部郎司馬褧牒：「貴嬪母車亡，應有服制。」謂「宜准公子爲母麻衣之制，既葬而除」。帝從之。

六年，申明葬制，凡墓不得造石人獸碑，唯聽作石柱，記名位而已。

七年，安成王慈太妃喪，周捨牒，使安成、始興諸王以成服日一日爲位受弔。帝曰：「喪無二主。二王既在遠，嗣子宜祭攝事。」周捨牒：「嗣子著細布衣、絹領帶、單衣用十五升葛。凡有事及歲時節朔望，並於靈所朝夕哭。三年不聽樂。」

十四年，舍人朱异議：「禮，年雖未及成人，已有爵命者，則不爲殤。封陽侯年雖中殤，已有拜封，不應殤服。」帝可之。於是諸王服封陽侯依成人之服。

大同六年，皇太子啓：「謹案下殤之小功，不行婚冠嫁三嘉之禮，則降服之大功，理不得有三嘉。今行三嘉之禮，竊有小疑。」帝曰：「禮云：『大功之末，可以冠子。父小功之末，可以冠子、嫁子、娶婦。己雖小功，既卒哭，可以冠、娶妻。下殤之小功則不可。』晉代蔡謨、謝沈、丁纂、馮懷等遂云：『降服大功，可以嫁女。』宋代裴松之、何承天又云：『女有大功之服，亦得出嫁。』范堅、荀伯子等，雖復率意致難，亦未能折。太始六年，虞龢立議：『大功之末，乃可娶婦。』于時博詢，咸同龢議。齊永明十一年，有大司馬長子之喪，武帝子女同服大功。左丞顧杲之議云：『大功之末，非直皇女嬪降無疑，皇子娉納，亦在非矨。』凡此諸議，皆是公背正文，務爲通耳。徐爰、王文憲並云：『朞服降爲大功，皆不可以婚嫁。』於義乃爲不乖，而又不釋其意。天監十年，信安公主當出適，而有臨川長子大功之慘，具論此義，粗已詳悉。太子今又啓審大功之末及下殤之小功行婚冠嫁三吉之事。案禮所言下殤小功，本是朞服，故不得有三吉之禮。況本服是朞，降爲大功，理當不可。人間行者，是用鄭玄逆降之義。雜記云：『大功之末，可以冠子嫁子。』此謂本服大功，子則小功，踰月以後，於情差輕，所以許有冠嫁。此則小功之末，通得取婦。前所云『大功之末，可以冠子嫁子』，此是簡出大功之身，不得取婦。後言『小功之末，可以冠子嫁子』，非直子得冠嫁，亦得取婦。故有出没。婚禮，國之大典，宜有晝一。今宗室及外戚，不得復輒有干啓，禮官不得輒爲曲議。可依此以爲法。」

後齊定令，親王、公主、太妃、妃及從三品已上喪者，借白鼓一面，喪畢進輸。王、郡公主、太妃、儀同三司已上及令僕，皆聽立凶門柏歷。三品已上及五等開國，通用方相。四品已下，達於庶人，以魌頭。旌則一品九旒，二品、三品七旒，四品、五品五旒，六品、七品三旒，八品已下，達于庶人，唯旐而已。其建旐，三品已上及開國子、男，其長至軫，四品、五品至輪，六品至于九品，至較。勳品達于庶人，不過七尺。

王元軌子欲改葬祖及祖母，列上未知所服。邢子才議曰：「禮『改葬緦麻』。鄭玄注：『臣爲君，子爲父，妻爲夫。』唯三人而已。然嫡曾孫、孫承重者，曾祖父母、祖父母改葬，既並三年之服，皆應服緦。而止言三人，若非遺漏，便是舉其略耳。」

開皇初，高祖思定典禮。太常卿牛弘奏曰：「聖教陵替，國章殘缺，漢、晉爲法，隨俗因時，未足經國庇人，弘風施化。且制禮作樂，事歸元首，江南王儉，偏隅一臣，私撰儀注，多違古法。就廬非東階之位，凶門豈設重之禮？兩蕭累代，舉國遵行。後魏及齊，風牛本隔，殊不尋究，遥相師祖，故山東之人，浸以成俗。西魏已降，師旅弗遑，賓嘉之禮，盡未詳定。今休明啓運，憲章伊始，請據前經，革兹俗弊。」詔曰：「可。」弘因奏徵學者，撰儀禮百卷。悉用東齊儀注以爲准，亦微採王儉禮。修畢，上之，詔遂班天下，咸使遵用焉。

其喪紀，上自王公，下逮庶人，著令皆爲定制，無相差越。正一品薨，則鴻臚卿監護喪事，司儀令示禮制。二品已上，則鴻臚丞監護，司儀丞示禮制。五品已上薨、卒，及三品已上有朞親已上喪，並掌儀一人示禮制。官人在職喪，聽斂以朝服，有封者，斂以冕服，未有官者，白帢單衣。婦人有官品者，亦以其服斂。棺内不得置金銀珠玉。諸重，一品懸鬲六〔五〕，五品已上四，六品已下二。輀車，三品已上油幰，朱絲絡網，施襈，兩箱畫龍，幰竿諸末垂六旒蘇。七品已上油幰，施襈，兩箱畫雲氣，垂四旒蘇。八品已下，達於庶人，鼈甲車，無幰襈旒蘇畫飾。執紼，一品五十人，三品已上四十人，四品三十人，並布幘布深衣。

三品已上四引、四披、六鐸、六翣，五品已上二引、二披、四鐸、四翣，九品已上二鐸、二翣。四品已上用方相，七品已上用魌頭。在京師葬者，去城七里外。三品已上立碑，螭首龜趺。趺上高不得過九尺。七品已上立碣，高四尺。圭首方趺。若隱淪道素，孝義著聞者，雖無爵，奏，聽立碣。

三年及朞喪，不數閏。大功已下數之。以閏月亡者，祥及忌日，皆以閏所附之月爲正。

凶服不入公門。朞喪已下不解官者，在外曹襵縁紗帽。若重喪被起者，皁絹下裙帽。若入宮殿及須朝見者，冠服依百官例。

齊衰心喪已上，雖有奪情，並終喪不弔不賀不預宴。朞喪未練、大功未葬，不弔不賀，並終喪不預宴。小功已下，假滿依例。居五服之喪，受册及之職，儀衞依常式，唯鼓樂從而不作。若以戎事，不用此制。

自秦兼天下，朝覲之禮遂廢。及周封蕭詧爲梁王，訖於隋，恒稱藩國，始有朝見之儀。梁王之朝周，入畿，大冢宰命有司致積。其饔五牢，米九十筥，醯醢各三十五甕，酒十八壺，米禾各五十車，薪芻各百車。既至，大司空設九儐以致館。梁王束帛乘馬，設九介以待之。禮成而出。明日，王朝，受享於廟。既致享，大冢宰又命公一人，玄冕乘車，陳九儐，以束帛乘馬，致食于賓及賓之從各有差。致食訖，又命公一人，弁服乘車，執贄，設九儐以勞賓。王設九介，迎於門外。明日，朝服乘車，還贄于公。公皮弁迎於大門，授贄受贄，並於堂之中楹。又明日，王朝服，設九介，乘車，備儀衞，以見于公。事畢，公致享。明日，三孤一人，又執贄勞于梁王。明日，王還贄。又明日，王見三孤，如見三公。明日，卿一人，又執贄勞王。王見卿，又如三孤。於是三公、三孤、六卿，又各餼賓，並屬官之長爲使。牢米束帛同三公。

開皇四年正月，梁主蕭巋朝于京師，次於郊外。詔廣平王楊雄、吏部尚書韋世康，持節以迎。衞尉設次於驛館。雄等降就便幕。巋服通天冠、絳紗袍、端珽，立於東階下，西面。文武陪侍，如其國。雄等立於門右，東面。巋攝内史令柳顧言出門請事。世康曰：「奉詔勞于梁帝。」顧言入告。巋出，迎於館門之外，西面再拜。持節者導雄與巋俱入，至于庭下。巋北面再拜受詔訖。雄等乃出，立於館門外道右〔六〕，東向。巋送於門外，西面再拜。及奉見，高祖冠通天冠，服絳紗袍，御大興殿，如朝儀。巋服遠遊冠，朝服以入，君臣並拜，禮畢而出。

古者天子征伐，則宜于社，造于祖，類于上帝。還亦以牲徧告。梁天監初，陸璉議定軍禮，遵其制。帝曰：「宜者請征討之宜，造者禀謀於廟，類者奉天時以明伐，並明不敢自專。陳幣承命可也。」璉不能對。嚴植之又爭之，於是告用牲幣，反亦如之。

後齊天子親征纂嚴，則服通天冠，文物充庭。有司奏更衣，乃入，冠武弁，弁左貂附蟬以出〔七〕。誓訖，擇日備法駕，乘木輅，以造于廟。載遷廟主於齋車，以俟行。次宜于社，有司以毛血釁軍鼓，載帝社石主於車，以俟行。次擇日陳六軍，備大駕，類于上帝。次擇日祈后土、神州、岳鎮、海瀆、源川等。乃爲坎盟，督將列牲於坎南，北首。有司坎前讀盟文，割牲耳，承血。皇帝受牲耳，偏授大將，乃寘于坎。又歃血，歃偏，又以寘坎。禮畢，埋牲及盟書。又卜日，建牙旗於墠，祭以太牢，及所過名山大川，使有司致祭。將屆戰所，卜剛日，備玄牲，列軍容，設柴於辰地，爲墠而禡祭。大司馬奠矢，有司奠毛血，樂奏大護之音。禮畢，徹牲，柴燎。戰前一日，皇帝禱祖，司空禱社。戰勝則各報以太牢。又以太牢賞用命戰于祖〔八〕，引功臣入旌門，即神庭而授版焉。又罰不用命于社，即神庭行戮訖，振旅而還。格廟誥社訖，擇日行飲至禮，文物充庭。有司執簡，紀年號月朔，陳六師凱入格廟之事，飲至策勳之美，因述其功，不替賞典焉。

隋制，行幸所過名山大川，則有司致祭。岳瀆以太牢，山川以少牢。親征及巡狩，則類上帝、宜社、造廟，還禮亦如之。將發軔，則軷祭。其禮，有司於國門外，委土爲山象，設埋埳。有司刳羊，陳俎豆。駕將至，委奠幣，薦脯醢，加羊於軷，西首。又奠酒解羊，并饌埋於埳。駕至，太僕祭兩軹及軓前，乃飲，授爵，遂轢軷上而行。

大業七年，征遼東，煬帝遣諸將，於薊城南桑乾河上，築社稷二壇，設方壝，行宜社禮。帝齋於臨朔宮懷荒殿，預告官及侍從，各齋于其所。十二衛士並齋。帝衮冕玉輅，備法駕。禮畢，御金輅，服通天冠，還宮。又於宮南類上帝，積柴於燎壇，設高祖位於東方。帝服大裘以冕，乘玉輅，祭奠玉帛，並如宜社。諸軍受胙畢，帝就位，觀燎，乃出。又於薊城北設壇，祭馬祖於其上，亦有燎。又於其日，使有司并祭先牧及馬步，無鐘鼓之樂。

衆軍將發，帝御臨朔宮，親授節度。每軍，大將、亞將各一人。騎兵四十隊，隊百人置一纛。十隊爲團，團有偏將一人。第一團，皆青絲連明光甲、鐵具裝、青纓拂，建狻猊旗。第二團，絳絲連朱犀甲、獸文具裝、赤纓拂，建貔貅旗。第三團，白絲連明光甲、鐵具裝、素纓拂，建辟邪旗。第四團，烏絲連玄犀甲、獸文具裝、黑纓拂〔九〕，建六駮旗。前部鼓吹一部，大鼓、小鼓及鞞、長鳴、中鳴等各十八具，掆鼓、金鉦各二具。後部鐃吹一部，鐃二面，哥簫及笳各四具，節鼓一面，吴吹篳篥、横笛各四具，大角十八具。又步卒八十隊，分爲四團。團有偏將一人。第一團，每隊給青隼盪幡一。第二團，每隊黄隼盪幡一。第三團，每隊白隼盪幡一。第四團，每隊蒼隼盪幡一。長槊楯弩及甲毦等，各稱兵數。受降使者一人，給二馬軺車一乘，白獸幡及節各一，騎吏三人，車輻白從十二人。承詔慰撫，不受大將制，戰陣則爲監軍。

軍將發，候大角一通，步卒第一團出營東門，東向陣。第二團出營南門，南向陣。第三團出營西門，西向陣。第四團出營北門，北向陣。陣四面團營，然後諸團嚴駕立。大角三通，則鐃鼓俱振，騎第一團引行。隊間相去各十五步。次第二團，次前部鼓吹，次弓矢一隊，合二百騎。建蹲獸旗，爮槊二張，大將在其下。次誕馬二十匹，次大角，次後部鐃吹〔一○〕，次第三團，次第四團，次受降使者。次及輜重戎車散兵等，亦有四團。第一輜重出，收東面陣，分爲兩道，夾以行。第二輜重出，收南面陣，夾以行。第三輜重出，收西面陣，夾以行。第四輜重出，收北面陣，夾以行。亞將領五百騎，建騰豹旗，殿軍後。至營，則第一團騎陣於東面，第二團騎陣於南面，鼓吹翊大將居中，駐馬南向。第三團騎陣於西面，第四團騎陣於北面，合爲方陣。四團外向，步卒翊輜重入於陣内，以次安營。營定，四面陣者，引騎入營。亞將率驍騎遊弈督察。其安營之制，以車外布，間設馬槍，次施兵幕，内安雜畜。事畢，大將、亞將等，各就牙帳。其馬步隊與軍中散兵，交爲兩番，五日而代。

於是每日遣一軍發，相去四十里，連營漸進。二十四日續發而盡。首尾相繼，鼓角相聞，旌旗亘九百六十里。通諸道合三十軍，亘一千四十里。諸軍各以帛爲帶，長尺五寸，闊二寸，題其軍號爲記。御營内者，合十二衞、三臺、五省、九寺，並分隸内外前後左右六軍，亦各題其軍號，不得自言臺省。王公已下，至于兵丁厮隸，悉以帛爲帶，綴于衣領，名「軍記帶」。諸軍並給幡數百，有事，使人交相去來者，執以行。不執幡而離本軍者，佗軍驗軍記帶，知非部兵，則所在斬之。

是歲也，行幸望海鎮，於禿黎山爲壇，祀黄帝，行禡祭。詔太常少卿韋霽、博士褚亮奏定其禮。皇帝及諸預祭臣近侍官諸軍將，皆齋一宿。有司供帳設位，爲埋坎神坐西北，内壝之外。建二旗於南門外。以熊席設帝軒轅神坐於壝内，置甲胄弓矢於坐側，建槊於坐後。皇帝出次入門，羣官定位，皆再拜奠。禮畢，還宫。

隋制，常以仲春，用少牢祭馬祖於大澤。諸預祭官，皆於祭所致齋一日，積柴於燎壇，禮畢，就燎。仲夏祭先牧，仲秋祭馬社，仲冬祭馬步，並於大澤，皆以剛日。牲用少牢，如祭馬祖，埋而不燎。

開皇二十年，太尉晉王廣北伐突厥，四月己未，次於河上，禡祭軒轅黄帝，以太牢制幣，陳甲兵，行三獻之禮。

後齊命將出征，則太卜詣太廟，灼靈龜，授鼓旗於廟。皇帝陳法駕，服衮冕，至廟，拜於太祖。徧告訖，降就中階，引上將，操鉞授柯，曰：「從此上至天，將軍制之。」又操斧授柯，曰：「從此下至泉，將軍制之。」將軍既受斧鉞，對曰：「國不可從外理，軍不可從中制。臣既受命，有鼓旗斧鉞之威，願無一言之命於臣〔一〕。」帝曰：「苟利社稷，將軍裁之。」將軍就車，載斧鉞而出。皇帝推轂度閫，曰：「從此以外，將軍制之。」

周大將出征，遣太祝，以羊一，祭所過名山大川。明帝武成元年，吐谷渾寇邊。帝常服乘馬〔二〕，遣大司馬賀蘭祥於太祖之廟，司憲奉鉞，進授大將。大將拜受，以授從者。禮畢，出受甲兵。

隋制，皇太子親戎，及大將出師，則以豭肫一釁鼓，皆告社廟。受斧鉞訖，不得反宿於家。開皇八年，晉王廣將伐陳，内史令李德林攝太尉，告于太祖廟。禮畢，又命有司宜于太社。

古者三年練兵，入而振旅，至於春秋蒐獮，亦以講其事焉。

官幕。梁、陳時，依宋元嘉二十五年蒐宣武場。其法，置行軍殿於幕府山南岡，并設王公百官幕。先獵一日，遣馬騎布圍。右領軍將軍督右，左領軍將軍督左，大司馬董正諸軍。獵日，侍中三奏，一奏，搥一鼓爲嚴，三嚴訖，引仗爲小駕鹵簿。皇帝乘馬戎服，從者悉絳衫幘，黃麾警蹕，鼓吹如常儀。獵訖，宴會享勞，比校多少。戮一人以懲亂法。會畢，還宮。

後齊常以季秋，皇帝講武於都外。有司先萊野爲場，爲二軍進止之節。又別墠於北場，輿駕停觀。遂命將簡士教衆，爲戰陣之法。凡爲陣，少者在前，長者在後。其還，則長者在前，少者在後。長者持弓矢，短者持旌旗。勇者持鉦鼓刀楯爲前行，戰士次之，槊者次之，弓箭爲後行。將帥先教士目，使習見旌旗指麾之蹤，發起之意，旗卧則跪。教士耳，使習金鼓動止之節，聲鼓則進，鳴金則止。教士心，使知刑罰之苦，賞賜之利。教士手，使習持五兵之便，戰鬬之備。教士足，使習跪及行列嶮泥之塗。前五日，皆請兵嚴於場所，依方色建旗爲和門。都墠之中及四角，皆建五采牙旗。應講武者，各集於其軍。戒鼓一通，軍士皆嚴備。二通，將士貫甲。三通，步軍各爲直陣，以相俟。大將各處軍中，立旗鼓下。有司陳小駕鹵簿，皇帝武弁，乘革輅，大司馬介胄乘，奉引入行殿。百司陪列。位定，二軍迭爲客主。先舉爲客，後舉爲主。從五行相勝法，爲陣以應之。

後齊春蒐禮，有司規大防，建獲旗，以表獲車。蒐前一日，命布圍。領軍將軍一人，督左甄，護軍將軍一人，督右甄。大司馬一人，居中，節制諸軍。天子陳小駕，服通天冠，乘木輅，詣行宮。將親禽，服戎服，鈒戟者皆嚴。武衞張甄圍，旗鼓相望，銜枚而進。甄常開一方，以令三驅。圍合，吏奔騎令曰：「鳥獸之肉，不登於俎者不射；皮革齒牙，骨角毛羽，不登於器者不射。」甄合，大司馬鳴鼓促圍，衆軍鼓譟鳴角，至期處而止。大司馬屯北旌門，二甄帥屯左右旌門。天子乘馬，從南旌門入，親射禽。謁者以獲車收禽，載還，陳於獲旗之北。王公已下以次射禽，皆送旗下。事畢，大司馬鳴鼓解圍，復屯。殿中郎中率其屬收禽，以實獲車。天子還行宮。命有司，每禽擇取三十，一曰乾豆，二曰賓客，三曰充君之庖，其餘即於圍下量犒將士。禮畢，改服，鈒者韜刃而還〔一三〕。夏苗、秋獮、冬狩，禮皆同。

河清中定令，每歲十二月半後講武，至晦逐除〔一四〕。二軍兵馬，右入千秋門，左入萬歲門，並至永巷南下，至昭陽殿北，二軍交。一軍從西上閤，一軍從東上閤，並從端門南出閶闔門前橋南，戲射並訖，送至城南郭外罷。

後齊三月三日，皇帝常服乘輿，詣射所，升堂即坐，皇太子及羣官坐定，登歌，進酒行爵。皇帝入便殿，更衣以出，驊騮令進御馬，有司進弓矢。帝射訖，還御坐，射懸侯，又畢，羣官乃射五埒。一品三十二發，一發調馬，十發射下，十五發射上，三發射麞，三發射獸頭〔一五〕。

二品三十發，一發調馬，十發射下，十發射上，三發射麋，三發射帖，三發射獸頭。三品二十五發，一發調馬，五發射下，十發射上，三發射麋，三發射帖，三發射獸頭。四品二十發，一發調馬，五發射下，八發射上，二發射麋，二發射帖，二發射獸頭。五品十五發，一發調馬，四發射下，五發射上，二發射麋，二發射帖，一發射獸頭。侍官御仗已上十發。一發調馬，四發射下，五發射上。

季秋大射，皇帝備大駕，常服，御七寶輦，射七埒。正三品已上第一埒，一品五十發，一發調馬，十五發射下，二十五發射上，三發射麋，三發射帖，三發射獸頭。二品四十六發。一發調馬，十五發射下，二十二發射上，二發射麋，三發射帖，三發射獸頭。從三品四品第二埒，三品四十二發，一發調馬，十二發射下，二十二發射上，二發射麋，二發射帖，三發射獸頭。四品三十七發。一發調馬，十一發射下，十九發射上，一發射麋，二發射帖，三發射獸頭。五品第三埒，三十二發。一發調馬，九發射下，十七發射上，一發射麋，二發射帖，二發射獸頭。六品第四埒，二十七發。一發調馬，八發射下，十六發射上，一發射麋，一發射帖。七品第五埒，二十一發。一發調馬，六發射下，十二發射上，一發射麋，一發射帖。八品第六埒，十六發。一發調馬，四發射下，九發射上，一發射麋，一發射帖。九品第七埒，十發。一發調馬，三發射下，四發射上，一發射麋，一發射帖。

大射置大將、太尉公爲之。射司馬各一人，録事二人。七埒各置埒將、射正參軍各一人，埒士四人，威儀一人，乘白馬以導，的別參軍一人，懸侯下府參軍一人。又各置令史埒士等員，以司其事。

後周仲春教振旅，大司馬建大麾於萊田之所。鄉稍之官，以旂物鼓鐸鉦鐃，各帥其人而致。誅其後至者。建麾於後表之中，以集衆庶。質明，偃麾，誅其不及者。乃陳徒騎，如戰之陣。大司馬北面誓之。軍中皆聽鼓角，以爲進止之節。田之日，於所萊之北，建旗爲和門。諸將帥徒騎序入其門。有司居門，以平其人。既入而分其地，險野則徒前而騎後，易野則騎前而徒後。既陣，皆坐，乃設驅逆騎，有司表狢於陣前。以太牢祭黄帝軒轅氏，於狩地爲壝，建二旗，列五兵於坐側，行三獻禮。遂蒐田致禽以祭社。仲夏教茇舍，如振旅之陣，遂以苗田如蒐法，致禽以享礿。仲秋教練兵，如振旅之陣，遂以獮田如蒐法，致禽以祀方。仲冬教大閱，如振旅之陣，遂以狩田如蒐法，致禽以享烝。

孟秋迎太白，候太白夕見於西方。先見三日，大司馬戒期，遂建旗於陽武門外。司空除壇兆，有司薦毛血，登歌奏昭夏。在位者拜，事畢出。其日中後十刻，六軍士馬，俱介冑集旗下。左右武伯督十二帥嚴街，侍臣文武，俱介冑奉迎。樂師撞黄鐘，右五鐘皆應。皇帝介冑，警蹕以出，如常儀而無鼓角，出國門而軷祭。至則舍於次。太白未見五刻，中外皆嚴，皇帝就位，六軍鼓譟，行三獻之禮。每獻，鼓譟如初獻。事訖，燔燎賜胙，畢，鼓譟而還。

隋制，大射祭射侯於射所，用少牢。軍人每年孟秋閲戎具，仲冬教戰法。及大業三年，煬帝在榆林，突厥啓民及西域、東胡君長，並來朝貢。帝欲誇以甲兵之盛，乃命有司，陳冬狩之禮。詔虞部量拔延山南北周二百里，並立表記。前狩二日，兵部建旗於表所。五里一旗，分爲四十軍，軍萬人，騎五千匹。前一日，諸將各帥其軍，集於旗下。鳴鼓，後至者斬。詔四十道使，並揚旗建節，分申佃令，即留軍所監獵。

布圍，圍闕南面，方行而前〔一六〕。帝服紫袴褶、黑介幘，乘闟猪車，其飾如木輅，重輞漫輪，虯龍繞轂，漢東京鹵簿所謂獵車者也。駕六黑騂。太常陳鼓笳鐃簫角於帝左右，各百二十。百官戎服騎從，鼓行入圍。諸將並鼓行赴圍。乃設驅逆騎千有二百。闟猪停軔，有司斂大綏，王公已下，皆整弓矢，陳於駕前。有司又斂小綏，乃驅獸出，過於帝前。初驅過，有司整御弓矢以前，待詔。再驅過，備身將軍奉進弓矢。三驅過，帝乃從禽，鼓吹皆振，左而射之〔一七〕。每驅必三獸以上。帝發，抗大綏。次王公發，則抗小綏。次諸將發射之，無鼓，驅逆之騎乃止。然後三軍四夷百姓皆獵。凡射獸，自左膘而射之，達于右腢，爲上等。達右耳本，爲次等。自左髀達于右䯚爲下等〔一八〕。羣獸相從，不得盡殺。已傷之獸，不得重射。又逆向人者，不射其面。出表者不逐之。佃將止，虞部建旗於圍内。從駕之鼓及諸軍鼓俱振，卒徒皆譟。諸獲禽者，獻於旗所，致其左耳。大獸公之，以供宗廟，使歸薦腊于京師。小獸私之。

齊制，季冬晦，選樂人子弟十歲以上、十二以下爲侲子，合二百四十人。一百二十人，赤幘、皁褠衣，執鞀。一百二十人，赤布袴褶，執鞞角。方相氏黄金四目，熊皮蒙首，玄衣朱裳，執戈揚楯。又作窮奇、祖明之類，凡十二獸，皆有毛角。鼓吹令率之，中黄門行之，冗從僕射將之，以逐惡鬼于禁中。其日戊夜三唱，開諸里門，儺者各集，被服器仗以待事。戊夜四唱，開諸城門，二衞皆嚴。上水一刻，皇帝常服，即御座。王公執事官第一品已下、從六品已上，陪列預觀。儺者鼓譟，入殿西門，徧於禁内。分出二上閤，作方相與十二獸儛戲，喧呼周徧，前後鼓譟。出殿南門，分爲六道，出於郭外。

隋制，季春晦，儺，磔牲於宫門及城四門，以禳陰氣。秋分前一日，禳陽氣。季冬傍磔、大儺亦如之。其牲，每門各用羝羊及雄鷄一。選侲子，如後齊。冬八隊，二時儺則四隊。問事十二人，赤幘褠衣，執皮鞭。工人二十二人。其一人方相氏，黄金四目，蒙熊皮，玄衣朱裳。其一人爲唱師，著皮衣，執棒。鼓角各十。有司預備雄鷄羝羊及酒，於宫門爲坎。未明，鼓譟以入。方相氏執戈揚楯，周呼鼓譟而出，合趣顯陽門，分詣諸城門。將出，諸祝師執事，預副牲匈，磔之於門，酌酒禳祝。舉牲并酒埋之。

後齊制，日蝕，則太極殿西廂東向，東堂東廂西向〔一九〕，各設御座。羣官公服。晝漏上水一刻，內外皆嚴。三門者閉中門，單門者掩之。蝕前三刻，皇帝服通天冠，即御座，直衞如常，不省事。有變，聞鼓音，則避正殿，就東堂，服白祫單衣。侍臣皆赤幘，帶劍，升殿侍。諸司各於其所，赤幘，持劍，出户向日立。有司各率官屬，並行宮內諸門、掖門，屯衞太社。鄴令以官屬圍社，守四門，以朱絲繩繞繫社壇三匝。太祝令陳辭責社。太史令二人，走馬露版上尚書，門司疾上之。又告清都尹鳴鼓，如嚴鼓法。日光復，乃止，奏解嚴。

後魏每攻戰剋捷，欲天下知聞，迺書帛，建於竿上，名爲露布。其後相因施行。開皇中，迺詔太常卿牛弘、太子庶子裴政撰宣露布禮。及九年平陳，元帥晉王以馹上露布，兵部奏請依新禮宣行。承詔集百官、四方客使等，並赴廣陽門外，服朝衣，各依其列。內史令稱有詔，在位者皆拜。宣訖，拜，蹈舞者三，又拜。郡縣亦同。

校勘記

〔一〕陳永定三年七月武帝崩　「七月」，疑爲「六月」之訛。按陳書卷二高祖紀下、卷三世祖紀，武帝崩於是年六月丙午。

〔二〕請依梁儀稱謚　「請」，原作「謂」，據通典卷七九禮三九大喪初崩及山陵制改。

〔三〕加隆故再朞　「隆」，原作「降」，因避諱缺末筆而致訛。按，禮記三年問：「然則何以三年也？曰加隆焉爾也。」

〔四〕至如父在爲母出適後之子　「如」，原作「加」，據宋甲本、至順本、汲本改。

〔五〕一品懸鬲六　「鬲」，原作「隔」，據宋甲本、汲本改。

〔六〕立於館門外道右　「立」字原闕，據宋甲本、至順本補。

〔七〕弁左貂附蟬以出　「弁」，宋甲本、通典卷七六禮三六天子諸侯將出征類宜造禡并祭所過山川無。

〔八〕又以太牢賞用命戰于祖　「以太牢」，宋甲本、至順本、通典卷七六禮三六天子諸侯將出征類宜造禡并祭所過山川作「用太牢」。「戰」，通典無，南監本、殿本作「戰士」。

〔九〕黑纓拂　三字原闕，據通考卷一五七兵考九補。北監本、殿本作「建纓拂」。

〔一〇〕次後部鐃吹　「吹」字原闕，據通典卷七六禮三六出師儀制補。按，上文言衆軍將發，有前部鼓吹、後部鐃吹。

〔一一〕願無一言之命於臣　「願無」，通典卷七六禮三六命將出征作「願假」，隋書詳節卷三禮儀志作「顧無」。

〔一二〕帝常服乘馬　「常服」，通典卷七六禮三六命將出征作「戎服」。

〔一三〕鈒者韜刃而還　「刃」，原作「刀」，據通典卷七六禮三六天子諸侯四時田獵改。

〔一四〕至晦逐除　「逐除」，原作「遂除」，據宋甲本改。通典卷七六禮三六天子諸侯四時儺亦作「逐除」。按，呂氏春秋季冬紀高誘注：「今人臘歲前一日，擊鼓驅疫，謂之逐除。」

〔一五〕「三十二發」至「三發射獸頭」　此廿六字原闕，據通典卷七七禮三七天子諸侯大射鄉射補。據下文，疑通典亦脫「三發射帖」四字，且「三十二發」也應作「三十五發」，因每品相差均爲五發。

〔一六〕方行而前　「行」，原作「幘」，據宋甲本改。

〔一七〕左而射之　「左」，原作「坐」，據宋甲本、至順本、汲本改。通典卷七六禮三六天子諸侯四時田獵、册府卷一一五帝王部蒐狩亦作「左」。

〔一八〕自左髀達于右腢爲下等　「腢」，原作「鹘」，據通典卷七六禮三六天子諸侯四時田獵、册府卷一一五帝王部蒐狩改。

〔一九〕東堂東廂西向　前「東」字原闕，據通典卷七八禮三八天子合朔伐鼓補。

隋書卷九

志第四

禮儀四

周大定元年，靜帝遣兼太傅、上柱國、杞國公椿，大宗伯、大將軍、金城公煚，奉皇帝璽紱策書〔一〕，禪位于隋。司録虞慶則白，請設壇於東第。博士何妥議，以爲受禪登壇，以告天也。故魏受漢禪，設壇於繁昌，爲在行旅，郊壇乃闕。至如漢高在氾〔二〕，光武在鄗，盡非京邑所築壇。自晉、宋揖讓，皆在都下，莫不並就南郊，更無別築之義。又後魏即位，登朱雀觀，周帝初立，受朝於路門，雖自我作古，皆非禮也。今即府爲壇，恐招後誚。議者從之。

二月，甲子，椿等乘象輅，備鹵簿，持節，率百官至門下，奉策入次。百官文武，朝服立于門南，北面。高祖冠遠遊冠，府寮陪列。記室入白，禮曹導高祖，府寮從，出大門東廂西向。椿奉策書，畟奉璽紱，出次，節導而進。高祖揖之，入門而左，椿等入門而右。百官隨入庭中。椿南向，讀册書畢，進授高祖。高祖北面再拜，辭不奉詔。上柱國李穆進喻朝旨，又與百官勸進，高祖不納。椿等又奉策書進而敦勸，高祖再拜，俯受策，以授高熲；受璽，以授虞慶則。退就東階位。使者與百官，皆北面再拜，搢笏，三稱萬歲。有司請備法駕，高祖不許，改服紗帽、黄袍，入幸臨光殿。就閤内服衮冕，乘小輿，出自西序，如元會儀。禮部尚書以案承符命及祥瑞牒，進東階下。納言跪御前以聞。内史令奉宣詔大赦，改元曰開皇。是日，命有司奉册祀于南郊。

後齊將崇皇太后，則太尉以玉帛告圓丘方澤，以幣告廟。皇帝乃臨軒，命太保持節，太尉副之。設九儐，命使者受璽綬册及節，詣西上閤。其日，昭陽殿文物具陳，臨軒訖，使者就位，持節及璽綬，稱詔。二侍中拜進，受節及册璽綬，以付小黄門。黄門以詣閤。皇太后服褘衣，處昭陽殿，公主及命婦陪列於殿，皆拜。小黄門以節綬入，女侍中受，以進皇太后。皇太后興，受，以授左右。復坐，反節於使者。使者受節出。

册皇后，如太后之禮。

後齊册皇太子，則皇帝臨軒，司徒爲使，司空副之。太子服遠遊冠，入至位。使者入，奉册讀訖，皇太子跪受册於使，以授中庶子。又受璽綬於尚書，以授庶子。稽首以出。就册，則使者持節至東宮，宮臣内外官定列。皇太子階東，西面。若幼，則太師抱之，主衣二人奉空頂幘服從，以受册。明日，拜章表於東宮殿庭，中庶子、中舍人乘軺車，奉章詣朝堂謝。擇日齋於崇正殿，服冕，乘石山安車謁廟。擇日羣臣上禮，又擇日會。明日，三品以上牋賀。

册諸王，以臨軒日上水一刻，吏部令史乘馬，齎召版，詣王第。王乘高車鹵簿，至東掖門止，乘軺車。既入，至席。尚書讀册訖，以授王，又授章綬。事畢，乘軺車，入鹵簿，乘高車，詣閶闔門，伏闕表謝。報訖，拜廟還第。就第，則鴻臚卿持節，吏部尚書授册，侍御史授節。使者受而出，乘軺車，持節，詣王第。入就西階，東面。王入，立於東階，西面。使者讀册，博士讀版，王俛伏。興，進受册章綬茅土，俛伏三稽首，還本位，謝如上儀。在州鎮，則使者受節册，乘軺車至州，如王第。

諸王、三公、儀同、尚書令、五等開國、太妃、妃、公主恭拜，册軸一枚，長二尺，以白練衣之。用竹簡十二枚，六枚與軸等，六枚長尺二寸。文出集書，書皆篆字。哀册、贈册亦同。

諸王、五等開國及鄉男恭拜，以其封國所在方，取社壇方面土，包以白茅，内青箱中。函方五寸，以青塗飾，封授之，以爲社。

隋臨軒册命三師、諸王、三公，並陳車輅，餘則否。百司定列，内史令讀册訖，受册者拜受出。又引次受册者，如上儀。若册開國，郊社令奉茅土，立於仗南，西面。每受册訖，授茅土焉。

後齊皇帝加元服，以玉帛告圓丘方澤，以幣告廟，擇日臨軒。中嚴，羣官位定，皇帝著空頂介幘以出。太尉盥訖，升，脱空頂幘，以黑介幘奉加訖，太尉進太保之右，北面讀祝訖，太保加冕，侍中繫玄紘，脱絳紗袍，加衮服。事畢，太保上壽，羣官三稱萬歲。皇帝入温室，移御坐，會而不上壽。後日，文武羣官朝服，上禮酒十二鍾，米十二囊，牛十二頭。又擇日，親拜圓丘方澤，謁廟。

皇太子冠，則太尉以制幣告七廟，擇日臨軒。有司供帳於崇正殿。中嚴，皇太子空頂幘公服出，立東階之南，西面。使者入，立西階之南，東面。皇太子受詔訖，入室盥櫛，出，南面。使者進揖，詣冠席，西面坐。光禄卿盥訖，詣太子前疏櫛〔三〕。使者又盥，奉進賢三梁冠，至太子前，東面祝，脱空頂幘，加冠。太子興，入室更衣，出，又南面就席。光禄卿盥櫛。使者又盥祝，脱三梁冠，加遠遊冠。太子又入室更衣。設席中楹之西，使者揖就席，南面。光禄卿洗爵酌醴，使者詣席前，北面祝。太子拜，受醴，即席坐，祭之，啐之，奠爵，降階，復本位，西面。三師、三少及在位羣官拜事訖。又擇日會宫臣，又擇日謁廟。

隋皇太子將冠，前一日，皇帝齋於大興殿。皇太子與賓贊及預從官，齋於正寢。其日質明，有司告廟，各設筵於阼階〔四〕。皇帝衮冕入拜，即御座。賓揖皇太子進，升筵，西向坐。贊冠者坐櫛，設纚。賓盥訖，進加緇布冠。贊冠進設頍纓。賓揖皇太子適東序，衣玄衣素裳以出。贊冠者又坐櫛，賓進加遠遊冠。改服訖，賓又受冕。太子適東序，改服以出。賓揖皇太子南面立，賓進受醴，進筵前，北面立祝。皇太子拜受觶。賓復位，東面答拜。贊冠者奉饌於筵前，皇太子祭奠。禮畢，降筵，進當御，東面拜。納言承詔，詣太子戒訖，太子拜。贊冠者引太子降自西階。賓少進，字之。贊冠者引皇太子進，立於庭，東面。諸親拜訖，贊冠者拜，太子皆答拜。與賓贊俱復位。納言承詔降，令有司致禮。賓贊又拜。皇帝降復阼階〔五〕，拜，皇太子已下皆拜。皇帝出，更衣還宫。皇太子從至闕，因入見皇后，拜而還。

後齊皇帝納后之禮，納采、問名、納徵訖，告圓丘方澤及廟，如加元服。是日，皇帝臨軒，命太尉爲使，司徒副之。持節詣皇后行宮，東向，奉璽綬册，以授中常侍。皇后受册於行殿。使者出，與公卿以下皆拜。有司備迎禮。太保太尉，受詔而行。主人公服，迎拜於門。使者入，升自賓階，東面。主人升自阼階，西面。禮物陳於庭。設席於兩楹間，童子以璽書版升，主人跪受。送使者，拜于大門之外。有司先於昭陽殿兩楹間供帳，爲同牢之具。皇后服大嚴繡衣，帶綬珮，加幓。女長御引出，升畫輪四望車。女侍中負璽陪乘。鹵簿如大駕。皇帝服衮冕出，升御坐。皇后入門，大鹵簿住門外，小鹵簿入。到東上閤，施步鄣，降車，席道以入昭陽殿。前至席位，姆去幓，皇后先拜後起，皇帝後拜先起。帝升自西階，詣同牢坐，與皇后俱坐。各三飯訖，又各酳二爵一巹。奏禮畢，皇后興，南面立。皇帝御太極殿，王公已下拜，皇帝興，入。明日，后展衣，於昭陽殿拜表謝。又明日，以榛栗棗脩，見皇太后於昭陽殿。擇日，羣官上禮。又擇日，謁廟。皇帝使太尉，先以太牢告，而後徧見羣廟。

皇太子納妃禮，皇帝遣使納采，有司備禮物。會畢，使者受詔而行。主人迎于大門外。禮畢，會於聽事。其次問名、納吉，並如納采。納徵，則使司徒及尚書令爲使，備禮物而行。請期，則以太常宗正卿爲使，如納采。親迎，則太尉爲使。三日，妃朝皇帝於昭陽殿，又朝皇后於宣光殿。擇日，羣官上禮。佗日，妃還。又佗日，皇太子拜閤。

隋皇太子納妃禮，皇帝臨軒，使者受詔而行。主人俟於廟。使者執雁，主人迎拜於大門之東。使者入，升自西階，立於楹間，南面。納采訖，乃行問名儀。事畢，主人請致禮於從者。禮有幣馬。其次擇日納吉，如納采。又擇日，以玉帛乘馬納徵。又擇日告期。又擇日，命有司以特牲告廟，册妃。皇太子將親迎，皇帝臨軒，醮而誡曰：「往迎爾相，承我宗事，勗帥以敬。」對曰：「謹奉詔。」既受命，羽儀而行。主人几筵於廟，妃服褕翟，立於東房。主人迎於門外，西面拜。皇太子答拜。主人揖皇太子先入，主人升，立於阼階，西面。皇太子升進，當房户前，北面，跪奠雁，俛伏，興拜，降出。妃父少進，西面戒之。母於西階上，施衿結帨，及門内，施鞶申之。出門，妃升輅，乘以几。姆加幜。皇太子乃御輪三周，御者代之。皇太子出大門，乘輅，羽儀還宮。妃三日，雞鳴夙興以朝。奠笲於皇帝，皇帝撫之。又奠笲於皇后，皇后撫之。席於户牖間，妃立於席西，祭奠而出。

後齊娉禮，一曰納采，二曰問名，三曰納吉，四曰納徵，五曰請期，六曰親迎。皆用羔羊一口，雁一隻，酒黍稷稻米麪各一斛。自皇子王已下，至於九品，皆同。流外及庶人，則減其半。納徵，皇子王用玄三匹，纁二匹，束帛十匹，大璋一，第一品已下至從三品，用璧玉，四品已下皆無。獸皮二，第一品已下至從五品，用豹皮二，六品已下至從九品，用鹿皮。錦綵六十匹，一品錦綵四十匹，二品三十匹，三品二十匹，四品雜綵十六匹，五品十匹，六品、七品五匹。絹二百匹，一品一百四十匹，二品一百二十匹，三品一百匹，四品八十匹，五品六十匹，六品、七品五十匹，八品、九品三十匹。羔羊一口，羊四口，犢二頭，酒黍稷稻米麪各十斛。一品至三品，減羊二口，酒黍稷稻米麪各減六斛，四品、五品減一犢，酒黍稷稻米麪又減二斛，六品已下無犢，酒黍稷稻米麪各一斛。諸王之子，已封未封，禮皆同第一品。新婚從車，皇子百乘，一品五十乘，第二、第三品三十乘，第四、第五品二十乘，第六、第七品十乘，八品達於庶人五乘。各依其秩之飾。

梁大同五年，臨城公婚，公夫人於皇太子妃爲姑姪，進見之制，議者互有不同。令曰〔六〕：「纁雁之儀，既稱合於二姓，酒食之會，亦有姻不失親。若使榛栗腶脩，贄饋必舉，副笄編珈，盛飾斯備，不應婦見之禮，獨以親闕。頃者敬進酏醴，已傳婦事之則，而奉盤沃盥，不行侯服之家。是知繁省不同，質文異世，臨城公夫人於妃既是姑姪，宜停省。」

後齊將講於天子，先定經於孔父廟，置執經一人，侍講二人，執讀一人，擿句二人，録義六人，奉經二人。講之旦，皇帝服通天冠、玄紗袍，乘象輅，至學，坐廟堂上。講訖，還便殿，改服絳紗袍，乘象輅，還宮。講畢，以一太牢釋奠孔父，配以顏回，列軒懸樂，六佾舞。

皇太子每通一經，亦釋奠，行三獻禮畢，皇帝服通天冠、絳紗袍，升阼，即坐。宴畢，還宮。皇太子乘石山安車，三師乘車在前，三少從後而至學焉。

梁天監八年，皇太子釋奠。周捨議，以爲：「釋奠仍會，既惟大禮，請依東宮元會，太子著絳紗襮，樂用軒懸。預升殿坐者，皆服朱衣。」帝從之。又，有司以爲：「禮云：『凡爲人子者，升降不由阼階。』案今學堂凡有三階，愚謂客若降等，則從主人之階。今先師在堂，義所尊敬，太子宜登阼階，以明從師之義。若釋奠事訖，宴會之時，無復先師之敬，太子升堂，則宜從西階，以明不由阼義。」吏部郎徐勉議：「鄭玄云：『由命士以上，父子異宮。』宮室既異，無不由阼階之禮。請釋奠及宴會，太子升堂，並宜由東階。若輿駕幸學，自然中陛。又檢東宮元會儀注，太子升崇正殿，不欲東西階。責東宮典儀，列云『太子元會，升自西階』，此則相承爲謬。請自今東宮大公事〔七〕，太子升崇正殿，並由阼階。其預會賓客，依舊西階。」

大同七年，皇太子表其子寧國、臨城公入學，時議者以與太子有齒胄之義，疑之。侍中、尚書令臣敬容、尚書僕射臣纘、尚書臣僧旻、臣之遴、臣筠等，以爲：「參、點並事宣尼，回、路同諮泗水，鄒魯稱盛，洙汶無譏。師道既光，得一資敬，無虧亞貳，況於兩公，而云不可？」制曰：「可。」

後齊制，新立學，必釋奠禮先聖先師，每歲春秋二仲，常行其禮。每月旦，祭酒領博士已下及國子諸學生已上，太學、四門博士升堂，助教已下、太學諸生階下，拜孔揖顏。日出行事而不至者，記之爲一負。雨霑服則止。學生每十日給假，皆以丙日放之。郡學則於坊内立孔、顏廟，博士已下，亦每月朝云。

隋制，國子寺，每歲以四仲月上丁，釋奠於先聖先師。年別一行鄉飲酒禮。州郡學則以春秋仲月釋奠。州郡縣亦每年於學一行鄉飲酒禮。學生皆乙日試書，丙日給假焉。

梁元會之禮，未明，庭燎設，文物充庭。臺門闢，禁衞皆嚴，有司各從其事。太階東置白獸樽。羣臣及諸蕃客並集，各從其班而拜。侍中奏中嚴，王公卿尹各執珪璧入拜。侍中乃奏外辦，皇帝服袞冕，乘輿以出。侍中扶左，常侍扶右，黄門侍郎一人，執曲直華蓋從。至階，降輿，納舄升坐。有司御前施奉珪藉。王公以下，至阼階，脱舄劍，升殿，席南奉贄珪璧，禮畢下殿〔八〕，納舄佩劍，詣本位。主客郎徙珪璧於東箱。帝興，入，徙御坐於西壁下，東向。設皇太子王公已下位。又奏中嚴，皇帝服通天冠，升御坐。王公上壽禮畢，食。食畢，樂伎奏。太官進御酒，主書賦黄甘，逮二品已上。尚書騶騎引計吏，郡國各一人，皆跪受詔。侍中讀五條詔，計吏每應諾訖，令陳便宜者，聽詣白獸罇，以次還坐。宴樂罷，皇帝乘輿以入。皇太子朝，則遠遊冠服，乘金輅，鹵簿以行。預會則劍履升坐。會訖，先興。

天監六年詔曰：「頃代以來，元日朝畢，次會羣臣，則移就西壁下，東向坐。求之古義，王者讌萬國，唯應南面，何更居東面？」於是御坐南向，以西方爲上。皇太子以下，在北壁坐者，悉西邊東向。尚書令以下在南方坐者，悉東邊西向。舊元日，御坐東向，酒壺在東壁下。御坐既南向，乃詔壺於南蘭下。又詔：「元日受五等贄，珪璧並量付所司。」周捨：「案周禮冢宰，大朝覲，贊玉幣。尚書，古之冢宰。頃王者不親撫玉，則不復須冢宰贊助。尋尚書主客曹郎，既冢宰隸職，今元日五等奠玉既竟，請以主客郎受。鄭玄注覲禮云：『既受之後，出付玉人於外。』漢時少府，職掌珪璧，請主客受玉，付少府掌。」帝從之。又尚書僕射沈約議：「正會儀注，御出，乘輿至太極殿前，納舄升階。尋路寢之設，本是人君居處，不容自敬宮室。案漢氏，則乘小車升殿。請自今元正及大公事，御宜乘小輿至太極階，仍乘版輿升殿。」制：「可。」

陳制，先元會十日，百官並習儀注，令僕已下，悉公服監之。設庭燎，街闕、城上、殿前皆嚴兵，百官各設部位而朝。宮人皆於東堂，隔綺疏而觀。宮門既無籍，外人但絳衣者，亦得入觀。是日，上事人發白獸罇。自餘亦多依梁禮云。

後齊正日，侍中宣詔慰勞州郡國使。詔牘長一尺三寸，廣一尺，雌黄塗飾，上寫「詔書」。計會日〔九〕，侍中依儀勞郡國計吏，問刺史太守安不，及穀價麥苗善惡、人間疾苦。又班五條詔書於諸州郡國使人，寫以詔牘一枚，長二尺五寸，廣一尺三寸，亦以雌黄塗飾，上寫「詔書」。正會日，依儀宣示使人，歸以告刺史二千石。一曰，政在正身，在愛人，去殘賊，擇良吏，正決獄，平徭賦。二曰，人生在勤，勤則不匱，其勸率田桑，無或煩擾。三曰，六極之人，務加寬養，必使生有以自救，没有以自給。四曰，長吏華浮，奉客以求小譽，逐末捨本，政之所疾，宜謹察之。五曰，人事意氣，干亂奉公，外内溷淆，綱紀不設，所宜糾劾。正會日，侍中黄門宣詔勞諸郡上計。勞訖付紙，遣陳土宜。字有脱誤者，呼起席後立。書迹濫劣者，飲墨水一升。文理孟浪，無可取者，奪容刀及席。既而本曹郎中，考其文迹才辭可取者，録牒吏部，簡同流外三品敍。

元正大饗，百官一品已下，流外九品已上預會。一品已下、正三品已上，開國公侯伯、散品公侯及特命之官、下代刺史〔一〇〕，並升殿。從三品已下、從九品以上及奉正使人比流官者〔一一〕，在階下。勳品已下端門外。

隋制，正旦及冬至，文物充庭，皇帝出西房，即御座。皇太子鹵簿至顯陽門外，入賀。

復詣皇后御殿，拜賀訖，還宮。皇太子朝訖，羣官客使入就位，再拜。上公一人，詣西階，解劍，升賀；降階，帶劍，復位而拜。有司奏諸州表。羣官在位者又拜而出。皇帝入東房，有司奏行事訖，乃出西房。坐定，羣官入就位，上壽訖，上下俱拜。皇帝舉酒，上下舞蹈，三稱萬歲。皇太子預會，則設坐於御東南，西向。羣臣上壽畢，入，解劍以升。會訖，先興。

後齊元日，中宮朝會，陳樂，皇后褘衣乘輿，以出於昭陽殿。坐定，內外命婦拜，皇后興，妃主皆跪。皇后坐，妃主皆起，長公主一人，前跪拜賀。禮畢，皇后入室，乃移幄坐於西廂。皇后改服褕狄以出。坐定，公主一人上壽訖，就坐。御酒食，賜爵，並如外朝會。

隋儀如後齊制，而又有皇后受羣臣賀禮。則皇后御坐，而內侍受羣臣拜以入，承令而出，羣臣拜而罷。

後齊皇太子月五朝。未明二刻，乘小輿出，爲三師降。至承華門，升石山安車，三師軺車在前，三少在後，自雲龍門入。皇帝御殿前，設拜席位，至柏閣，齋帥引，洗馬、中庶子從。至殿前席南，北面再拜。

天保元年，皇太子監國，在西林園冬會。羣議，皆東面。二年，於北城第内冬會，又議東面。吏部郎陸卬疑非禮，魏收改爲西面。邢子才議欲依前，曰：

凡禮有同者，不可令異。詩説，天子至於大夫，皆乘四馬，況以方面之少，何可皆不同乎？若太子定西面者，王公卿大夫士，復何面邪？南面，人君正位。今一官之長，無不南面，太子聽政，亦南面坐。議者言皆晉舊事，太子在東宮西面，爲避尊位，非爲向臺殿也。子才以爲東晉博議，依漢、魏之舊，太子普臣四海，不以爲嫌，又何疑於東面？禮「世子絶旁親」，「世子冠於阼」，「冢子生，接以太牢」。漢元著令，太子絶馳道。此皆禮同於君。又晉王公世子，攝命臨國，乘七旒安車，駕用三馬，禮同三公。近宋太子乘象輅，皆有同處，不以爲嫌。況東面者，君臣通禮，獨何爲避？明爲向臺，所以然也。

近皇太子在西林園，在於殿，猶且東面，於北城非宮殿之處，更不得邪？諸人以東面爲尊，宴會須避〔三〕。案燕禮、燕義，君位在東，賓位則在西，君位在阼階，故有武王踐阼篇，不在西也。禮「乘君之車，不敢曠左」。君在，惡空其位，左亦在東，不在西也。「君在阼，夫人在房」，鄭注「人君尊東也」。前代及今，皇帝宴會接客，亦東堂西面。若以東面爲貴，皇太子以儲后之禮、監國之重，別第宴臣賓，自得申其正位。禮者皆東宮臣屬，公卿接宴，觀禮而已。若以西面爲卑，實是君之正位，太公不肯北面說丹書，西面則道之，西面乃尊也。君位南面，有東有西，何可皆避？且事雖少異，有可相比者。周公，臣也；太子，子也。周公爲冢宰，太子爲儲貳。明堂尊於別第，朝諸侯重於宴臣賓，南面貴於東面。臣疎於子，冢宰輕於儲貳。周公攝政，得在明堂南面朝諸侯，今太子監國，不得於別第異宮東面宴客，情所未安。且君行以太子監國，君宴不以公卿爲賓，明父子無嫌，君臣有嫌。案儀注，親王受詔冠婚，皇子皇女皆東面。今不約王公南面，而獨約太子，何所取邪？議者南尊改就西面，轉君位，更非合禮。方面既少，難爲節文。東西二面，君臣通用，太子宜然，於禮爲允。

魏收議云：

去天保初，皇太子監國。冬會羣官於西園都亭，坐從東面，義取於向中宮臺殿故也。二年於宮冬會，坐乃東面，收竊以爲疑。前者遂有別議，議者同之。邢尚書以前定東面之議，復申本懷，此乃國之大禮，無容不盡所見。收以爲太子東宮，位在於震，長子之義也。案易八卦，正位向中。皇太子今居北城，於宮殿爲東北，南面而坐，於義爲背也。前者立議，據東宮爲本。又案東宮舊事，太子宴會，多以西面爲禮，此又成證，非徒言也。不言太子常無東南二面之坐，但用之有所。至如西園東面，所不疑也。未知君臣車服有同異之議，何爲而發？就如所云，但知禮有同者，不可令異。

不知禮有異者，不可令同。苟別君臣同異之禮，恐重紙累札，書不盡也。子才竟執東面，收執西面，援引經據，大相往復。其後竟從西面爲定。

時議又疑宮吏之姓與太子名同。子才又謂曰：「案曲禮『大夫士之子，不與世子同名。』鄭注云：『若先之生，亦不改。』漢法，天子登位，布名於天下，四海之內，無不咸避。案春秋經『衞石惡出奔晉』，在衞侯衎卒之前。衎卒，其子惡始立。明石惡與長子同名〔一三〕。諸侯長子，在一國之內，與皇太子於天子〔一四〕，禮亦不異。鄭言先生不改，蓋以此義。衞石惡、宋向戌，皆與君同名，春秋不譏。皇太子雖有儲貳之重，未爲海內所避，何容便改人姓。然事有消息，不得皆同於古。宮吏至微，而有所犯。朝夕從事〔一五〕，亦是難安。宜聽出宮，尚書更補佗職。」制曰：「可。」

後周制，正之二日，皇太子南面，列軒懸，宮官朝賀。

及開皇初，皇太子勇准故事張樂受朝，宮臣及京官，北面稱慶。高祖誚之。是後定儀注，西面而坐，唯宮臣稱慶，臺官不復總集。煬帝之爲太子，奏降章服，宮官請不稱臣。詔許之。

後齊立春日，皇帝服通天冠、青介幘、青紗袍，佩蒼玉，青帶、青袴、青襪舄，而受朝於太極殿。尚書令等坐定，三公郎中詣席，跪讀時令訖，典御酌酒卮，置郎中前，郎中拜，還席伏飲，禮成而出。立夏、季夏、立秋讀令，則施御座於中楹，南向。立冬如立春，於西廂東向。各以其時之色服，儀並如春禮。

後齊每策秀孝，中書策秀才，集書策考貢士，考功郎中策廉良，皇帝常服，乘輿出，坐於朝堂中楹。秀孝各以班草對。其有脱誤、書濫、孟浪者，起立席後，飲墨水，脱容刀。

後齊宴宗室禮，皇帝常服，別殿西廂東向。七廟子孫皆公服，無官者，單衣介幘，集神武門。宗室尊卑，次于殿庭。七十者二人扶拜，八十者扶而不拜。升殿就位，皇帝興，宗室伏。皇帝坐，乃興，拜而坐。尊者南面，卑者北面，皆以西爲上。八十者一坐再至，進絲竹之樂。三爵畢，宗室避席，待詔而後復位。乃行無筭爵。

正晦汎舟，則皇帝乘輿，鼓吹至行殿。升御坐，乘版輿，以與王公登舟，置酒。非預汎者，坐於便幕。

仲春令辰〔一六〕，陳養老禮。先一日，三老五更齋於國學。皇帝進賢冠、玄紗袍，至璧雍，入總章堂。列宮懸。王公已下及國老庶老各定位。司徒以羽儀武賁安車，迎三老五

更于國學。並進賢冠、玄服、黑舃、素帶。國子生黑介幘、青衿、單衣，乘馬從以至。皇帝釋劍，執珽，迎於門內。三老至門，五更去門十步，則降車以入。皇帝拜，三老五更攝齊答拜。皇帝揖進，三老在前，五更在後，升自右階，就筵。三老坐，五更立。皇帝升堂，北面。公卿升自左階，北面。三公授几杖，卿正履，國老庶老各就位。皇帝拜三老，羣臣皆拜。不拜五更。乃坐，皇帝西向，肅拜五更。進珍羞酒食，親袒割〔一七〕，執醬以饋，執爵以酳。以次進五更。又設酒酏於國老庶老。皇帝升御坐，三老乃論五孝六順，典訓大綱。皇帝虛躬請受，禮畢而還。又都下及外州人年七十已上，賜鳩杖黃帽。有勑即給，不爲常也。

後周保定三年，陳養老之禮。以太傅、燕國公于謹爲三老。有司具禮擇日，高祖幸太學以食之。事見謹傳〔一八〕。

校勘記

〔一〕奉皇帝璽紱策書　「紱」，原作「綬」，據宋甲本、宋乙本、大德本、至順本、汲本、殿本改。下文「哭奉璽紱」同改。

〔二〕至如漢高在氾　「氾」，原作「汜」，據文淵閣四庫全書本、史記卷八高祖本紀、漢書卷一下高帝紀下改。

〔三〕詣太子前疏櫛　「疏櫛」，通典卷五六禮一六皇太子冠作「跪櫛」。

〔四〕各設筵於阼階　「阼階」，北宋本通典卷五六禮一六皇太子冠、通志二十略禮略三皇太子冠無「階」字。

〔五〕皇帝降復阼階　「降復」，通典卷五六禮一六皇太子冠作「復降」。

〔六〕令曰　此句上，通典卷五八禮一八公侯大夫士婚禮有「皇太子」三字。按，唐六典卷一尚書都省有注曰：「皇太子曰令。」此條所述内容與皇太子妃有關，應以通典爲是。

〔七〕請自今東宮大公事　「今」，原作「令」，據宋甲本、大德本、至順本、南監本、北監本、汲本、殿本改。

〔八〕禮畢下殿　「禮」字原闕，據宋甲本、宋乙本、至順本、汲本補。通典卷七〇禮三〇元正冬至受朝賀亦有「禮」字。

〔九〕計會日　此句上原有「三」字，據通典卷七〇禮三〇元正冬至受朝賀删。「三」字或爲「上」之訛。

〔一〇〕下代刺史　「下代」，通典卷七〇禮三〇元正冬至受朝賀無。

〔一一〕從九品以上及奉正使人比流官者　「流官」，通典卷七〇禮三〇元正冬至受朝賀作「流外官」。

〔一二〕宴會須避　「須」字原闕，據宋甲本、宋乙本、至順本、汲本、殿本補。通典卷七一禮三一皇太

子監國及會宮臣議、册府卷五八三掌禮部奏議亦有「須」字。

〔一三〕明石惡與長子同名　「與」，原作「於」，據宋甲本、至順本、汲本改。通典卷七一禮三一皇太子監國及會宮臣議、册府卷五八三掌禮部奏議亦作「與」。

〔一四〕與皇太子於天子　「天子」，通典卷七一禮三一皇太子監國及會宮臣議作「天下」。

〔一五〕朝夕從事　「夕」，原作「名」，據十通本通典卷七一禮三一皇太子監國及會宮臣議改。

〔一六〕仲春令辰　通典卷六七禮二七養老此句上有「北齊制」三字。本卷各類禮制，前多標明朝代，如「後周制」、「後齊」、「陳制」、「隋制」等，此處疑脱。

〔一七〕親祖割　「割」，通典卷六七禮二七養老作「割牲」。

〔一八〕事見謹傳　指周書于謹傳。

隋書卷十

志第五

禮儀五

輿輦之别，蓋先王之所以列等威也。然隨時而變，代有不同。

梁初，尚遵齊制，其後武帝既議定禮儀，乃漸有變革。始永明中，步兵校尉伏曼容奏：「宋大明中，尚書左丞荀萬秋議，金玉二輅，並建碧旂，象革木輅，並建赤旂。非時運所上，又非五方之色。今五輅五牛及五色幡旗，並請准齊所尚青色。」時議所駁，不行。及天監三年，乃改五輅旗同用赤而旒不異，以從行運所尚也。

七年，帝曰：「據禮『玉輅以祀，金輅以賓』，而今大祀，並乘金輅。」詔下詳議。周捨以爲：「金輅以之齋車，本不關於祭祀。」於是改陵廟皆乘玉輅，大駕則太僕卿御，法駕則奉車郎馭。其餘四輅，則使人執轡，以朱絲爲之。執者武冠、朱衣。

又齊永明制，玉輅上施重屋，棲寶鳳皇，綴金鈴，鑷珠璫、玉蚌佩。四角金龍，銜五綵毦。又畫麒麟頭加於馬首者。十二年，帝皆省之。

初齊武帝造大小輦，並如軺車〔一〕，但無輪轂，下橫轅軛。梁初，漆畫代之。後帝令上可加笨，輦形如犢車，自茲始也。中方八尺，左右開四望。金爲龍首，飾其五末，謂轅轂頭及衡端也。金鸞棲軛，其下施重層，以空青雕鏤爲龍鳳象。漆木横前，名爲望板，其下交施三十六横。小輿形似軺車，金裝漆畫，但施八横。元正大會，乘出上殿。西堂舉哀亦乘之，行則從後。一名輿車。

羊車一名輦，其上如軺。小兒衣青布袴褶，五辮髻，數人引之，時名羊車小史。漢氏或以人牽，或駕果下馬。梁貴賤通得乘之，名曰牽子。

畫輪車，一乘，駕牛。乘用如齊制，舊史言之詳矣。

衣書車，十二乘，駕牛。漢皁蓋朱裏，過江加緑油幢。朱絲絡，青交路，黄金塗五末。一曰副車。梁朝謂之衣書車。

皇太子鸞輅，駕三馬，左右騑。朱班輪，倚獸較〔二〕，伏鹿軾，九旒，畫降龍，青蓋畫幡，文輈，黄金塗五末。近代亦謂之鸞輅，即象輅也。梁東宫初建及太子釋奠、元正朝會則乘之。以畫輪爲副。若常乘畫輪，以軺衣書車爲副。畫輪車，上開四望，緑油幢，朱繩絡，兩箱裏飾以錦，黄金塗五末。

二千石四品已上及列侯，皆給軺車，駕牛。伏兔箱，青油幢，朱絲絡，轂輞皆黑漆。天監二年令，三公、開府、尚書令，則給鹿幡軺，施耳，後户，皁輞。尚書僕射、左右光禄大夫、侍中、中書監令、祕書監，則給鳳轄軺，後户，皁輞。領、護、國子祭酒、太子詹事、尚書、侍中、列卿、散騎常侍，給聊泥軺，無後户，漆輪。車騎、驃騎及諸王除刺史帶將軍，給龍雀軺，以金銀飾。御史中丞給方蓋軺，形如小傘。

諸王三公有勳德者，皆特加皁輪車，駕牛，形如犢車。但烏漆輪轂，黄金雕裝，上加青油幢，朱絲絡，通幰或四望。上臺，三夫人亦乘之，以搨幢涅幰爲副。王公加禮者，給油幢絡車，駕牛。朱輪華轂。天監二年令，上臺，六宫、長公主、公主、諸王太妃、妃，皆乘青油輿幢通幰車，搨幢涅幰爲副。采女、皇女、諸王嗣子、侯夫人，皆乘赤油搨幢車，以涅幰爲副。侍女、直乘涅幰之乘。

諸王三公並乘通幰平乘車，竹箕子壁、仰，檳榆爲輞。如今犢車，但舉幰通覆上〔三〕。方州刺史，並乘通幰平肩輿，從横施八横，亦得金渡裝較。

天子至于下賤，通乘步輿，方四尺，上施隱膝以及襻，舉之。無禁限。載輿亦如之，但不施脚，以其就席便也。優禮者，人輿以升殿。司徒謝朏，以脚疾優之。

五牛旗，左青赤，右白黑，黄居其中，蓋古之五時副車也。舊有五色立車、五色安車，合十乘，名爲五時車。建旗十二，各如車色。立車則正豎其旗，安車則斜注。馬亦隨五時之色，白馬則朱其鬣尾。左右騑驂，金鍐鏤錫〔四〕，黄屋左纛，如金根之制。行則從後。名五時副車。晉過江，不恒有事，則權以馬車代之，建旗其上。後但以五色木牛象車，豎旗於牛背，使人輿之。旗常纏不舒，唯天子親戎，乃舒其斾。周遷以爲晉武帝平吴後造五牛之旗，非過江始爲也。

指南車，大駕出，爲先啓之乘。漢初，置俞兒騎，並爲先驅。左太沖曰：「俞騎騁路，指南司方。」後廢其騎而存其車。

記里車，駕牛。其中有木人執槌，車行一里，則打一槌。

鼓吹車，上施層樓，四角金龍，銜旒蘇羽葆。凡鼓吹，陸則樓車，水則樓船，在殿庭則畫筍虡爲樓。樓上有翔鷺棲烏，或爲鵠形。

陳承梁末王琳縱火延燒車府，至天嘉元年，勑守都官尚書、寶安侯到仲舉，議造玉金象革木等五輅及五色副車。皆金薄交龍，爲輿倚較，文貔伏軾〔五〕，虯首銜軛，左右吉陽筩，鸞雀立衡，樾文畫轓，綠油蓋，黄絞裏〔六〕，相思橑，金華末。斜注旂旗於車之左，各依方色。加棨戟於車之右，韜以黻繡之衣。獸頭幡，長丈四尺，懸於戟杪。玉輅，正副同駕六馬，餘輅皆駕四馬。馬並黄金爲叉髦，插以翟尾，玉爲鏤鍚。又以綵畫赤油，長三尺，廣八寸，繫兩軸頭，古曰飛軨，改以綵畫蛙蟆幡，綴兩軸頭，即古飛軨遺象也。五輅兩箱後，皆用玳瑁爲鶡翅，加以金銀雕飾，故俗人謂之金鶡車。兩箱之裏，衣以紅錦，金花帖釘，上用紅紫錦爲後檐，青絞純帶，夏用簟，冬用綺繡褥。此後漸修，具依梁制。

後魏天興初，詔儀曹郎董謐撰朝饗儀，始制軒冕，未知古式，多違舊章。孝文帝時，儀曹令李韶，更奏詳定，討論經籍，議改正之。唯備五輅，各依方色，其餘車輦，猶未能具。至熙平九年〔七〕，明帝又詔侍中崔光與安豐王延明、博士崔瓚採其議，大造車服。定制，五輅並駕五馬。皇太子乘金輅，朱蓋赤質，四馬。三公及王，朱屋青表，制同於輅，名曰高車，駕三馬。庶姓王、侯及尚書令、僕已下，列卿已上，並給軺車，駕用一馬。或乘四望通幰車，駕一牛。自斯以後，條章粗備，北齊咸取用焉。其後因而著令，並無增損。

王、庶姓王、儀同三司已上、親公主，雉尾扇，紫傘。皇宗及三品已上官，青傘朱裏。

其青傘碧裏，達於士人，不禁。

正從第一品執事官、散官及儀同三司、諸公主，得乘油色朱絡網車，車牛飾得用金塗及純銀。二品、三品得乘卷通幰車，車牛飾用金塗。四品已下、七品已上，得乘偏幰車，車牛飾用銅。

尚書令給哄士十五人，左右僕射、御史中丞，各十二人。

周氏設六官，置司輅之職，以掌公車之政，辨其名品與其物色。

皇帝之輅，十有二等：一曰蒼輅，以祀昊天上帝。二曰青輅，以祀東方上帝。三曰朱輅，以祀南方上帝及朝日。四曰黄輅，以祭地祇、中央上帝。五曰白輅，以祀西方上帝及夕月。六曰玄輅，以祀北方上帝及感帝，祭神州。此六輅，通漆之而已，不用他物爲飾。皆疏面，旒就以方色，俱十有二。疏面，刻皮當顱。七曰玉輅，以享先皇，加元服，納后。八曰碧輅，以祭社稷，享諸先帝，大貞於龜，食三老五更，享食諸侯及耕籍。九曰金輅，以祀星辰，祭四望，視朔，大射，賓射，饗羣臣，巡犧牲，養國老。十曰象輅，以望秩羣祀，視朝，燕諸侯及羣臣，燕射，養庶老，適諸侯家，巡省，臨太學，幸道法門。十一曰革輅，以巡兵即戎。十二曰木輅，以田獵，行鄉畿。此六輅，又以六色漆而畫之，用玉碧金象革物，以飾諸末。皆鍚面、金鉤，就以五采，倶十有二。鍚面，鏤金當顱。鉤以屬勒鞶纓。

皇后之車，亦十二等：一曰重翟，以從皇帝，重翟羽爲車蕃。祀郊禖，享先皇，朝皇太后。二曰厭翟，以祭陰社。次其羽也。三曰翟輅，以採桑。翟羽飾之。四曰翠輅，以從皇帝，見賓客。翠羽飾之。五曰雕輅，以歸寧。刻諸末也。六曰篆輅，以臨諸道法門。篆諸飾也。六輅皆鍚面，朱總、總以朱絲爲之，置馬勒，直兩耳與兩鑣也。金鉤。七曰蒼輅，以適命婦家。八曰青輅，九曰朱輅，十曰黄輅，十一曰白輅，十二曰玄輅。五時常出入則供之。六輅皆疏面，繢總。以畫繒爲之。

諸公之輅九：方輅、各象方之色。碧輅、金輅，皆鍚面，鞶纓九就，金鉤。象輅、犀輅、貝輅、革輅、篆輅、木輅，皆疏面，鞶纓九就。凡就，皆以朱白蒼三采。諸侯自方輅而下八，又無碧輅。諸伯自方輅而下七，又無金輅。諸子自方輅而下六，又無象輅。諸男自方輅而下五，又無犀輅。凡就，各如其命。

諸公夫人之輅車九：厭翟、翟輅、翠輅，皆鍚面，朱總、金鉤。雕輅、篆輅，皆勒面，刻白黑韋爲當顱。繢總。朱輅、黄輅、白輅、玄輅，皆雕面，刻漆韋爲當顱。鷖總。總青黑色繒，其著如朱總。諸侯夫人自翟輅而下八，諸伯夫人自翠輅而下七，諸子夫人自雕輅而下六，諸男夫人自篆輅而下五。鞶纓就數，各視其君。

公孤卿大夫，皆以中之色乘祀輅。士乘祀車。

三公之輅車九：祀輅、犀輅、貝輅、篆輅、木輅、夏篆、夏縵、墨車、輚車。自篆已上，金塗諸末，疏錫，鞶纓，金鉤。木輅已下，銅飾諸末，疏，鞶纓皆九就。三孤自祀輅而下八，無犀輅。六卿自祀輅而下七，又無貝輅。上大夫自祀輅而下六，又無篆輅。中大夫自祀輅而下五，又無木輅。下大夫自祀輅而下四，又無夏篆。士車三：祀車、墨車、輚車。凡就，各如其命之數。自孤下，就以朱緑二采。

三妃、三公夫人之輅九：篆輅、朱輅、黄輅、白輅、玄輅，皆勒面，繢總。夏篆、夏縵、墨車、輚車，皆雕面，鷖總。三妐、三孤内子，自朱輅已下八。六嬪、六卿内子，自黄輅而下七。上媛婦、中大夫孺人，自玄輅而下五。下媛婦、大夫孺人，自夏篆而下四。御婉、士婦人，自夏縵而下三。其鞶纓就，各以其等。

皆簟第，漆之。君以赤，卿大夫士以玄。

君駕四，三軥六轡。卿大夫駕三，二軥五轡。士駕二，一軥四轡。

輅之制，重輪重較而加耳焉〔八〕。皇帝、皇后之輅，輿廣六尺有六寸，輪高七尺。畫輪轂、軥衡以雲牙，箱軾以虡文，虡内畫以雜獸。獸伏軾，鹿倚較。諸侯及夫人、命夫命婦之輅車，廣六尺有二寸，輪崇六尺有六寸。畫轂以雲牙，軾以虡文，虡内畫以雲華。鹿倚較。

士不畫。后、夫人、内子已下同，去獸與鹿。

凡旗，太常畫三辰，日、月、五星。旂畫青龍〔九〕，皇帝升龍，諸侯交龍。旟畫朱雀，旌畫黃麟，旗畫白獸，旐畫玄武，皆加雲〔一〇〕。其旜物在軍，亦書其事號〔一一〕，加之以雲氣。徽幟亦如之。通帛爲旜，雜帛爲物。在軍亦書其人官與姓名之事號。徽幟亦書之，但畫其所書之例。旌節又畫白獸，而析羽於其上。

司常，掌旗物之藏。通帛之旗六，以供郊丘之祀。一曰蒼旗，二曰青旗，三曰朱旗，四曰黃旗，五曰白旗，六曰玄旗。畫繢之旗六，以充玉輅之等。一曰三辰之常，二曰青龍之旗，三曰朱鳥之旟，四曰黃麟之旌，五曰白獸之旗，六曰玄武之旐。皆左建旗而右建闟戟〔一二〕。又有繼旗四，以施軍旅。一曰麾，以供軍將。二曰旞，以供師帥。三曰旐〔一三〕，以供旅帥。四曰旆，以供倅長。諸公方輅、碧輅建旂，金輅建旟，象輅建物，木輅建旐。諸侯自金輅而下，如諸公之旗。諸伯自象輅而下，如諸侯之旗。諸子自犀輅而下，如諸伯之旗。諸男自篆輅而下〔一四〕，如諸子之旗。三公犀輅、貝輅、篆輅建旜，木輅建旐，夏篆、夏縵及轏車建物。孤卿已下，各以其等建其旗。

旌杠，皇帝六刃，諸侯五刃，大夫四刃，士三刃。

旒，皇帝曳地，諸侯及軹，大夫及轂，士及軫。凡注毛於杠首曰綏，析羽曰旌，全羽曰旞。其幓，皇帝諸侯加以弧韣。闟戟，方六尺而被之以黻，唯皇帝諸侯輅建焉。闟戟、杠綢與旗同。

車之蓋圓以象天，輿方以象地，輪輻三十以象日月，蓋橑二十有八以象列宿。設和鑾以節趨行，被旗旒以表貴賤。其取象也大，其彰德也明，是以王者尚之。

皇帝、皇后在喪之車五：一曰木車，初喪乘之。二曰素車，卒哭乘之。三曰藻車，既練乘之。四曰駹車，祥而乘之。五曰漆車，禫而乘之。

及平齊，得其輿輅，藏於中府，盡不施用。至大象初，遣鄭譯閱視武庫，得魏舊物，取尤異者，並加雕飾，分給六宮。有乾象輦，羽葆圓蓋，畫日月五星、二十八宿、天街雲罕、山林奇怪及遊麟飛鳳、朱雀玄武、騶虞青龍，駕二十四馬，以給天中皇后，助祭則乘。又有大樓輦車，龍輈十二，加以玉飾，四轂六衡，方輿圓蓋，金鷄樹羽，寶鐸旒蘇，鸞雀立衡，六螭龍銜軛，建太常，畫升龍日月，駕二十牛。又有象輦，左右金鳳，白鹿仙人，羽葆旒蘇，金鈴玉佩，初駕二象，後以六駝代之。并有遊觀、小樓等輦，駕十五馬，車等合十餘乘，皆魏天興中之所制也。宣帝至是咸復御之。復令天下車，皆以渾成木爲輪。

開皇元年，内史令李德林奏，周、魏輿輦乖制〔一五〕，請皆廢毁。高祖從之。唯留魏太和時儀曹令李韶所製五輅，齊天保所遵用者。又留魏熙平中，太常卿穆紹議皇后之輅，其從祭則御金根車，親桑則御雲母車，並駕四馬。歸寧則御紫罽車，遊行則御安車，弔問則御紺罽軿車，並駕三馬。於後著令。制五輅。

玉輅，青質，以玉飾諸末。重箱盤輿，左青龍，右白虎，金鳳翅，畫虡文鳥獸。黃屋左纛，金鳳在軾前〔一六〕，八鸞在衡，二鈴在軾。龍輈，前設鄣塵。青蓋黃裏，繡飾。博山鏡子，樹羽。輪皆朱斑重牙。左建旂，十有二旒，幓旒皆畫升龍，其長曳地。右載闟戟，長四尺，廣三尺，黻文。旂首金龍頭，銜結綬及鈴綏。駕蒼龍，金鍐方釳，插翟尾五隼，鏤錫，鞶纓十有二就。錫，馬當顱，鏤金爲之。鞶，馬大帶；纓，馬鞅，皆以五彩飾之。就，成也，一帀爲一就。

金輅，赤質，以金飾諸末。左建旟，右建闟戟。旟畫鳥隼。餘與玉輅同。駕赤騮。朝覲會同，饗射飲至則供之。

象輅，黃質，以象飾諸末。左建旌，右建闟戟。旌畫黃麟。駕黃騮。行道則供之。

革輅，白質，輓之以革。左建旗，右建闟戟。旗畫白獸。駕白駱〔一七〕。巡守臨兵事則供之。

木輅〔一八〕，漆之。左建旐，右建闟戟。旐畫龜蛇。駕黑騮。田獵則供之。

五輅之蓋，旌旗之質，及鞶纓，皆從輅之色。蓋之裏，俱用黄。其鏤錫，五輅同。

安車，飾重輿，曲壁，紫油纁朱裏，通幰，朱絲絡網，朱鞶纓，朱覆髮，具絡。駕赤騮。臨幸則供之。

四望車，制同犢車。金飾，青油纁朱裏，通幰。拜陵臨弔則供之。

皇后、皇太后重翟，青質，金飾諸末。朱輪，金根朱牙。其箱飾以重翟羽，青油纁朱裏，通幰，繡紫帷，朱絲絡網，繡紫絡帶。八鑾在衡，鍚，鞶纓十二就，金鑁方釳，插翟尾，朱總。總以朱爲之，如馬纓而小，著馬勒，在兩耳兩鑣也。駕蒼龍。受册、從郊禖、享廟則供之。

厭翟，赤質，金飾諸末。輪畫朱牙。其箱飾以次翟羽，紫油纁朱裏，通幰，紅錦帷，朱絲絡網，紅錦絡帶。其餘如重翟。駕赤騮。親桑則供之。

翟車，黄質，金飾諸末。輪畫朱牙。其車側飾以翟羽，黄油纁黄裏，通幰，白紅錦帷，朱絲絡網，白紅錦絡帶。其餘如重翟。駕黄騮。歸寧則供之。

安車，赤質，金飾。紫通幰朱裏。駕四馬。臨幸及弔則供之。

諸鞶纓之色，皆從車質。

皇太子金輅，赤質，金飾諸末。重較，箱畫虡文鳥獸，黄屋，伏鹿軾，龍輈。金鳳一，在軾前。設鄣塵。朱蓋黄裏。輪畫朱牙。左建旂，九旒，右載闟戟。旂首金龍頭，銜結綬及鈴緌。駕赤騂四。八鑾在衡，二鈴在軾。金鍐方釳，插翟尾五隼、鏤錫，鞶纓九就。從祀享、正冬大朝、納妃則乘之。

軺車，金飾諸末。紫通幰朱裏。駕一馬。五日常朝及朝饗宫臣，出入行道乘之。

四望車，金飾諸末。紫油纁通幰朱裏，朱絲絡網。駕一馬。弔臨則乘之。

公及一品象輅，黄質，以象飾諸末。建旗，畫以鳥隼。受册、告廟、升壇、上任、親迎及葬則乘之。

侯伯及二品三品革輅，白質，以革飾諸末。建旟，畫熊獸。受册、告廟、親迎及葬則乘之。

子男及四品木輅，黑質，以漆飾之。建旐，畫以龜蛇。受册、告廟、親迎及葬則乘之。

象輅已下，旒及就數，各依爵品，雖依禮製名，未及創造。開皇三年閏十二月，並詔停造，而盡用舊物。至九年平陳，又得輿輦。舊著令者，以付有司，所不載者，並皆毀棄。雖從儉省，而於禮多闕。

十四年，詔又以見所乘車輅，因循近代，事非經典，令更議定。於是命有司詳考故實，改造五輅及副。玉輅青質，祭祀乘之。金輅赤質，朝會禮還乘之。象輅黄質，臨幸乘之。革輅白質，戎事乘之。木輅玄質，耕藉乘之。五輅皆朱斑輪、龍輈、重輿，建十二旒，並畫輅，朱質，朱蓋，斑輪。左建旂，旂畫龍，一升一降。右建闟戟。第三第四品輅，朱質，朱蓋，左建旜，通帛爲之，旂旜皆赤。其旒及樊纓就數，各依其品。

大業元年，更製車輦，五輅之外，設副車。詔尚書令楚公楊素、吏部尚書奇章公牛弘、工部尚書安平公宇文愷、內史侍郎虞世基、禮部侍郎許善心、太府少卿何稠、朝請郎閻毗等，詳議奏決。於是審擇前朝故事，定其取捨云。

玉輅，禋祀所用，飾以玉。白武通云〔一九〕：「玉輅，大輅也。」周禮巾車氏所掌，「鏤錫，樊纓十有再就，建太常，十有二旒」。虞氏謂之鸞車，夏后氏謂之鉤車，殷謂之大輅，周謂之乘輅。大戴禮著其形式，上蓋如規象天，二十八橑象列星，下方輿象地，三十輻象一月。前視則覩鑾和之聲，側觀則覩四時之運。昔成湯用而郊祀，因有山車之瑞，亦謂桑根車。蔡邕獨斷論漢制度，凡乘輿車，皆有六馬，羽蓋金爪，黃屋左纛，鏤鍐方釳，重轂繁纓，黃繒爲蓋裏也。左纛，以旄牛尾建於竿上，其大如斗，立于左騑也。鏤鍐高闊各五寸，上如傘形，施於髮上，而插翟尾也。方釳當顱，蓋馬冠也。繁纓，膺前索也。重轂，重施轂也。應劭漢官，大輅龍旂，畫龍於旂上也〔二〇〕。董巴志謂爲瑞山車，秦謂金根，即殷輅矣。司馬彪志亦云：「漢備五輅，或謂德車，其所駕馬，皆如方色。」唯晉太常卿摯虞，獨疑大輅，謂非玉輅。摯虞之說，理實可疑，而歷代通儒，混爲玉輅，詳其施用，義亦不殊。左建太常。案釋名：「日月爲常，畫日月於旗端，言常明也。」又云：「自夏始也。」奚仲爲夏車正，加以旂常，於是旒就有差，用明尊卑之別也。董巴所述，全明漢制。天子建太常，十二斿，曳地，日月升龍，象天明也。今之玉輅，參用舊典，消息取捨，裁其折中。以青爲質，玉飾其末。重箱盤輿，左龍右獸，金鳳翅，畫虡文。軛左立纛。金鳳一，在軾前。八鸞在衡，二鈴在軾。龍輈之上，前設鄣塵。青蓋黄裏，繡游帶。金博山，綴以鏡子，下垂八佩。樹四十葆羽。輪皆朱斑重牙〔三〕，復轄。左建太常，十有二旒，皆畫升龍日月，其長曳地。右載闟戟，長四尺，闊三尺，黻文。旗首金龍頭，銜鈴及綏，垂以結綬。駕蒼龍，金鍐方釳，插翟尾五隼，鏤錫，鞶纓十有二就，皆五繒罽，以爲文飾。天子祭祀、納后則乘之。馭士二十八人，餘輅准此。

副車，案蔡邕獨斷，五輅之外，乃復設五色安車、立車各一乘，皆駕四馬，是爲五時副車。俗人名曰五帝車者，蓋副車也。故張良狙擊秦皇帝，誤中副車。漢家制度，亦備副車。司馬彪云：「德車駕六，後駕四，是爲副車。」魏志亦云：「天子命太祖駕金根六馬，設五時副車。」江左乃闕，至梁始備。開皇中，不置副車，平陳得之，毁而弗用。至是復並設之。副玉輅，色及旗章，一同正輅，唯降二等。駕用四馬，馭士二十四人。餘四副准此。

金輅，案尚書，即綴輅也。周官：「金輅，鏤錫，繁纓九就，建大旂，以賓，同姓以封。」夫禮窮則通，下得通於上也，故天子乘之，接賓宴，同姓諸侯，受而出封。是以漢太子、諸王，皆乘金輅及安車，並朱斑輪，倚獸較，伏鹿軾，黑櫨文，畫藩，青蓋，金華施橑，朱畫轅，金塗飾。非皇子爲王，不錫此乘，皆左右騑，駕三馬。旂九旒，畫降龍。皇孫乘緑車，亦駕之。魏、晉制，太子及諸王，皆駕四馬。依摯虞議，天子金輅，次在第二。又云，金輅以朝，象輅以賓。則是晉用輅與周異矣。宋起居注，泰始四年，尚書令建安王休仁議：「天子之元子，士也，故齒胄於辟雍，欲使知教而後尊，不得生而貴矣。既命之後，禮同上公，故天子賜之金輅，但減旂章爲等級。象及革木，賜異姓諸侯。在朝卿士，亦准斯例。」此則皇太子及帝子王者，通得乘之。自晉過江，王公以下，車服卑雜，唯有太子，禮秩崇異。又乘山石安車〔一二〕，義不經見，事無所出。賜金輅者，此爲古制，降乘輿二等，駕用四馬。唯天子五輅，通駕六馬。旟旌旗旐，並十二旒。左建旟。案爾雅：「錯革鳥曰旟。」郭璞云：「此謂全剥鳥皮毛，置之竿上也。」舊説，刻爲革鳥。孫叔然云〔一三〕：「革，急也。言畫急疾鳥於旒上也。」周官所謂鳥隼爲旟，亦是急義。今之金輅，赤質，黄金飾諸末。左建旟，畫飛隼，右建闟戟，鞶輿鳳翅等，並同玉輅。駕赤騮。臨朝會同，饗射飲至則用之。

皇太子輅，古者金飾。宋、齊以來，並乘象輅。宇文愷、閻毗奏：「案宋大明六年，初備五輅，有司奏云：『秦改周輅，創制金根，漢、魏因循，其形莫改。而金玉二輅，雕飾略同，造次瞻覩，殆無差別。若錫於東儲，在禮嫌重，非所以崇峻陛級，表示等威。今皇太子宜乘象輅，碧旂九葉，進不斥尊，退不逼下，酌時沿古，於禮爲中。』觀宋此義，乃無副車。新置五輅，金玉同體，至象已下，即爲差降。所以太子不得乘金輅，欲示等威，故令給象。今取周禮之名，依漢家之制，天子五輅，形飾並同。旒及繁纓，例皆十二，黄屋左纛，金根重轂，無不悉同，唯應五方色以爲殊耳。若用此輅，給於太子，革木盡皆不可，何況金象者乎？既製副車，駕用四馬，至於金輅，自有等差。春秋之義，降下以兩。今天子金輅，駕用六馬，十二旒，太子金輅，駕用四馬，降龍九旒，制頗同於副車，又有旌旗之別。并嫡皇孫及親王等輅，並給金輅，而減其雕飾，合於古典。臣謂非嫌。」制曰：「可。」於是太子金輅，赤質，制同副車，具體而小，亦駕四馬，馭士二十人。皇嫡孫金輅，緑質，降太子一等。去盤輿重轂，轅上起箱，末以金飾，旌長七刃，七旒。駕用四馬，馭士一十八人。親王金輅，以赤爲質，餘同於皇嫡孫。唯在其國及納妃親迎則給之，常朝則乘象輅。

象輅，案尚書，即先輅也。周禮：「象輅，朱繁纓五就，建大赤，以朝，異姓以封。」左建旌。案爾雅注「旄首曰旌」，許慎所説「游車載旌」。廣雅云：「天子旌高九刃，諸侯七刃，大夫五刃。」周書王會：「張羽鳧旌。」禮記云：「龍旂九旒，天子之旌也。」今象輅，以黄爲質，象飾諸末。左建旌，畫緑麟，右建闒戟。駕黄騂。祀后土則用之。

革輅，案釋名「天子車也」。周禮：「革輅，龍勒，條纓五就，建大白，用之即戎，以封四衛。」古者革輓而漆之，更無他飾。又有「戎輅之萃，廣車之萃，闕車之萃，輕車之萃」〔二四〕。此皆兵車，所謂五戎。然革輅亦名戎輅，天子在軍所乘。廣車，横陣車也。闕車，補闕車也。飾並以革，故「師供革車，各以其萃」〔二五〕。摯虞議云，革輅第四。左建旌。案釋名「熊獸爲旗」，周官「龍旂九旒，以象大火」。今革輅白質，輓之以革。左建旗，畫騶虞，右建闒戟，駕白駱。巡守臨兵則用之。三品已下，並乘革輅，朱色爲質。馭士十六人。

木輅，案尚書，即次輅也。周官：「木輅，緇樊鵠纓，建麾，以畋，以封藩國。」晉摯虞云，畋輅第五。唯宋泰始詔，乘木輅以耕稼。徐爰釋疑略曰：「天子五輅，晉遷江左，闕其三，唯有金輅以郊，木輅即戎。宋大明時，始備其數。」

凡五輅之蓋、旌旗之質及鞶纓，皆從方色。蓋裏並黄，雕飾如一。沈約曰：「金象革木，禮圖不載其形。」今旒數羽葆，並同玉輅。左建旐。案周官：「龜蛇爲旐。」釋名云：「龜知氣兆之吉凶也。」許慎云：「旐有四斿，以象營室。」今木輅黑質，漆之。左建旐，畫玄武，右建闒戟。駕黑騂。畋獵用之。四品方伯乘木輅，赤質，駕士十四人。

安車，案禮，卿大夫致事則乘之。其制如輜軿。蔡邕獨斷有五色安車，皆畫輪重轂。今畫輪，重輿，曲壁，紫油幢絳裏，通幰，朱絲絡網，赤鞶纓。駕四馬。省問臨幸則乘之。皇太子安車，斑輪，赤質，制略同乘輿，亦駕四馬。

四望車，案晉中朝大駕鹵簿，四望車，駕牛中道。東宮舊儀，皇太子及妃，皆有畫輪四望車。今四望車，制同犢車，黄金飾，青油幢朱裏，紫通幰，紫絲網。駕一牛。拜陵臨弔則用之。皇太子四望車，緑油幢，青通幰，朱絲絡網。

耕根車，案沈約云：「親幸耕籍御之。三蓋車，一名芝車，又名耕根車。置耒耜於軾上。」即潘岳所謂「紺轅屬於黛耜」者也。開皇無之，駕出親耕，則乘木輅，蓋依宋泰始之故事也。今耕根車，以青爲質，三重施蓋，羽葆雕裝，並同玉輅。駕六馬。其軾平，以青囊盛耒而加於上。籍千畝，行三推禮，則親乘焉。

羊車，案晉司隸校尉劉毅奏，護軍羊琇私乘者也。開皇無之，至是始置焉。其制如軺車，金寶飾，紫錦幰，朱絲網。馭童二十人，皆兩鬟髻，服青衣，取年十四五者爲，謂之羊車小史。駕以果下馬，其大如羊。

屬車，案古者諸侯貳車九乘，秦滅九國，兼其車服，故爲八十一乘。漢遵不改。武帝祠太一甘泉，則盡用之。明帝上原陵，又用之。法駕三十六乘，小駕十二乘。開皇中，大駕十二乘，法駕減半。大業初，屬車備八十一乘，並如轒車，紫通幰，朱絲絡網，黄金飾。駕一牛。在鹵簿中，單行正道。至三年二月，帝嫌其多，問起部郎閻毗。毗曰：「臣共宇文愷參詳故實，此起於秦，遂爲後式，故張衡賦云『屬車九九』是也。次及法駕，三分減一，此漢制也。故文帝紀『奉天子法駕迎代邸』，如淳曰『屬車三十六乘』是也。又據宋孝建時，有司奏議，晉遷江左，唯設五乘，尚書令建平王宏曰：『八十一乘，無所准憑，江左五乘，儉不中禮。但帝王旂旒之數，皆用十二，今宜准此，設十二乘。』開皇平陳，因以爲法令。憲章往古〔二六〕，大駕依秦，法駕依漢，小駕依宋，以爲差等。」帝曰：「大駕宜用三十六，法駕宜用十二，小駕除之可也。」

輦，案釋名「人所輦也」。漢成帝遊後庭則乘之。徐爰釋問云：「天子御輦，侍中陪乘。」今輦制象軺車而不施輪，通幰朱絡，飾以金玉，用人荷之。

副輦，加笨，制如轒車，亦通幰朱絡，謂之蓬輦。自梁武帝始也。

輿，案説文云：「篢，竹輿也。」周官曰：「周人上輿。」漢室制度，以雕玉爲之〔二七〕，方徑六尺。今輿制如輦而但小耳，宫苑宴私則御之。

小輿，幰方，形同幄帳。自閤出升正殿則御之。

軺車，案六韜，一名遥車，蓋言遥遠四顧之車也。漢武帝迎申公，弟子二人乘軺傳從。

此又是馳傳車也。晉氏鹵簿，御史軺車行中道。晉公卿禮秩云：「尚書令軺，黑耳後户。」今軺車，青通幰，駕二馬。王侯入學、五品朝婚，通給之。司隸刺史及縣令、詔使品第六七，則並駕一馬。

犢車，案魏武書，贈楊彪七香車二乘，用牛駕之。蓋犢車也。長沙耆舊傳曰：「劉壽常乘通幰車。」今犢車通幰，自王公已下，至五品已上，並給乘之。三品已上，青幰朱裏，五品已上，紺幰碧裏，皆白銅裝。唯有慘及弔喪者，則不張幰而乘鐵裝車。六品已下不給，任自乘犢車，弗許施幰。初，五品已上，乘偏幰車，其後嫌其不美，停不行用，以亘幰代之。三品已上通幰車則青壁，一品軺車，油幰朱網，唯車輅一等，聽勑始得乘之。

馬珂，三品已上九子，四品七子，五品五子。

皇后重翟車，案周禮，正后亦有五輅：一曰重翟，二曰厭翟，三曰安車，四曰翟車，五曰輂車。漢制，后法駕，乘重翟車。今重翟，青質，金飾諸末。畫輪，金根朱牙，重轂。其箱飾以重翟羽。青油幢朱裏，通幰，紫繡帷，朱絲絡，紫繡帶。八鑾在衡，鏤錫，鞶纓十有二就，金鑁方釳，插翟尾，朱總，綴於馬勒及兩金鑣之上。駕蒼龍。受册、從祀、郊禖、享廟則供之。

厭翟，赤質，金飾諸末。朱輪，畫朱牙。其箱飾以次翟羽，紫油幢朱裏，通幰，紅錦帷，朱絲絡網，紅錦帶。其餘如重翟。駕赤騮。採桑則供之。

翟車，黄質，金飾諸末。輪畫朱牙。其箱飾以翟羽，黄油幢黄裏，通幰，白紅錦帷，朱絲絡網，白紅錦帶。其餘如重翟。駕黄騮。歸寧則供之。諸聲纓之色，皆從車質。

安車，金飾，紫通幰，朱裏。駕四馬。臨幸及弔則供之。

輦車，金飾，同於蓬輦，通幰，斑輪，駕用四馬。宮苑近行則乘之。

皇后屬車三十六乘，初宇文愷、閻毗奏定，請減乘輿之半。禮部侍郎許善心奏駁曰：「謹案周禮，后備六服，并設五輅，采章之數，並與王同，屬車之制，不應獨異。又宋孝建時，議定輿輦，天子屬車，十有二乘。至大明元年九月，有司奏皇后副車，未有定式，詔下禮官，議正其數。博士王爕之議：『鄭玄云：后象王立六宮，亦正寢一而燕寢五。推其所立，每與王同，謂十二乘通關爲允。』宋帝從之，遂爲後式。今請依乘輿，不須差降。」制曰：「可。」

三妃乘翟車，以赤爲質，駕二馬。九嬪已下，並乘犢車，青幰，朱絡網。

皇太子妃乘翟車，以赤爲質，駕三馬，畫轅金飾。犢車爲副，紫幰，朱絡網。良娣已下，並乘犢車，青幰朱裏。

三公夫人、公主、王妃，並犢車，紫幰，朱絡網〔二八〕。五品已上命婦，並乘青幰，與其夫同。

校勘記

〔一〕並如軺車 「軺車」，周一良隋書札記輦制條，據續漢書輿服志、宋書禮志，疑爲「輜車」形近之誤。本卷下文「大業元年更製車輦」下「今輦制象軺車」之「軺車」亦同。

〔二〕倚獸較 「獸」，應作「虎」，唐人諱改。

〔三〕但舉轞通覆上 「但」，原作「帕」，晉書卷二五輿服志所記内容與此全同，今據改。

〔四〕金鋄鏤錫 「鋄」，原作「錽」，據北宋本通典卷六四禮二四副車改。按，續漢書輿服志上：「金鋄方釳。」下文「錽」字，或作「錽」，統改，不另出校。

〔五〕文貔伏軾 「文貔」，周一良隋書札記陳朝輿制條疑「貔」字誤，通典卷六四禮二四五輅作「文豹」。按，此處應作「文虎」，唐人諱改。

〔六〕黄絞裹 「絞」，通典卷六四禮二四五輅作「紋」。周一良隋書札記以作「紋」爲是。下文「青絞純帶」同。

〔七〕至熙平九年 「九」，疑爲「元」形近之訛。熙平無九年，魏書卷一〇八之四禮志四載此事，有熙平元年九月侍中崔光表、太學博士崔瓚議，云云。

〔八〕重輪重較而加耳焉 「加」，原作小字注「缺」，據至順本、汲本補。通典卷六四禮二四五輅亦有「加」字。「耳」，通典作「茸」。

〔九〕旂畫青龍 「旂」，原作「旃」，據宋乙本、至順本、汲本改。通典卷六六禮二六旌旗、隋書詳節卷三禮儀志亦作「旒」。

〔一〇〕皆加雲　「雲」，御覽卷三四〇兵部七一旗引隋書、隋書詳節卷三禮儀志作「雲氣」。

〔一一〕亦書其事號　「書」，宋乙本、至順本、北宋本通典卷六六禮二六旌旗、御覽卷三四〇兵部七一旗引隋書、隋書詳節卷三禮儀志作「畫」。「事」，宋乙本、至順本、汲本、隋書詳節卷三禮儀志作「士」。

〔一二〕皆左建旗而右建闟戟　「闟戟」，原作「闒戟」，據通典卷六六禮二六旌旗改。下同。按，續漢書輿服志上：「鳳皇闟戟。」「闟戟」即「鈒戟」。

〔一三〕三曰旇　「旇」，原作「旄」，據通典卷六六禮二六旌旗改。

〔一四〕諸男自篆輅而下　「篆輅」，原作「象輅」，據宋乙本、大德本、至順本、汲本改。通典卷六六禮二六旌旗、隋書詳節卷三禮儀志亦作「篆輅」。

〔一五〕周魏輿輦乖制　「周魏」，通典卷六四禮二四五輅作「後魏」。

〔一六〕金鳳在軾前　「金鳳」，通典卷六四禮二四五輅作「金鳳一」。

〔一七〕駕白駱　「駱」，原作「輅」，據殿本改。通典卷六四禮二四五輅亦作「駱」。

〔一八〕木輅　通典卷六四禮二四五輅此句下有「黑質」二字。

〔一九〕白武通　應作「白虎通」，唐人諱改。後同，不另出校。

〔二〇〕畫龍於旂上也　「畫」，原作「書」，據宋乙本、至順本、南監本、北監本、汲本、殿本改。隋書詳節卷三禮儀志、玉海卷八三車服漢龍旂熊旗引隋志亦作「畫」。

〔二二〕輪皆朱斑重牙　「輪」，原作「軛」，據通典卷六四禮二四五輅改。按，續漢書輿服志上：「輪皆朱班重牙。」

〔二三〕山石安車　本書卷九禮儀志四作「石山安車」。按，宋書卷一八禮志五泰始四年建安王休仁議：「皇太子乘石山安車，義不見經，事無所出。」

〔二三〕孫叔然　原作「孫叔敖」。按，本書卷三二經籍志一有爾雅七卷，「孫炎注」，孫炎即孫叔然，三國志卷一三魏書王肅傳稱「時樂安孫叔然受學鄭玄之門」，作「毛詩、禮記、春秋三傳、國語、爾雅諸注」。裴注：「叔然與晉武帝同名，故稱其字。」此處所引，正與邢昺疏所引「孫炎云」相同。今據改。

〔二四〕戎輅之萃廣車之萃闕車之萃輕車之萃　諸「萃」，原作「革」，據宋乙本、大德本、至順本、汲本改。按，周禮春官車僕：「掌戎路之萃，廣車之萃，闕車之萃，苹車之萃，輕車之萃。」

〔二五〕各以其萃　「萃」，原作「革」。周禮春官車僕：「凡師共革車，各以其萃。」「革」乃「萃」形近之訛，今據改。

〔二六〕因以爲法令憲章往古　「令」，本書卷六八閻毗傳、册府卷五八四掌禮部奏議作「今」，屬下讀。

〔二七〕以雕玉爲之　「玉」字原闕，據南監本、北監本、殿本補。玉海卷七九車服漢玉輅彫玉輿輦引隋志亦有「玉」字。汲本注：「雍本有『玉』字。」

〔三八〕朱絡網　「絡網」，原作「網絡」，據大德本改。

隋書卷十一

志第六

禮儀六

梁制，乘輿郊天、祀地、禮明堂、祠宗廟、元會臨軒，則黑介幘，通天冠平冕，俗所謂平天冠者也。其制，玄表，朱緑裏，廣七寸，長尺二寸，加於通天冠上。前垂四寸，後垂三寸，前圓而後方。垂白玉珠，十有二旒，其長齊肩。以組爲纓，各如其綬色，傍垂黈纊，玩珠以玉瑱。其衣，皁上絳下，前三幅，後四幅。衣畫而裳繡。衣則日、月、星辰、山、龍、華蟲、火、宗彝，畫以爲繢。裳則藻、粉米、黼、黻，以爲繡。凡十二章。素帶，廣四寸，朱裏，以朱繡裨飾其側〔一〕。中衣以絳緣領袖。赤皮爲韠，蓋古之韍也。絳袴袜，赤舄。佩白玉，垂朱黄大綬，黄赤縹紺四采，革帶，帶劍，緄帶以組爲之，如綬色。黄金辟邪首爲帶鐍，而飾以白玉珠。又有通天冠，高九寸，前加金博山、述，黑介幘，絳紗袍，皁緣中衣，黑舄，是爲朝服。元正賀畢，還儲更衣，出所服也。其釋奠先聖，則皁紗袍，絳緣中衣，絳袴袜，黑舄。臨軒亦服衮冕，未加元服，則空頂介幘。拜陵則箋布單衣，介幘。又有五梁進賢冠、遠遊、平上幘武冠。單衣，黑介幘，宴會則服之。

單衣、白帢，以代古之疑衰、皮弁爲弔服，爲羣臣舉哀臨喪則服之。

天監三年，何佟之議：「公卿以下祭服，裏有中衣，即今之中單也。案後漢輿服志明帝永平二年，初詔有司採周官、禮記、尚書，乘輿服，從歐陽說；公卿以下服，從大、小夏侯說。祭服，絳緣領袖爲中衣，絳袴袜，示其赤心奉神。今中衣絳緣，足有所明，無俟於袴。」既非聖法，謂不可施。遂依議除之。

四年，有司言：「平天冠等一百五條，自齊以來，隨故而毀，未詳所送。何佟之議：『禮『祭服敝則焚之』。」於是並燒除之，其珠玉以付中署。

七年，周捨議：「詔旨以王者衮服，宜畫鳳皇，以示差降。按禮：『有虞氏皇而祭，深衣而養老。』鄭玄所言，皇則是畫鳳皇羽也。又按禮所稱雜服，皆以衣定名，猶如衮冕〔三〕，則是衮衣而冕。明有虞言皇者，是衣名，非冕，明矣。畫鳳之旨，事實灼然。」制：「可。」又王僧崇云：「今祭服，三公衣身畫獸，其腰及袖，又有青獸，形與獸同，義應是蜼，即宗彝也。兩袖各有禽鳥，形類鸞鳳，似是華蟲。今畫宗彝，即是周禮。但鄭玄云：『蜼，禺屬〔三〕，昂鼻長尾。』是獸之輕小者。謂宜不得同獸。尋冕服無鳳，應改爲雉。又裳有圓花，於禮無礙，疑是畫師加葩蘤耳〔四〕。藻、米、黼、黻，並乖古制，今請改正，并去圓花。」帝曰：「古文日、月、星辰，此以一辰攝三物也。山、龍、華蟲，又以一山攝三物也。藻、火、粉米，又以一藻攝三物也。是爲九章。今衮服畫龍，則宜應畫鳳，明矣。孔安國云：『華者，花也。』則爲花非疑。若一向畫雉，差降之文，復將安寄？鄭義是所未允。」又，帝曰：「禮：『王者祀昊天上帝，則大裘而冕，祀五帝亦如之。』又云：『莞席之安，而蒲越稾秸之用。』斯皆至敬無文，貴誠重質。今郊用陶匏，與古不異，而大裘蒲秸，獨不復存，其於質敬，恐有未盡。且一獻爲質，其劍佩之飾及公卿所著冕服，可共詳定。」五經博士陸瑋等並云：「祭天猶存掃地之質，而服章獨取黼、黻爲文，於義不可。今南郊神座，皆用莞席，此獨莞類，未盡質素之理。宜以稾秸爲下藉，蒲越爲上席。又司服云『王祀昊天，服大裘』，明諸臣禮不得同。自魏以來，皆用衮服，今請依古，更制大裘。」制：「可。」瑋等又尋大裘之制，唯鄭玄注司服云「大裘，羔裘也」，既無所出，未可爲據。案六冕之服，皆玄上纁下。今宜以玄繒爲之。其制式如裘，其裳以纁，皆無文繡。冕則無旒。詔：「可。」

又乘輿宴會，服單衣，黑介幘。舊三日九日小會，初出乘金輅服之〔五〕。八年，帝改去還皆乘輦，服白紗帽。

九年，司馬筠等參議：「禮記玉藻云：『諸侯玄冕以祭，裨冕以朝。』雜記又云：『大夫冕而祭於公，弁而祭於己。』今之尚書，上異公侯，下非卿士，止有朝衣，本無冕服。但既預齋祭，不容同在於朝〔六〕，宜依太常及博士諸齋官例，著皁衣，絳襈，中單，竹葉冠。若不親奉，則不須入廟。」帝從之。

十一年，尚書參議：「按禮，跣韈，事由燕坐，屨不宜陳尊者之側。今則極敬之所，莫不皆跣。清廟崇嚴，既絶恒禮，凡有履行者，應皆跣韈。」詔：「可。」

陳永定元年，武帝即位，徐陵白：「所定乘輿御服，皆採梁之舊制。」又以爲：「冕旒，後漢用白玉珠，晉過江，服章多闕，遂用珊瑚雜珠〔七〕，飾以翡翠。侍中顧和奏，『今不能備玉珠，可用白琁』，從之。蕭驎子云，『白琁，蜯珠是也』。」帝曰：「形制依此。今天下初定，務從節儉。應用繡、織成者，並可彩畫，金色宜塗，珠玉之飾，任用蜯也。」至天嘉初，悉改易之，定令具依天監舊事，然亦往往改革。今不同者，皆隨事於注言之；不言者，蓋無所改制云。

皇太子，金璽龜鈕，朱綬，三百二十首。朝服，遠遊冠，金博山，佩瑜玉翠緌，垂組，朱衣，絳紗袍，皁緣白紗中衣〔八〕，白曲領，帶鹿盧劍，火珠首，素革帶，玉鉤燮，獸頭鞶囊。其大小會、祠廟、朔望、五日還朝，皆朝服，常還上宮則朱服。若釋奠，則遠遊冠，玄朝服，絳緣中單，絳袴袜，玄舄。講，則著介幘。又有三梁進賢冠。其侍祀則平冕九旒，衮衣九章，白紗絳緣中單，絳繒韠，赤舄，絳韈。若加元服，則中舍執冕從。皇太子舊有五時朝服，自天監之後則朱服。在上省則烏帽，永福省則白帽云。

諸王，金璽龜鈕，纁朱綬，一百六十首。朝服，遠遊冠，介幘〔九〕，朱衣，絳紗袍，皁緣中衣，素帶，黑舄。佩山玄玉，垂組，大帶，獸頭鞶，腰劍。若加餘官，則服其加官之服。

開國公，金章龜鈕，玄朱綬，一百四十首〔一〇〕。朝服，紗朱衣，進賢三梁冠，佩山玄玉，獸頭鞶，腰劍。

開國侯、伯，金章龜鈕，青朱綬，一百二十首。朝服，紗朱衣，進賢三梁冠，佩水蒼玉，獸頭鞶，腰劍。

開國子、男，金章龜鈕，青綬，一百首〔一一〕。朝服，紗朱衣，進賢三梁冠，佩水蒼玉，獸頭鞶，腰劍。

縣、鄉、亭、關內、關中及名號侯，金印龜鈕，紫綬，朝服，進賢二梁冠，獸頭鞶，腰劍。關內、關中及名號侯則珪鈕。

關外侯，銀印珪鈕，青綬，朝服，進賢二梁冠，獸頭鞶，腰劍。

諸王嗣子，金印珪鈕，紫綬，八十首。朝服，進賢二梁冠，佩山玄玉，獸頭鞶，腰劍。

開國公、侯嗣子，銀印珪鈕，青綬，八十首。朝服，進賢二梁冠，佩水蒼玉，獸頭鞶，腰劍。

太宰、太傅、太保、司徒、司空，金章龜鈕，紫綬，八十首。朝服，進賢三梁冠，佩山玄玉，獸頭鞶，腰劍。陳令加有相國丞相，服制同。

大司馬、大將軍、太尉、諸位從公者，金章龜鈕，紫綬，八十首。朝服，武冠，佩山玄玉，獸頭鞶，腰劍。直將軍則不帶劍。

凡公及位從公、言以將軍及以左右光禄、開府儀同者，各隨本位號。其文則曰「某位號儀同之章」。

五等諸侯，助祭郊廟，皆平冕九旒，青玉爲珠，有前無後。各以其綬色爲組纓，旁垂黈纊。衣，玄上纁下，畫山龍已下九章，備五采，大佩，赤舄，絇屨〔一三〕。録尚書無章綬品秩，悉以餘官總司其任，服則餘官之服，猶執笏紫荷。其在都坐，則東面最上。

尚書令、僕射、尚書，銅印墨綬，朝服，納言幘，進賢冠，佩水蒼玉，尚書則無印綬。腰劍，紫荷，執笏。陳尚書令、僕射，金章龜鈕，紫綬，八十首，獸頭鞶。尚書無印綬及鞶。餘並同梁。

侍中、散騎常侍、通直常侍、員外常侍，朝服，武冠貂蟬，侍中左插，常侍右插。皆腰劍，佩水蒼玉。其員外常侍不給佩。舊至尊朝會登殿，侍中常侍夾御，御下輿，則扶左右。侍中驂乘，則不帶劍。

中書監、令、祕書監，銅印墨綬，朝服，進賢兩梁冠，佩水蒼玉，腰劍，獸頭鞶。陳制，銀章龜鈕，青綬，八十首，獸頭鞶，腰劍。餘同梁。

左、右光祿大夫，皆與加金章紫綬同。其但加金紫者，謂之金紫光祿，但加銀青者，謂之光祿大夫〔二三〕。陳令有特進，進賢二梁冠，朝服，佩水蒼玉，腰劍。梁令不載。

光祿、太中、中散大夫，太常、光祿、弘訓太僕、太僕、廷尉、宗正、大鴻臚、大司農、少府、大匠諸卿，丹陽尹，太子保、傅，大長秋，太子詹事，銀章龜鈕，青綬，獸頭鞶，朝服，進賢冠二梁，佩水蒼玉。卿大夫助祭，則冠平冕五旒，黑玉爲珠，有前無後。各以其綬采爲組纓，旁垂黈纊。衣，玄上纁下，畫華蟲七章，皆佩五采大佩，赤舃，絇屨。陳宮卿改云慈訓，餘皆同梁。又有太舟卿，服章同。

驃騎、車騎、衞將軍、中軍、冠軍、輔國將軍、四方中郎將，金章紫綬，中郎將則青綬。朝服，武冠，佩水蒼玉。陳令：鎮衞、驃騎、車騎、中軍、中衞、中撫軍、中權、四征、四鎮、四安、四翊、四平將軍，金章獸鈕。其冠軍、四方中郎將，金章豹鈕，並紫綬，八十首，獸頭鞶，朝服，武冠，佩水蒼玉。自中軍已下諸將軍及冠軍、四方中郎將，並官不給佩。

領、護軍，中領、護軍，五營校尉，銀印青綬，朝服，武冠，佩水蒼玉，獸頭鞶。其屯騎〔一四〕，夾御日，假給佩，餘校不給。陳令：領、護，金章龜鈕，紫綬，八十首。中領、護，銀章龜鈕，青綬，八十首。其五營校尉，銀印珪鈕，青綬，八十首。官不給佩。餘並同梁。

弘訓衞尉，衞尉，陳宮卿云慈訓，服同諸卿，但武冠。司隸校尉，陳無官服。左右衞、驍騎、游擊、前、左、右、後軍將軍，龍驤、寧朔、建威、振威、奮威、揚威、廣威、武威、建武、振武、奮武、揚武、廣武等將軍，積弩、積射、强弩將軍，監軍，銀章青綬，朝服，武冠，佩水蒼玉，獸頭鞶。驍、游已下，並不給佩。驍、游夾侍日，假給。陳令：左、右衞，銀章龜鈕，不給劍。左右驍騎、游擊、雲騎、游騎，前、左、右、後軍將軍，左右中郎將，銀印珪鈕。餘服飾同梁，亦官不給佩。其驍、游，雲騎，夾御日，假給。其積弩、積射、强弩，銅印環鈕，墨綬，帶劍。餘服同梁。又有忠武、軍師、武臣、爪牙、龍騎、雲麾、鎮兵、翊帥〔一五〕、宣惠、宣毅、智威、仁威、勇威、信威、嚴威、智武、仁武、勇武、信武、嚴武，金章豹鈕，紫綬，八十首。官不給。輕車、鎮朔、武旅、貞毅、朔威、寧遠、安遠、征遠、振遠、宣遠等將軍，金章貔鈕，紫綬，並獸頭鞶，朝服，武冠，佩水蒼玉。

國子祭酒，皁朝服，進賢二梁冠，佩水蒼玉。

御史中丞、都水使者，銀印，墨綬，朝服，進賢二梁冠，獸頭鞶，腰劍，佩水蒼玉。陳中丞，銀章龜鈕，青綬，八十首，二梁冠。餘同梁。其都水，陳、梁改爲太舟卿，服在諸卿中見。

謁者僕射，銅印環鈕，墨綬，八十首。朝服，高山冠，獸頭鞶，佩水蒼玉，腰劍。

諸軍司，銀章龜鈕，青綬，朝服，武冠，獸頭鞶。

給事中、黄門侍郎、散騎通直、員外散騎侍郎、奉朝請、太子中庶子、庶子、武衞將軍、武騎常侍，朝服，武冠，腰劍。陳令：庶子已上簪筆。其武衞不劍，正直夾御，白布袴褶。

中書侍郎，朝服，進賢一梁冠，腰劍。冗從僕射、太子衞率，銅印，墨綬，獸頭鞶，朝服，武冠。陳衞率，銀章龜鈕，青綬，不劍。冗從，銅印環鈕，墨綬，腰劍。餘並同梁。

武賁中郎將、羽林監，銅印環鈕，墨綬，朝服，武冠，獸頭鞶，腰劍。其在陛牙及備鹵簿，著髦尾，絳紗縠單衣。

護匈奴中郎將，護羌、戎、夷、蠻、越、烏丸、西域校尉，銀印珪鈕，青綬，朝服，武冠，獸頭鞶。陳令，無此官。其庶子，鎮蠻、寧蠻、平戎、西戎校尉，平越中郎將，服章同。

安夷、撫夷護軍，州郡國都尉，奉車、駙馬、騎都尉，諸護軍，銀印珪鈕，青綬，獸頭鞶，朝服，武冠。陳安遠、鎮蠻護軍，州、郡、國都尉，奉車、駙馬、騎都尉，諸護軍，服章同。無餘文。

州刺史，銅印，墨綬，獸頭鞶，腰劍，絳朝服，進賢二梁冠。陳銅章龜鈕〔一六〕，青綬。餘同梁。

郡國太守、相、内史，銀章龜鈕，青綬，獸頭鞶，單衣，介幘。加中二千石，依卿尹冠服劍佩。

尚書左、右丞，祕書丞，銅印環鈕，黄綬，獸爪鞶，朝服，進賢一梁冠。

尚書、祕書、著作郎，太子中舍人、洗馬、舍人，朝服，進賢一梁冠，腰劍。

諸王友、文學，朱服，進賢一梁冠。陳令：諸王師服同。

治書侍御史、侍御史，朝服，腰劍，法冠。治書侍御史，則有銅印環鈕，墨綬。陳又有殿中、蘭臺侍御史，朝服，法冠，腰劍，簪筆。

諸博士，給阜朝服，進賢兩梁冠，佩水蒼玉。

太學博士，正限八人，著佩，限外六人不給。

廷尉律博士，無佩。並簪筆。

國子助教，阜朝服，進賢一梁冠，簪筆。

公府長史，獸頭鞶。諸卿尹丞，黄綬，獸爪鞶，簪筆。

諸縣署令、秩千石者，獸爪鞶，銅印環鈕，墨綬，朝服，進賢兩梁冠。長史朱服，諸卿尹丞、建康令，玄服。

公府掾屬、主簿、祭酒，朱服，進賢一梁冠。公府令史亦同。

領、護軍長史，朱服，獸頭鞶。諸軍長史，單衣，介幘，獸頭鞶。

諸卿部丞、獄丞，並皁朝服，一梁冠，黄綬，獸爪鞶，簪筆。

太子保、傅、詹事丞，皁朝服，一梁冠，簪筆，獸爪鞶，黄綬。

郡國相、内史丞、長史，單衣，介幘。長史，獸頭鞶。其丞，黄綬，獸爪鞶。

諸縣署令、長、相，單衣，介幘，獸頭鞶，銅印環鈕，墨綬，朝服，進賢一梁冠。諸署令，朱衣，武冠。州都大中正、郡中正，單衣，介幘。

太子門大夫，獸頭鞶，陵令、長，獸爪鞶，銅印環鈕，墨綬，朝服，進賢一梁冠。令、長朱服，率更、家令、僕，朝服，兩梁冠，獸頭鞶，腰劍。

黄門諸署令、僕、長、丞，朱服，進賢一梁冠，銅印環鈕，墨綬。丞，黄綬。黄門冗從僕射監、太子寺人監，銅印環鈕，墨綬，朝服，武冠，獸頭鞶。

公府司馬，領、護軍司馬，諸軍司馬，護匈奴中郎將，護羌、戎、夷、蠻、越、烏丸、戊己校尉長史、司馬，銅印環鈕，墨綬，獸頭鞶，朝服，武冠。諸軍司馬，單衣，平巾幘。長史，介幘。陳令：公府司馬，領、護軍司馬，諸軍司馬，鎮、安蠻、安遠護軍，蠻、戎、越校尉中郎將長史、司馬，其服章與梁官同。

公府從事中郎，朱服，進賢一梁冠。諸將軍開府功曹、主簿，單衣，介幘，革帶。廷尉，建康正、監、平，銅印環鈕，墨綬，皁零辟，朝服，法冠，獸爪鞶。

左、右衛司馬，銅印環鈕，墨綬，單衣，帶，平巾幘，獸頭鞶。

諸府參軍，單衣，平巾幘。

諸州別駕、治中、從事、主簿、西曹從事，玄朝服，進賢一梁冠，簪筆。常公事，單衣，介幘，朱衣。

直閤將軍，朱服，武冠，銅印珪鈕，青綬，獸頭鞶。

直閤將軍諸殿主帥，朱服，武冠。正直絳衫，從則裲襠衫。

諸開國郎中令、大農，公、傅中尉，銅印環鈕，青綬，朝服，進賢兩梁冠，中尉武冠，皆獸頭鞶。

諸開國三將軍，銅印環鈕，青綬，朝服，武冠。限外者不給印。陳制：墨綬，餘並同梁。

開國掌書中尉，司馬，陵廟食官，廐牧長，典醫典府丞，銅印。

常侍、侍郎、世子、庶子、謁者、中大夫、舍人，不給印。典書、典祠、學官令，典膳丞、長，銅印。限外者不給印。

左右常侍、侍郎、典衛中尉司馬，朝服，武冠。典書、典祠、學官令，朝服，進賢一梁冠。餘悉朱服，一梁冠。常侍、侍郎、典書、典祠、學官令，簪筆，腰劍。

太子衛率、率更、家令丞，銅印環鈕，黃綬，皁朝服，進賢一梁冠，獸爪鞶。

太子常從武賁督，銅印環鈕，墨綬，朝服，武冠，獸爪鞶。

殿中將軍、員外將軍，朱服，武冠。

州郡國都尉司馬，銅印環鈕，墨綬，朱服，武冠，獸頭鞶。

諸謁者，朝服，高山冠。

中書通事舍人門下令史、主書典書令史、門下朝廷局書令史、太子門下通事守舍人、主書典守舍人、二宮齋内職左右職局齋幹已上，朱服，武冠。

殿中内外局監、太子内外監殿中守舍人，銅印環鈕，朱服，武冠。

内外監典事書吏，朱服，進賢一梁冠。内監朝廷人領局典事、外監統軍隊諮詳發遣局典事，武冠。外監及典事書吏，悉著朱衣，唯正直及齋監并受使，不在例。其東宮内外監、殿典事書吏，依臺格。五校、三將軍主事，内監主事，外監主事，三校主事，朱服，武冠。

尚書都令史，都水參事，門下書令史，集書、中書、尚書、祕書著作掌書主書主圖主譜典客令史書令史〔七〕，監、令、僕射省事，蘭臺、殿中蘭臺、謁、都水令史，公府令史書令史，太子導客、次客守舍人及諸省典事，朱衣，進賢一梁冠。

尚書都竿、度支竿、左户校吏，朱服，進賢一梁冠。

諸縣署丞、太子諸署丞、王公侯諸署及公主家令丞、僕，銅印環鈕，黄綬，朱服，進賢一梁冠。太官、太醫丞，武冠。

諸縣尉，銅印環鈕，單衣，介幘，黄綬，獸爪鞶。節騎郎，朱服，武冠。其在陛列及備鹵簿者，氍尾，絳紗縠單衣。御節郎、黄鉞郎，朝服，赤介幘，簪筆。典儀、唱警、唱奏事、持兵、主麾等諸職，公事及備鹵簿，朱服，武冠。

殿中中郎將、校尉、都尉，銀印珪鈕，青綬，朱服，武冠，獸頭鞶。

城門候，銅印環鈕，墨綬，朱服，武冠，獸頭鞶。

部曲督、司馬吏、部曲將，銅印環鈕，朱服，武冠。司馬吏，假墨綬，獸爪鞶。

太中、中散、諫議大夫，議郎、中郎、郎中、舍人，朱服，進賢一梁冠。

諸門郎、僕射、佐吏，東宫門吏，其郎朱服，僕射皁零辟，朝服，進賢冠，吏却非冠，佐吏著進賢冠。

總章協律，銅印環鈕，艾綬，獸爪鞶，朱服，武冠。

黄門後閤舍人、主書、齋帥、監食、主食、主客、扶侍、鼓吹，朱服，武冠。鼓吹進賢冠，齋帥墨綬，獸頭鞶。

殿中司馬，銅印環鈕，墨綬，朱服，武冠，獸頭鞶。

總章監、鼓吹監，銅印環鈕，艾綬，朱服，武冠。

諸四品將兵都尉、牙門將、崇毅、材官、折難、輕騎、揚烈、威遠、寧遠、宣威、光威、驤威、威烈、威虜、平戎、綏遠、綏狄、綏邊、綏戎、獸威〔一八〕、威武、烈武、毅武、奮武、討寇、討虜、殄難、討難、討夷、厲武、横野、陵江、鷹揚、執訊、蕩寇、蕩虜、蕩難、蕩逆、殄虜、掃虜、掃難、掃逆、掃寇、厲鋒、武奮、武牙〔一九〕、廣野，領兵滿五十人，給銀章，不滿五十，除板而已，不給章，朱服，武冠。以此官爲刺史、太守，皆青綬。此條已下，皆陳制，與梁不同。

典儀但帥、典儀正帥，朱衣，武冠。其本資有殿但、正帥，得帶艾綬，獸頭鞶。殿但帥、正帥，艾綬，獸頭鞶，朱服，武冠。殿帥、羽儀帥、員外帥，朱衣，武冠。

威雄、猛、烈、振、信、勝、略、風、力、光等十威將軍，武猛、略、勝、力、毅、健、烈、威、鋭、勇等十武將軍，並銀章熊鈕，青綬，獸頭鞶，武冠，朝服。

猛毅、烈、威、鋭、震、進、智、武、勝、駿等十猛將軍〔二〇〕，銀章羆鈕，青綬，獸頭鞶，武冠，朝服。

壯武、勇、烈、猛、鋭、威、毅、志、意、力等十壯將軍，驍雄、桀、猛、烈、武、勇、鋭、名、勝、迅等十驍將軍，雄猛、威、明、烈、信、武、勇、毅、壯、健等十雄將軍，並銀章羔鈕，青綬，獸頭鞶，武冠，朝服。

忠勇、烈、猛、鋭、壯、毅、捍、信、義、勝等十忠將軍，明智、略、遠、勇、烈、威、勝、進、鋭、毅等十明將軍，光烈、明、英、遠、勝、鋭、命、勇、武、野等十光將軍，飆勇、猛、烈、鋭、奇、決、起、略、勝、出等十飆將軍〔二一〕，並銀章鹿鈕，青綬，獸頭鞶，武冠，朝服。

龍驤、武視〔二二〕、雲旗、風烈、電威、雷音、馳鋭、進鋭〔二三〕、羽騎、突騎、折衝、冠武、和戎、安壘、起猛〔二四〕、英果、掃虜、掃狄、武鋭、摧鋒、開遠、略遠、貞威、決勝、清野、堅鋭、輕鋭〔二五〕、拔山、雲勇、振旅等三十號將軍，銀印菟鈕，青綬，獸頭鞶，朝服，武冠。

超武、鐵騎、樓船、宣猛、樹功、剋狄、平虜、稜威、戎昭、威戎、伏波、雄戟、長劍、衝冠、雕騎、佽飛、勇騎、破敵、剋敵、威虜、前鋒、武毅、開邊、招遠、全威〔二六〕、破陣、蕩寇、殄虜、橫野、馳射等三十號將軍，銅印環鈕，墨綬，獸頭鞶，朝服，武冠。并左十二件將軍，除並假給章印綬，板則止朱服、武冠而已。其勳選除，亦給章印。

建威、牙門、期門已下諸將軍，並銅印環鈕，墨綬，獸頭鞶，朱服，武冠。板則無印綬，止冠服而已。其在將官，以功次轉進，應署建威已下諸號，不限板除，悉給印綬。若武官署位轉進，登上條九品馳射已上諸戎號〔二七〕，亦不限板除，悉給印綬。

千人督、校督、司馬武賁督、牙門將、騎督督、守將兵都尉、太子常從督、別部司馬、假司馬，假銅印環鈕，朱服，武冠，墨綬，獸頭鞶。

武猛中郎將、校尉、都尉，銅印環鈕，朱服，武冠。其以此官爲千人司馬、道賁督已上及司馬，皆假墨綬，獸頭鞶。已上陳制，梁所無及不同者。

陛長、甲僕射、主事吏將騎、廷上五牛旗假吏武賁，在陛列及備鹵簿，服錦文衣，武冠，髦尾。陛長者，假銅印環鈕，墨綬，獸頭鞶。

假旄頭羽林，在陛列及備鹵簿，服絳單衣，上著韋畫腰襦，假旄頭。輿輦、迹禽、前驅、由基强弩司馬，給絳科單衣，武冠。其本位佩武猛都尉已上印者，假墨綬〔二八〕，別部司馬已下假墨綬，並獸頭鞶。

殿中冗從武賁、殿中武賁、持鈒戟冗從武賁，假青綬，絳科單衣，武冠。陳令：絳科單衣，其本位職佩武猛、都尉等印，假鞶綬，依前條。

持椎斧武騎武賁、五騎傳詔武賁、殿中羽林、太官尚食武賁、稱飯宰人、諸宫尚食武賁〔二九〕，假墨綬，給絳褠，武冠。其佩武猛、都尉等位印，皆依上條假鞶綬之例。

其在陛列及備鹵簿，五騎武賁，服錦文衣，髦尾。宰人服離支衣。領軍捉刃人〔三〇〕，烏總帽，袴褶，皮帶。

絓是羽葆毦鼓吹，悉改著進賢冠，外給系毦。鼓吹著武冠。諸官鼓吹，尚書廊下都坐門下使守藏守閤、殿中威儀騶，武賁常直殿門雲龍門者、門下左右部武賁羽林騶，給傳事者諸導騶，門下中書守閤、尚書門下武賁羽林騶，蘭臺五曹節藏僕射廊下守閤、威儀發符騶，都水使者廊下守給騶，謁者威儀騶，諸宮謁者騶，絳褠，武冠，衣服如舊。大誰、天門士，皁科單衣，樊噲冠。衞士，涅布褠，却敵冠。

諸將軍、使持節、都督執節史，朱衣，進賢一梁冠。自此條已下皆陳制，梁所無。持節節史，單衣，介幘。其纂戎戒嚴時，同使持節。制假節節史，單衣，介幘。凡節趺，以石爲之。持節皆刻爲蟠螭形，假節及給蠻夷節，皆刻爲狗頭趺。

諸王典籤帥，單衣，平巾幘。典籤書吏，袴褶，平巾幘。

諸王書佐，單衣，介幘。

公府書佐，朱衣，進賢冠。

諸王國舍人、司理、謁者、閤下令史、中衞都尉，朱衣，進賢一梁冠。司理假銅印，謁者高山冠，令史已下武冠。

太子太傅五官、功曹、主簿，皁朝服，進賢一梁冠。

太子二傅門下主記、録事、功曹書佐，門下書佐，記室帳下督、都督省事，法曹書佐，太傅外都督，皁衣，進賢一梁冠。

太子妃家令，絳朝服，進賢一梁冠。

太子三校、二將，積弩、殿中將軍，衣服皆與上宫官同。

太子正員司馬督、題閤監，銅印墨綬。三校内主事、主章、扶侍，守舍人，衣帶仗局、服飾衣局、珍寶朝廷主衣統，奏事幹，内局内幹，朱衣，武冠。

諸公府御屬及省事，録尚書省事，太子門下及内外監丞、典事、導客、笮書吏，次功、典書函、典書、典經、五經典書諸守宫舍人，市買清慎食官督，内直兵吏，宣華、崇賢二門舍人，諸門吏，朱衣，進賢一梁冠。

太子妃傳令，朱衣，武冠，執刀，烏信幡。

太子二傅騎吏，玄衣，赤幘，武冠，常行則袴褶。執儀、齋帥、殿帥、典儀帥，傳令、執刀戟、主蓋扇麾繖、殿上持兵、車郎、扶車、注疏、萌床、齋閤食司馬、唱導飯、主食、殿前帥、殿前威儀、武賁威儀、散給使、閤將、鼓吹士帥副，武冠，絳構。案軛、小輿、持車、軺車給使，平巾幘，黄布袴褶，赤罽帶。

太子諸門將，涅布構，樊噲冠。

太子鹵簿戟吏，赤幘，武冠，絳構。廉帥、整陣、禁防，平巾幘，白布袴褶。鞉角五音帥、長麾，青布袴褶，岑帽，絳絞帶。都伯，平巾幘，黄布袴褶。

文官曹幹，白紗單衣、介幘。尚書二臺曹幹亦同。

武官問訊、將士給使，平巾幘，白布袴褶。

通天冠，高九寸，正豎，頂少斜却，乃直下鐵爲卷梁，前有展筩，冠前加金博山、述。乘輿所常服。

遠遊冠，制似通天，而前無山、述，有展筩，横于冠前。皇太子及王者後、諸王服之。諸王加官者，自服其官之冠服，唯太子及王者後常冠焉。太子則以翠羽爲緌，綴以白珠。其餘但青絲而已。

進賢冠，古緇布冠遺象也，斯蓋文儒者之服。前高七寸，後高三寸，長八寸。有五梁、三梁、二梁、一梁之别。五梁唯天子所服，其三梁已下，爲臣高卑之别云。

武冠，一名武弁，一名大冠，一名繁冠，一名建冠，今人名曰籠冠，即古惠文冠也。天子元服，亦先加大冠。今左右侍臣及諸將軍武官通服之。侍中常侍，則加金璫附蟬焉，插以貂尾，黄金爲飾云。

高山冠，一名側注，高九寸，鐵爲卷梁。制似通天，頂直豎，不斜，無山述展筩。高山者，取其矜莊賓遠，中外謁者僕射服之。

法冠，一名柱後，或謂之獬豸冠，高五寸，以縰爲展筩，鐵爲柱卷，取其不曲撓也。侍御史、廷尉正監平，凡執法官，皆服之。

鶡冠，猶大冠也，加雙鶡尾，豎插兩邊，故以名焉。武賁中郎將、羽林監、節騎郎，在陛列及鹵簿者服之。

長冠，一名齋冠。高七寸，廣三寸，漆纚爲之。制如版，以竹爲裏。漢高祖微時，以竹皮爲此冠，所謂劉氏冠。後除竹，用漆纚焉。司馬彪曰：「長冠，楚制也。人間或謂之鵲尾冠，非也。」後代以爲祭服，尊敬之也。至天監三年，祠部郎沈宏議：「案竹葉冠，是高祖爲亭長時所服，安可緜代爲祭服哉？禮：『士弁祭於公。』請令太常丞、博士奉齋之服，宜改用爵弁。」明山賓同宏議。司馬褧云：「若必遵三王，則懼所改非一。長冠謂宜仍舊。案今之宗丞博士之服，未有可非。」帝竟不改。

建華冠，以鐵爲柱卷，貫大銅珠九枚。祀天地、五郊、明堂，舞人服之。

樊噲冠，廣九寸，高七寸，前後出各四寸，制似平冕。凡殿門司馬衞士服之。

却敵冠，高四寸，通長四寸，後高三寸，制似進賢冠。凡宮殿門衞士服之。

却非冠，高五寸，制似長冠。宮殿門吏僕射冠之。

幘，尊卑貴賤皆服之。文者長耳，謂之介幘；武者短耳，謂之平上幘。各稱其冠而制之。尚書令、僕射、尚書幘，收方三寸，名曰納言。未冠童子幘，無屋，施假髻者，示未成人也。

帢，傅子云：「先未有歧，荀文若巾觸樹成歧，時人慕之，因而弗改。」今通爲慶弔之服。白紗爲之，或單或裌。初婚冠送餞亦服之。

巾，國子生服，白紗爲之。晉太元中，國子生見祭酒博士，單衣，角巾，執經一卷，以代手版。宋末，闕其制。齊立學，太尉王儉更造。今形如之。

帽，自天子下及士人，通冠之。以白紗者，名高頂帽。皇太子在上省則烏紗，在永福省則白紗。又有繒皁雜紗爲之，高屋下裙，蓋無定准。

袴褶，近代服以從戎。今纂嚴，則文武百官咸服之。車駕親戎，則縛袴，不舒散也。中官紫褶，外官絳褶，腰皮帶，以代鞶革。

笏，中世以來，唯八座尚書執笏。笏者白筆綴其頭，以紫囊裹之。其餘公卿，但執手版。荷紫者，以紫生爲裌囊，綴之服外，加於左肩。周遷云：「昔周公負成王，制此衣，至今以爲朝服。」蕭驕子云：「名契囊。」案趙充國傳云「張子孺持囊簪筆，事孝武帝」，張晏云：「囊，契囊也。近臣負囊簪筆，從備顧問，有所記也。」

入殿門，有籠冠者著之，有纓則下之。緣廂行，得提衣。省閤内得著履、烏紗帽。入齋閤及横度殿庭，不得人提衣及捉服飾。入閤則執手板，自摳衣。几席不得入齋正閤。介幘不得上正殿及東、西堂。儀仗繖扇，有幰牽車，不得入臺門。臺官問訊皇太子，亦皆朱服，著韈；謁諸王，單衣，幘；庶姓，單衣，帢。詣三公，必衣帢。至黄閤，下履，過閤還，著履。

古者君臣佩玉，尊卑有序，綬者，所以貫佩相承受也。又上下施韍，如蔽膝，貴賤亦各有殊。五霸之後，戰兵不息，佩非兵器，韍非戰儀，於是解去佩韍，留其繫襚而已。韍佩既廢，秦乃以采組連結於襚，轉相結受，又謂之綬。漢承用之。至明帝始復制佩，而漢末又亡絶。魏侍中王粲識其形，乃復造焉。今之佩，粲所制也。

皇后謁廟，服袿欘大衣，蓋嫁服也，謂之褘衣，皁上皁下。親蠶則青上縹下。皆深衣制〔三一〕，隱領袖緣以絛。首飾則假髻、步搖，俗謂之珠松是也。簪珥步搖，以黄金爲山題，貫白珠，爲支相繆。八爵九華，熊、獸、赤羆、天鹿、辟邪、南山豐大特六獸。諸爵獸皆以翡翠爲華〔三二〕。綬佩同乘輿。

貴妃、貴嬪、貴姬，是爲三夫人，金章龜紐，紫綬，八十首。佩于寘玉，獸頭鞶。

淑媛、淑儀、淑容、昭華、昭儀、昭容、脩華、脩儀、脩容，是爲九嬪，金章龜鈕，青綬，八十首。獸頭鞶，佩采瓄玉。

婕妤、容華、充華、承徽、列榮五職，亞九嬪，銀印珪鈕，艾綬，獸頭鞶。

美人、才人、良人三職，散位，銅印環鈕，墨綬，獸頭鞶。

皇太子妃，金璽龜鈕，纁朱綬，一百六十首。佩瑜玉，獸頭鞶。

良娣，銀印珪鈕，佩采璸玉，青綬，八十首。獸爪鞶。保林，銀印珪鈕，佩水蒼玉，青綬，八十首。獸爪鞶。諸王太妃、妃、諸長公主、公主、封君，金印龜鈕，紫綬，八十首。佩山玄玉，獸頭鞶。開國公、侯太夫人，銀印珪鈕，青綬，八十首。佩水蒼玉，獸頭鞶。公主、三夫人，大手髻，七鏌蔽髻。九嬪及公夫人，五鏌；世婦，三鏌。其長公主得有步搖。公主、封君已上，皆帶綬。以綵組爲緄帶，各以其綬色。金辟邪，首爲帶玦。公、特進、列侯、卿、校、中二千石夫人，紺繒幗，黄金龍首銜白珠，魚須擿，長一尺，爲簪珥。入廟佐祭者，皁絹上下，助蠶者，縹絹上下，皆深衣制，緣。自二千石夫人已上至皇后，皆以蠶衣爲朝服。

自晉左遷，中原禮儀多缺。後魏天興六年，詔有司始制冠冕，各依品秩，以示等差，然未能皆得舊制。至太和中，方考故實，正定前謬，更造衣冠，尚不能周洽。及至熙平二年，太傅、清河王懌、黄門侍郎韋廷祥等，奏定五時朝服，准漢故事，五郊衣幘，各如方色焉。及後齊因之。河清中，改易舊物，著令定制云。

乘輿，平冕，黑介幘，垂白珠十二旒，飾以五采玉，以組爲纓，色如其綬，黈纊，玉笄。

白玉璽，黃赤綬，五采，黃赤縹緑紺，純黃質，長二丈九尺，五百首，廣一尺二寸。小綬長三尺二寸，與綬同采，而首半之。衮服，阜衣，絳裳，裳前三幅，後四幅，織成爲之，十二章，緣絳中單，織成緄帶，朱紱，佩白玉，帶鹿盧劍，絳袴襪，赤舄。未加元服，則空頂介幘。又有通天金博山冠，則絳紗袍，阜緣中單。其五時服，則五色介幘，進賢五梁冠，五色紗袍。又有遠遊五梁冠，並不通于下。四時祭廟、圓丘、方澤、明堂、五郊、封禪、大雩、出宮行事、正旦受朝及臨軒拜王公，皆服衮冕之服。還宮及齋，則服通天冠。籍田則冠冕，璪十二旒，佩蒼玉，黃綬，青帶，青襪，青舄。拜陵則黑介幘，白紗單衣。釋奠則服通天金博山冠，玄紗袍。春分朝日，則青紗朝服，青舄，秋分夕月，則白紗朝服，緗舄，俱冠五梁進賢冠。合朔，服通天金博山冠，絳紗袍。季秋講武、出征告廟，冠武弁，黃金附蟬，左貂。禡類宜社，武弁，朱衣。纂嚴升殿，服通天金博山冠，絳紗袍。入温、涼室，冠武弁，右貂附蟬，絳紗服。征還飲至，服通天冠。廟中遣上將，則衮冕，還宮則通天金博山冠。賞祖罰社，則武弁，左貂附蟬。元日、冬至大小會，皆通天金博山冠。四時畋、出宮，服通天冠，並赤舄。明堂則五時俱通天冠，各以其色服。東、西堂舉哀，服白帢。

天子六璽：文曰「皇帝行璽」，封常行詔勅則用之。「皇帝之璽」，賜諸王書則用之。「皇帝信璽」，下銅獸符，發諸州征鎮兵，下竹使符，拜代徵召諸州刺史，則用之。並白玉爲之，方一寸二分，螭獸鈕。「天子行璽」，封拜外國則用之。「天子之璽」，賜諸外國書則用之。「天子信璽」，發兵外國，若徵召外國，及有事鬼神，則用之。並黄金爲之，方一寸二分，螭獸鈕。又有傳國璽，白玉爲之，方四寸，螭獸鈕，上交五蟠螭，隱起鳥篆書，文曰「受天之命，皇帝壽昌」，凡八字。在六璽外，唯封禪以封石函。又有督攝萬機印一鈕，以木爲之，長一尺二寸，廣二寸五分。背上爲鼻鈕，鈕長九寸，厚一寸，廣七分。腹下隱起篆書爲「督攝萬機」，凡四字。此印常在内，唯以印籍縫。用則左户郎中、度支尚書奏取，印訖輸内。

皇太子平冕，黑介幘，垂白珠九旒，飾以三采玉，以組爲纓，色如其綬。金璽，朱綬，四采，赤黄縹紺。純朱質〔三三〕，長二丈一尺，三百二十首，廣九寸。小綬長三尺二寸，與綬同色，而首半之。衮服，同乘輿而九章，絳紱，佩瑜玉，玉具劍、火珠標首，絳袴袜，赤舄。非謁廟則不服。未加元服，則空頂黑介幘，雙童髻，雙玉導。中舍人執遠遊冠以從。其遠遊三梁冠，黑介幘，翠緌纓，絳紗袍，皁緣中單，黑舄。大朝所服，亦服進賢三梁冠，黑介幘，皁朝服，絳緣中單，玄舄。爲宫臣舉哀，白帢，單衣，烏皮履。未加元服，則素服。

皇太子璽，黄金爲之，方一寸，龜鈕，文曰「皇太子璽」。宫中大事用璽，小事用門下典書坊印。

諸公卿平冕，黑介幘，青珠爲旒，上公九，三公八，諸卿六，以組爲纓，色如其綬。衣皆玄上纁下。三公山龍八章，降皇太子一等，九卿藻火六章，唯郊祀天地宗廟服之。遠遊三梁，諸王所服。其未冠，則空頂黑介幘。開國公、侯、伯、子、男及五等散爵未冠者，通如之。

進賢冠，文官二品已上，並三梁，四品已上，並兩梁，五品已下、流外九品已上，皆一梁。致事者，通著委貌冠。主兵官及侍臣，通著武弁。侍臣加貂璫。御史大理著法冠。諸謁者、太子中導客舍人，著高山冠。宮門僕射、殿門吏、亭長、太子率更寺，宮門督、太子內坊察非吏、諸門吏等，皆著却非冠。羽林、武賁，著鶡。録令已下，尚書以上，著納言幘。又有赤幘，卑賤者所服。救日蝕，文武官皆免冠，著赤介幘，對朝服。賤者平巾，赤幘，示威武，以助於陽也。止雨亦服之。請雨則服緗幘，東耕則服青幘，庖人則服緑幘。

印綬，二品已上，並金章，紫綬；三品銀章，青綬；三品已上，凡是五省官及中侍中省，皆爲印，不爲章。四品得印者，銀印，青綬；五品、六品得印者，銅印，墨綬；四品已下，凡是開國子、男及五等散品名號侯，皆爲銀章，不爲印。七品、八品、九品得印者，銅印，黄綬。金銀章印及銅印，並方一寸，皆龜鈕。東西南北四藩諸國王章，上藩用中金，中藩用下金，下藩用銀〔三四〕，並方寸，龜鈕。佐官唯公府長史、尚書二丞，給印綬。六品已下、九品已上，唯當曹爲官長者給印。餘自非長官，雖位尊，並不給。

諸王纁朱綬，四采，赤黄縹紺，純朱質，纁文織，長二丈一尺，二百四十首，廣九寸。開國郡縣公、散郡縣公，玄朱綬，四采，玄赤縹紺，朱質，玄文織，長一丈八尺，百八十首，廣八寸。開國縣侯伯、散縣侯伯，青朱綬，四采，青赤白縹，朱質，青文織，長一丈六尺，百四十首，廣七寸〔三五〕。開國縣子男、散縣子男、名號侯、開國鄉男，素朱綬，三采，青赤白，朱質，白文織，長一丈四尺，百二十首，廣六寸。一品、二品，紫綬，三采，紫黄赤，純紫質，長一丈八尺，百八十首，廣八寸。三品、四品，青綬，三采，青白紅，純青質，長一丈六尺，百四十首，廣七寸。五品、六品，墨綬，二采，青紺，純紺質，長一丈四尺，百首，廣六寸。七品、八品、九品，黄綬，二采，黄白，純黄質，長一丈二尺，六十首，廣五寸。官品從第二已上，小綬間得施玉環。凡綬，先合單紡爲一絲，絲四爲一扶，扶五爲一首，首五成一文。采純爲質。首多者絲細，首少者絲麤。官有綬者，則有紛，皆長八尺，廣三寸，各隨綬色。若服朝服則佩綬，服公服則佩紛。官無綬者，不合佩紛。

鞶囊，二品已上金縷，三品金銀縷，四品銀縷，五品、六品綵縷，七、八、九品綵縷，獸爪鞶。官無印綬者，並不合佩鞶囊及爪。

一品，玉具劍，佩山玄玉。二品，金裝劍，佩水蒼玉。三品及開國子男、五等散品名號侯雖四、五品，並銀裝劍，佩水蒼玉。侍中已下，通直郎已上，陪位則像劍。帶真劍者，入宗廟及升殿，若在仗内，皆解劍。一品及散郡公、開國公侯伯，皆雙佩。二品、三品及開國子男、五等散品名號侯，皆隻佩。綬亦如之。

百官朝服公服，皆執手板。尚書録令、僕射、吏部尚書，手板頭復有白筆，以紫皮裹之，名曰笏。朝服綴紫荷，録令、左僕射左荷，右僕射、吏部尚書右荷。七品已上文官朝服，皆簪白筆。正王公侯伯子男、卿尹及武職，並不簪。朝服，冠、幘各一，絳紗單衣，白紗中單，皁領袖，皁襈，革帶，曲領，方心，蔽膝，白筆、舄、襪，兩綬，劍佩，簪導，鉤䚢，爲具服。七品已上服也。公服，冠、幘，紗單衣，深衣，革帶，假帶，履襪，鉤䚢，謂之從省服。八品已下、流外四品已上服也。

流外五品已下、九品已上，皆著褠衣爲公服。

皇后璽、綬、佩同乘輿，假髻，步摇，十二鏌，八雀九華。助祭朝會以褘衣，祠郊禖以褕狄，小宴以闕狄，親蠶以鞠衣，禮見皇帝以展衣，宴居以褖衣。六服俱有蔽膝、織成緄帶。皇太后、皇后璽，並以白玉爲之，方一寸二分，螭獸鈕，文各如其號。璽不行用，有令，則太后以宫名衞尉印，皇后則以長秋印。

内外命婦從五品已上，蔽髻，唯以鏌數花釵多少爲品秩。二品已上金玉飾，三品已下金飾。內命婦、左右昭儀、三夫人視一品，假髻，九鏌，金章，紫綬，服褕翟，雙佩山玄玉。九嬪視三品，五鏌蔽髻，銀章，青綬，服鞠衣，佩水蒼玉。世婦視四品，三鏌，銀印，青綬，服展衣，無佩。八十一御女視五品，一鏌，銅印，墨綬，服褖衣。又有宮人女官服制，第二品七鏌蔽髻，服闕翟；三品五鏌，鞠衣；四品三鏌，展衣；五品一鏌，褖衣；六品褖衣；七品青紗公服。俱大首髻。八品、九品，俱青紗公服，偏髾髻。

皇太子妃璽、綬、佩同皇太子，假髻，步搖，九鏌，服褕翟。從蠶則青紗公服。皇太子妃璽，以黃金，方一寸，龜鈕，文曰「皇太子妃之璽」。若有封書，則用內坊印。郡長公主、公主、王國太妃、妃，纁朱綬，髻章服佩同內命婦一品。郡長君七鏌蔽髻，玄朱綬，闕翟，章佩與公主同。郡君、縣主，佩水蒼玉，餘與郡長君同。太子良娣視九嬪服。縣主青朱綬，餘與良娣同。女侍中五鏌，假金印、紫綬，服鞠衣，佩水蒼玉。縣君銀章，青朱綬，餘與女侍中同。太子孺人同世婦。太子家人子同御女。鄉主、鄉君，素朱綬，佩水蒼玉，餘與御女同。

外命婦章印綬佩，皆如其夫。若夫假章印綬佩，妻則不假。一品、二品，七鏌蔽髻，服闕翟。三品五鏌，服鞠衣。四品三鏌，服展衣。五品一鏌，服褖衣。內外命婦、宮人女官從蠶，則各依品次，還著蔽髻，皆服青紗公服。如外命婦，綬帶鞶囊，皆准其夫公服之例。

百官之母詔加太夫人者，朝服公服，各與其命婦服同。

後周設司服之官，掌皇帝十二服。祀昊天上帝，則蒼衣蒼冕；祀東方上帝及朝日，則青衣青冕；祀南方上帝，則朱衣朱冕；祭皇地祇、祀中央上帝，則黄衣黄冕；祀西方上帝及夕月，則素衣素冕；祀北方上帝，祭神州、社稷，則玄衣玄冕；享先皇、加元服、納后、朝諸侯，則象衣象冕。十有二章，日、月、星辰、山、龍、華蟲六章在衣，火、宗彝、藻、粉米、黼、黻六章在裳，凡十二等。享諸先帝、大貞於龜、食三老五更、享諸侯、耕籍，則服衮冕，自龍已下，凡九章十二等。宗彝已下五章在衣，藻、火已下四章在裳，衣重宗彝。祀星辰、祭四望、視朔、大射、饗羣臣、巡犧牲、養國老，則服山冕，八章十二等。衣裳各四章，衣重火與宗彝。羣祀、視朝、臨太學、入道法門、宴諸侯與羣臣及燕射、養庶老、適諸侯家，則服鷩冕，七章十二等。衣三章，裳四章，衣重三章。衮、山、鷩三冕，皆裳重黼、黻，俱十有二等。通以升龍爲領褾。冕通十有二旒。巡兵即戎，則服韋弁，謂以韎韋爲弁，又以爲裳衣也。田獵行鄉畿，則服皮弁，謂以鹿子皮爲弁，白布衣而素裳也。皇帝凶服斬衰。父母之喪上下達。其弔服，錫衰以哭三公，緦衰以哭諸侯，皆十五升抽其半。錫者，涜其布，不涜其縷，哀在內。緦者，涜其縷，不涜其布，哀在外也。疑衰以哭大夫，十四升。皆素弁，如爵弁之數。環絰。

一服纏絰。凡大疫、大荒、大災則素服縞冠。凡疫病、荒飢、年災水旱也。

諸公之服九：一曰方冕。二曰衮冕，九章，宗彝已上五章在衣，藻已下四章在裳。三曰山冕，八章，衣裳各四章，衣重宗彝，爲九等。四曰鷩冕，七章，衣三章，裳四章，衣重火與宗彝。五曰火冕，六章，衣裳各三章，衣重宗彝及藻，裳重黼。六曰毳冕，五章，衣三章，裳二章，衣重藻、粉米，裳重黼、黻。山冕已下俱九等，皆以山爲領褾，冕俱九旒。七曰韋弁。八曰皮弁。九曰玄冠。

諸侯服，自方冕而下八，無衮冕。山冕八章，衣裳各四章。鷩冕七章，衣三章，裳四章，衣重宗彝。火冕六章，衣裳各三章，衣重藻，裳重黻。毳冕五章，衣三章，裳二章，衣重粉米，裳重黼、黻。鷩冕已下俱八等，皆以華蟲爲領褾。冕俱八旒。

諸伯服，自方冕而下七，又無山冕。鷩冕七章，衣三章，裳四章。火冕六章，衣裳各三章，裳重黻。毳冕五章，衣三章，裳二章，裳重黼、黻。火冕已下俱七等，皆以火爲領褾。冕俱七旒。

諸子服，自方冕而下六，又無鷩冕。火冕六章，衣裳各三章。毳冕五章，衣三章，裳二章，裳重黻。毳冕已下俱六等，皆以宗彝爲領褾。冕俱六旒。

諸男服，自方冕而下五，又無火冕。毳冕五章，衣三章，裳二章。以藻爲領褾。冕五旒。

三公之服九：一曰祀冕。二曰火冕，六章，衣裳各三章，衣重宗彝與藻，裳重黻。三曰毳冕，五章，衣三章，裳二章，衣重藻與粉米，裳重黼、黻。四曰藻冕，四章，衣裳俱二章，衣重藻與粉米，裳重黼、黻。五曰繡冕，三章，衣一章，裳二章，衣重粉米，裳重黼、黻，俱九等，皆以宗彝爲領褾。六曰爵弁。七曰韋弁。八曰皮弁。九曰玄冠。

三孤之服，自祀冕而下八，無火冕。毳冕五章，衣三章，裳二章，衣重粉米，裳重黼、黻。藻冕四章，衣裳各二章，衣重藻與粉米，裳重黼、黻，俱八等，皆以藻爲領褾。繡冕三章，衣一章，裳二章，衣重粉米，裳重黼、黻，爲八等。

公卿之服，自祀冕而下七，又無毳冕。藻冕四章，衣裳各二章，衣重粉米，裳重黼、黻，爲七等，皆以粉米爲領褾，各七。繡冕三章，衣一章，裳二章，衣重粉米，裳重黼、黻，爲七等。

上大夫之服，自祀冕而下六，又無藻冕。繡冕三章，衣一章，裳二章，衣重粉米，裳重黼，爲六等。

中大夫之服，自祀冕而下五，又無皮弁。繡冕三章，衣一章，裳二章，衣重粉米，爲五等。

下大夫之服，自祀冕而下四，又無爵弁。繡冕三章，衣一章，裳二章，衣重粉米，爲四等。

士之服三：一曰祀弁，二曰爵弁，三曰玄冠。玄冠皆玄衣。其裳，上士以玄，中士以黃，下士雜裳，謂前玄後黃也。庶士之服一：玄冠。庶士，庶人在官〔三六〕，府史之屬。其服緇衣裳。

後令文武俱著常服，冠形如魏帢，無簪有纓。其凶服皆與庶人同。其弔服，諸侯於其卿大夫，錫衰；同姓，緦衰；於士，疑衰。其當事則弁經，否則皮弁。公孤卿大夫之弔服，錫衰弁經，皮弁亦如之〔三七〕。士之弔服，疑衰素裳，當事弁經，否則徒弁。

皇后衣十二等。其翟衣六，從皇帝祀郊禖，享先皇，朝皇太后，則服翬衣。素質，五色。祭陰社，朝命婦，則服褕衣。青質，五色。祭羣小祀，受獻繭〔三八〕，則服鷩衣。赤衣。采桑則服鳪衣。黃色。從皇帝見賓客，聽女教，則服鵫衣。白色。食命婦，歸寧，則服翟衣。玄色。俱十有二等，以翬雉爲領褾，各有二。臨婦學及法道門，燕命婦〔三九〕，有時見命婦，則蒼衣。春齋及祭還，則青衣。夏齋及祭還，則朱衣。采桑齋及采桑還，則黃衣。秋齋及祭還，則素衣。冬齋及祭還，則玄衣。自青衣而下，其領褾以相生之色。

諸公夫人九服，其翟衣雉皆九等，俱以褕雉爲領褾，各九。自褕衣已下五，曰褕衣、鷩衣、鳪衣、鵫衣、翟衣，并朱衣、黃衣、素衣、玄衣而九。自朱衣而下，其領褾亦同用相生之色。

諸侯夫人，自鷩而下八。其翟衣雉皆八等，俱以鷩雉爲領褾。無褕衣。

諸伯夫人，自鳪而下七。其翟衣雉皆七等，俱以鳪雉爲領褾。又無鷩衣。

諸子夫人，自鵫而下六。其翟衣俱以鵫雉爲領褾。又無鳪衣。

諸男夫人，自翙而下五。其翟衣雉皆五等，俱以翙雉爲領褾。又無鵫衣。

三妃、三公夫人之服九：一曰鳪衣，二曰鵫衣，三曰翙衣，四曰青衣，五曰朱衣，六曰黄衣，七曰素衣，八曰玄衣，九曰髾衣。似髪。華皆九樹。其雉衣亦皆九等，以鳪雉爲領褾，各九。

三姺、三孤之内子，自鵫衣而下八。雉衣皆八等，以鵫雉爲領褾，各八。

六嬪、六卿之内子，自翙衣而下七。雉衣皆七等，以翙雉爲領褾，各七。

上媛、上大夫之孺人，自青衣而下六。

中媛、中大夫之孺人，自朱衣而下五。

下媛、下大夫之孺人，自黄衣而下四。

御婉、士之婦人，自素衣而下三。

中宫六尚，緅衣〔四〇〕。其色赤而微玄。

諸命秩之服，曰公服，其餘常服，曰私衣。皇后華皆有十二樹。諸侯之夫人，亦皆以命數爲之節。三妃、三公夫人已下，又各依其命。一命再命者，又俱以三爲節。

皇后及諸侯夫人之服，皆舄履。三妃、三公夫人已下，翟衣則舄，其餘皆屨。舄、履各如其裳之色。

皇后之凶服，斬衰、齊衰，降旁朞已下。弔服，爲妃、嬪、三公之夫人、孤卿内子之喪，錫衰。錫者，十五升去其半。無事其縷，有事其布，哀在内也。爲諸侯夫人之喪，緦衰。緦亦十五升去其半。有事其縷，無事其布，哀在外也〔四一〕。爲媛、御婉及大夫孺人、士之婦人之喪，疑衰。十四升，疑於吉。皆吉笄，無首。象笄，去首飾。太陰虧則素服。蕩天下之陰事。諸侯之夫人及三妃與三公之夫人已下凶事，則五衰：自緦已上皆服之。其弔，諸侯夫人於卿之内子、大夫孺人，錫衰。於己之同姓之臣，緦衰。於士之婦人，疑衰。皆吉笄，無首。其三妃已下及媛、三公夫人已下及孺人，其弔服錫衰。御婉及士之婦人，弔服疑衰。疑衰同笄。九族已下皆骨笄。

韠，皇帝三章，龍、火、山；諸侯二章，去龍；卿大夫一章，以山。皆織綵以成之。

皇帝八璽，有神璽，有傳國璽，皆寶而不用。神璽明受之於天，傳國璽明受之於運。皇帝負扆，則置神璽於筵前之右，置傳國璽於筵前之左。又有六璽。其一「皇帝行璽」，封命諸侯及三公用之。其二「皇帝之璽」，與諸侯及三公書用之。其三「皇帝信璽」，發諸夏之兵用之。其四「天子行璽」，封命蕃國之君用之。其五「天子之璽」，與蕃國之君書用之。其六「天子信璽」，徵蕃國之兵用之。六璽皆白玉爲之，方一寸五分，高寸，螭獸鈕。

皇后璽，文曰「皇后之璽」，白玉爲之，方寸五分，高寸，麟鈕。

三公諸侯皆金印，方寸二分，高八分，龜鈕。七命已上銀，四命已上銅，皆龜鈕。三命已上〔四二〕，銅印銅鼻。其方皆寸，其高六分，文曰「某公官之印」。

皇帝之組綬，以蒼，以青，以朱，以黄，以白，以玄，以纁，以紅，以紫，以緅，以碧，以緑，十有二色。諸公九色，自黄以下。諸侯八色，自白以下。諸伯七色，自玄以下。諸子六色，自纁已下。諸男五色，自紅已下。三公之綬，如諸公。三孤之綬，如諸侯。六卿之綬，如諸伯。上大夫之綬，如諸子。中大夫之綬，如諸男。下大夫綬，自紫已下。士之綬，自緅已下。其璽印之綬，亦如之。

保定四年，百官始執笏，常服上焉。宇文護始命袍加下欄。

宣帝即位，受朝於路門，初服通天冠，絳紗袍。羣臣皆服漢、魏衣冠。大象元年，制冕二十四旒，衣服以二十四章爲準。二年下詔，天臺近侍及宿衛之官，皆著五色衣，以錦綺繢繡爲緣，名曰品色衣。有大禮則服冕。內外命婦皆執笏，其拜俛伏方興。

校勘記

〔一〕以朱繡裨飾其側　「繡」，通典卷六一禮二一君臣服章制度作「緣」。

〔二〕猶如衮冕　「如」，原作「加」，據宋乙本改。通典卷六一禮二一君臣服章制度、册府卷五七九掌禮部奏議亦作「如」。

〔三〕蜼禺屬　「禺」，原作「蝺」，據册府卷五七九掌禮部奏議改。周禮司尊彝鄭注：「蜼，禺屬，卬鼻而長尾。」

〔四〕疑是畫師加葩蘤耳　「師」，宋乙本、至順本、通典卷六一禮二一君臣服章制度、册府卷五七九掌禮部奏議作「飾」。

〔五〕初出乘金輅服之　「金」，原作「今」，據册府卷五七九掌禮部奏議改。

〔六〕不容同在於朝　「同在於朝」，宋乙本、汲本、通典卷六一禮二一君臣服章制度、册府卷五七九掌禮部奏議作「同於在朝」。

〔七〕遂用珊瑚雜珠　「雜珠」，隋書詳節卷三禮儀志作「玉珠」。下文顧和奏「今不能備玉珠」，疑作「玉珠」是。

〔八〕皁緣白紗中衣　「中」，原作「巾」，據至順本改。通典卷六一禮二一君臣服章制度亦作「中」。

〔九〕介幘　「幘」字原闕，據宋乙本、大德本、至順本、汲本補。

〔一〇〕一百四十首　「一百」，原作「二百」，通典卷六三禮二三天子諸侯玉佩劍綬璽印作「百四十首」，疑因「一」、「二」形近致誤，今據改。

〔一一〕一百首　「一」，原作「二」，據通典卷六三禮二三天子諸侯玉佩劍綬璽印改。

〔一二〕絇屨　「絇」，原作「朐」，據通典卷六一禮二一君臣服章制度改。下文「絇屨」同改。

〔一三〕謂之光禄大夫　「光禄大夫」，通典卷六三禮二三天子諸侯玉佩劍綬璽印作「銀青光禄」。

〔一四〕其屯騎　宋乙本、至順本、通典卷六三禮二三天子諸侯玉佩劍綬璽印此句下有「越騎」二字。

〔一五〕翊帥　「帥」，本書卷二六百官志上作「師」。

〔一六〕陳銅章龜鈕　「銅章」，通典卷六三禮二三天子諸侯玉佩劍綬璽印作「銀章」。

〔一七〕祕書著作掌書主書主圖主譜典客令史書令史　「書令史」，宋乙本、大德本、至順本、汲本無。

〔一八〕獸威　「獸」，本應作「虎」，唐人諱改。

〔一九〕武牙　「武」，本應作「虎」，唐人諱改。

〔二〇〕智武勝駿等十猛將軍　「武」，原作「威」，據通典卷六三禮二三天子諸侯玉佩劍綬璽印改。參本書卷二六校勘記〔四三〕。

〔二一〕起略勝出等十飈將軍　「起」，通典卷六三禮二三天子諸侯玉佩劍綬璽印「陳制」作「超」。

〔二二〕武視　「武」，本應作「虎」，唐人諱改。

〔二三〕進鋭　本書卷二六百官志上、通典卷六三禮二三天子諸侯玉佩劍綬璽印「陳制」作「追鋭」。

〔二四〕起猛　本書卷二六百官志上、通典卷六三禮二三天子諸侯玉佩劍綬璽印「陳制」作「超猛」。

〔二五〕輕鋭　本書卷二六百官志上作「輕車」。

〔二六〕全威　本書卷二六百官志上作「金威」。

〔二七〕登上條九品馳射已上諸戎號　「馳射」，原作「馳尉」，據宋乙本、至順本、汲本改。

〔二八〕假墨綬　「墨綬」，與下文「別部司馬已下」重。宋書卷一八禮志五作「青綬」。

〔二九〕太官尚食武賁稱飯宰人諸宮尚食武賁　兩「尚食」，原作「嘗食」。宋書卷一八禮志五所述與此大致契合，今據改。

〔三〇〕領軍捉刃人　「刃」，疑爲「刀」之誤。下文敍「太子妃傳令」有「執刀」。

〔三一〕皆深衣制　「皆」，原作「比」，此服制沿自前代，今據續漢書輿服志下改。

〔三二〕諸爵獸皆以翡翠爲華　續漢書輿服志下敍此制，「華」上有「毛羽金題白珠璫繞以翡翠爲」十二字。

〔三三〕純朱質　「純」，原作「綬」，據宋乙本、至順本、汲本改。

〔三四〕上藩用中金中藩用下金下藩用銀　「下金下藩用」五字原闕，據宋乙本、南監本、北監本、汲本、殿本補。

〔三五〕「開國縣侯伯散縣侯伯」至「長一丈六尺百四十首廣七寸」　此三十五字原闕，據宋乙本、南監本、北監本、汲本、殿本補。通典卷六三禮二三天子諸侯玉佩劍綬璽印無「散縣侯伯」及「一」字。

〔三六〕庶人在官　「官」，原作「宮」，據宋乙本、大德本、至順本、汲本改。

〔三七〕皮弁亦如之　「之」字原闕，據宋乙本、至順本補。

〔三八〕受獻繭　「繭」，原作「璽」，據通典卷六二禮二二后妃命婦服章制度改。

〔三九〕燕命婦　「燕」字原闕，據宋乙本、至順本補。通典卷六二禮二二后妃命婦服章制度亦有「燕」字。

〔四〇〕緅衣　「緅衣」上原有「一曰」二字，據宋乙本刪。通典卷六二禮二二后妃命婦服章制度亦作「緅衣」。

〔四一〕哀在外也　「哀」，原作「衰」，據宋乙本、大德本、至順本、南監本、北監本、汲本、殿本改。

〔四二〕三命已上　「上」，大德本、至順本作「下」，疑是。

隋書卷十二

志第七

禮儀七

高祖初即位，將改周制，乃下詔曰：「宣尼制法，云行夏之時，乘殷之輅〔一〕。弈葉共遵，理無可革。然三代所尚，衆論多端，或以爲所建之時，或以爲所感之瑞，或當其行色，因以從之。今雖夏數得天，歷代通用，漢尚於赤，魏尚於黄，驪馬玄牲，已弗相踵，明不可改，建寅歲首，常服於黑。朕初受天命，赤雀來儀，兼姬周已還，於兹六代。三正迴復，五德相生，總以言之，並宜火色。垂衣已降，損益可知，尚色雖殊，常兼前代。其郊丘廟社，可依衮冕之儀，朝會衣裳，宜盡用赤。昔丹烏木運，姬有大白之旂，黄星土德，曹乘黑首之馬，在祀與戎，其尚恒異。今之戎服，皆可尚黄，在外常所著者，通用雜色。祭祀之服，須合禮經，宜集通儒，更可詳議。」太子庶子、攝太常少卿裴政奏曰〔三〕：「竊見後周制冕，加爲十二，既與前禮數乃不同，而色應五行，又非典故。謹案三代之冠，其名各別。六等之冕，承用區分，璪玉五采，隨班異飾，都無迎氣變色之文。唯月令者，起于秦代，乃有青旂赤玉，白駱黑衣，與四時而色變，全不言於弁冕。五時冕色，禮既無文，稽於正典，難以經證。且後魏已來，制度咸闕。天興之歲，草創繕修，所造車服，多參胡制。故魏收論之，稱爲違古，是也。周氏因襲，將爲故事，大象承統，咸取用之，輿輦衣冠，甚多迂怪。今皇隋革命，憲章前代，其魏、周輦輅不合制者，已勑有司盡令除廢，然衣冠禮器，尚且兼行。乃有立夏衮衣，以赤爲質，迎秋平冕，用白成形，既越典章，須革其謬。謹案續漢書禮儀志云『立春之日，京都皆著青衣』，秋夏悉如其色。逮于魏、晉，迎氣五郊，行禮之人，皆同此制。考尋故事，唯幘從衣色。今請冠及冕，色並用玄，唯應著幘者，任依漢、晉。」制曰：「可。」

於是定令，採用東齊之法。

乘輿衮冕，垂白珠十有二旒，以組爲纓，色如其綬，黈纊充耳，玉笄。玄衣，纁裳。衣，山、龍、華蟲、火、宗彝五章；裳，藻、粉米、黼、黻四章。衣重宗彝，裳重黼、黻，爲十二等。衣褾、領織成升龍，白紗内單，黼領，青褾、襈、裾。革帶，玉鉤艓，大帶，素帶朱裏，紕其外，上以朱，下以緑。韍隨裳色，龍、火、山三章。鹿盧玉具劍，火珠鏢首。白玉雙佩，玄組。

雙大綬，六采，玄黄赤白縹緑，純玄質，長二丈四尺，五百首，廣一尺；小雙綬，長二尺六寸，色同大綬，而首半之，間施三玉環。朱韈，赤舄，舄加金飾。祀圓丘、方澤、感帝、明堂、五郊、雩、䄍、封禪、朝日、夕月、宗廟、社稷、籍田、廟遣上將、征還飲至、元服、納后、正月受朝及臨軒拜王公，則服之。通天冠，加金博山，附蟬，十二首，施珠翠，黑介幘，玉簪導。絳紗袍，深衣制〔三〕，白紗内單，皁領、褾、襈、裾，絳紗蔽膝，白假帶，方心曲領。其革帶、劍、佩、綬、舄，與上同。若未加元服，則雙童髻，空頂黑介幘，雙玉導，加寶飾。朔日受朝、元會及冬會、諸祭還，則服之。武弁，金附蟬，平巾幘，餘服具服。講武、出征、四時蒐狩、大射、禡、類、宜社、賞祖、罰社、纂嚴，則服之。黑介幘，白紗單衣，烏皮履，拜陵則服之。白紗帽，白練裙襦，烏皮履，視朝、聽訟及宴見賓客，皆服之。白帢，白紗單衣，烏皮履，舉哀則服之。

神璽，寶而不用。受命璽，封禪則用之。「皇帝行璽」，封命諸侯及三師、三公，則用之。「皇帝之璽」，賜諸侯及三師、三公書，則用之。「皇帝信璽」，徵諸夏兵，則用之。「天子行璽」，封命蕃國之君，則用之。「天子之璽」，賜蕃國之君書，則用之。「天子信璽」，徵蕃國兵，則用之。常行詔勑，則用内史門下印。

皇帝臨臣之喪，三品已上，服錫衰；五等諸侯，緦衰；四品已下，疑衰。

皇太子衮冕，垂白珠九旒，青纊充耳，犀笄。玄衣，纁裳。衣，山、龍、華蟲、火、宗彝五章；裳，藻、粉米、黼、黻四章。織成爲之。白紗内單，黼領，青褾、襈、裾。革帶，金鉤䚢，大帶，素帶不朱裏，亦紕以朱緑。黻隨裳色，火、山二章。玉具劍，火珠鏢首。瑜玉雙佩，朱組。雙大綬，四采，赤白縹紺，純朱質，長一丈八尺，三百二十首，廣九寸；小雙綬，長二尺六寸，色同大綬，而首半之，間施二玉環。朱韈，赤舄，以金飾。侍從皇帝祭祀及謁廟、元服、納妃，則服之。

遠遊三梁冠，加金附蟬，九首，施珠翠，黑介幘，纓翠緌，犀簪導。絳紗袍，白紗内單，皁領、褾、襈、裾，白假帶，方心曲領，絳紗蔽膝，韈，舄。其革帶、劍、佩、綬與上同。未冠則雙童髻，空頂黑介幘，雙玉導，加寶飾。謁廟、還宮、元日朔日入朝、釋奠，則服之。

遠遊冠，公服，絳紗單衣，革帶，金鉤䚢，假帶，方心。紛長六尺四寸，廣二寸四分，色同其綬。金縷鞶囊，韈，履。五日常朝，則服之。

白帢，單衣，烏皮履，爲宮臣舉哀，則服之。

皇太子璽，宮内大事用之。小事用左、右庶子印。

皇太子臨弔三師、三少，則錫衰；宮臣四品已上，緦衰；五品已下，疑衰。

衮冕，青珠九旒，以組爲纓，色如其綬。自此已下，纓皆如之。服九章，同皇太子。王、國公、開國公初受册，執贄，入朝，祭，親迎，則服之。三公助祭者亦服之。

鷩冕，侯八旒，伯七旒。服七章。衣，華蟲、火、宗彝三章；裳，藻、粉米、黼、黻四章。八旒者，重宗彝。侯、伯初受册，執贄，入朝，祭，親迎，則服之。

毳冕，子六旒，男五旒。服五章。衣，宗彝、藻、粉米三章；裳，黼、黻二章。六旒者裳重黻。子、男初受册，執贄，入朝，祭，親迎，則服之。

絺冕，三品七旒，四品六旒，五品五旒。服三章。七旒者，衣粉米一章爲三重，裳黼、黻二章各二重。六旒者，減黼一重。五旒，又減黻一重。正三品已下、從五品已上，助祭則服之。

自王公已下服章，皆繡爲之。祭服冕，皆簪導、青纊充耳。玄衣，纁裳，白紗內單，黼領，絺冕已下，內單青領。青褾、襈、裾。革帶，鉤鰈，大帶，王、三公及公、侯、伯、子、男，素帶，不朱裏，皆紕其外，上以朱，下以緑。正三品已下、從五品已上，素帶，紕其垂，外以玄，內以黄。紐約皆用青組。朱韍，凡韍皆隨裳色，衮、鷩毳，火、山二章。絺，山一章。劍，佩，綬，韈，赤舄。

爵弁，玄纓無旒，從九品已上，助祭，則服之。其制服簪導，玄衣、纁裳無章，白絹內單，青領、褾、襈、裾，革帶，大帶，練帶紕其垂，內外以緇。紐約用青組。爵韠，韈，赤履。

武弁，平巾幘，諸武職及侍臣通服之。侍臣加金璫附蟬，以貂爲飾，侍左者左珥，右者右珥。

遠遊三梁冠，黑介幘，諸王服之。

進賢冠，黑介幘，文官服之。從三品已上三梁，從五品已上兩梁，流内九品已上一梁。

法冠，一名獬豸冠，鐵爲柱，其上施珠兩枚，爲獬豸角形。法官服之。

高山冠，謁者服之。

却非冠，門者及禁防伺非服之。

黑介幘，平巾黑幘，應服者，並上下通服之。庖人則緑幘。

白帢，白紗單衣，烏皮履，上下通服之。

委貌冠，未冠則雙童髻，空頂黑介幘，皆深衣，青領，烏皮履。國子太學四門生服之。

朝服，亦名具服。冠，幘，簪導，白筆，絳紗單衣，白紗内單，皂領、袖，皂襈，革帶，鉤艓〔四〕，假帶，曲領方心，絳紗蔽膝，韈，舄，綬，劍，佩。從五品已上，陪祭、朝饗、拜表，凡大事則服之。六品已下、從七品已上，去劍、佩、綬，餘並同。

自餘公事，皆從公服。亦名從省服。冠，幘，簪導，絳紗單衣，革帶，鉤艓，假帶，方心，韈，履，紛，鞶囊。從五品已上服之。

絳褠衣公服，褠衣即單衣之不垂胡也。袖狹，形直如褠内。餘同從省。流外五品已下、九品已上服之。

綬，王，纁朱綬，四采，赤黄縹紺，純朱質，纁文織，長一丈八尺，二百四十首，廣九寸。侯、伯，公，玄朱綬，四采，玄赤縹紺，純朱質，玄文織，長一丈八尺，二百四十首，廣九寸。子、男，素朱青朱綬，四采，青赤白縹，純朱質，青文織，長一丈六尺，百八十首，廣八寸。正、從一品，緑綟綬，三采，青赤白，純朱質，白文織成，一丈四尺，百四十首，廣七寸。正、從三品已上，紫綬，三采，四采，緑紫黄赤，純緑質，長一丈八尺，二百四十首，廣九寸。從三品已上，紫綬，三采，紫黄赤，純紫質，長一丈六尺，百八十首，廣八寸。銀青光禄大夫，朝議大夫及正、從四品，青綬，三采，青白紅，純青質，長一丈四尺，百四十首，廣七寸。正、從五品，墨綬，二采，青紺，純紺質，長一丈二尺，百首，廣六寸。自王公已下，皆有小雙綬，長二尺六寸，色同大綬，而首半之。正、從一品，施二玉環，已下不合。其有綬者則有紛，皆長六尺四寸，廣二寸四分，各隨其綬色。

鞶囊，二品已上金縷，三品金銀縷，四品及開國男銀縷，五品綵縷。官無綬者，則不合劍佩。一品及五等諸侯，並佩山玄玉。五品已上，佩水蒼玉。

年高致仕及以理去官，被召謁見，皆服前官從省服。州郡秀孝，試見之日，皆假進賢一梁冠，絳公服。

隱居道素之士，被召入謁見者，黑介幘，白單衣，革帶，烏皮履。

左右衛、左右武衛、左右武候大將軍，領左右大將軍，並武弁，絳朝服，劍，佩，綬。侍從則平巾幘，紫衫，大口袴褶，金玳瑁裝兩襠甲。唯左右武衛大將軍執赤檉杖。左右衛、左右武衛、左右武候將軍、領左右將軍、左右監門衛將軍、太子左右衛、左右宗衛、左右內等率、左右監門郎將及諸副率，並武弁，絳朝服，劍，佩，綬。侍從則平巾幘，紫衫，大口袴，金裝兩襠甲。唯左右武衛將軍、太子左右宗衛率，執白檀杖。

直閤將軍、直寢、直齋、太子直閤，武弁，絳朝服，劍，佩，綬。侍從則平巾幘，絳衫，大口袴褶，銀裝兩襠甲。

皇后首飾，花十二樹。皇太子妃，公主，王妃，三師、三公及公夫人，一品命婦，並九樹。侯夫人，二品命婦，並八樹。伯夫人，三品命婦，並七樹。子夫人，世婦及皇太子昭訓，四品已上官命婦，並六樹。男夫人，五品命婦，五樹。女御及皇太子良娣，三樹。自皇后已下，小花並如大花之數〔五〕，并兩博鬢也。

皇后褘衣，深青織成爲之。爲翬翟之形，素質，五色，十二等。青紗內單，黼領，羅縠褾、襈，蔽膝，隨裳色，用翟爲章，三等。大帶，隨衣色，朱裏，紕其外，上以朱錦，下以緑錦。紐約用青組。以青衣，革帶，青韈、舄，舄加金飾。白玉佩，玄組、綬。章采尺寸，與乘輿同。祭及朝會，凡大事則服之。

鞠衣，黄羅爲之。應服者皆同。其蔽膝、大帶及衣，革帶、舄，隨衣色。餘與褘衣同，唯無雉。親蠶則服之。應服者皆以助祭。

青衣，青羅爲之，制與鞠衣同。去花、大帶及佩綬。以禮見皇帝，則服之。

朱衣，緋羅爲之，制如青衣。宴見賓客則服之。

皇太后服與皇后同。皇太后璽，不行用，若封令書，則用宫官之印。

皇后璽，不行用，若封令書，則用内侍之印。

皇太子妃褕翟，青織成爲之。爲摇翟之形，青質，五色，九等。青紗内單，黼領，羅縠褾、襈，蔽膝，隨衣色，以摇翟爲章，三等。大帶，隨衣色，下朱裹，紕其外，上以朱錦，下以緑錦。紐約用青組。以青衣，革帶，青韈、舄，舄加金飾。瑜玉佩，純朱綬。章采尺寸，與皇太子同。助祭朝會，凡大事則服之。亦有鞠衣。

皇太子妃璽，不行用，若封書，則用典内之印。

公主，王妃，三師、三公及公侯伯夫人，服褕翟。繡爲之。公主，王妃，三師三公及公夫人爲九等，侯夫人八等，伯夫人七等。助祭朝會，凡大事則服之。亦有鞠衣。

子、男夫人，服闕翟。緋羅爲之。刻赤繒爲翟形，不繡，綴於服上。子夫人六等，男夫人五等。

助祭朝會，凡大事則服之。亦有鞠衣。

諸王、公、侯、伯、子、男之母，與妃、夫人同。其郡縣君，各視其夫及子。若郡縣君品高及無夫、子者，准品。

嬪及從三品已上官命婦，青服。制與褕翟同，青羅爲之，唯無雉。助祭朝會，凡大事則服之。亦有鞠衣。

世婦及皇太子昭訓，從五品已上官命婦，服青服。助祭從蠶朝會，凡大事則服之。

女御及皇太子良媛，朱服。制與青服同，去佩綬。助祭從蠶朝會，凡大事則服之。

六尚，朱絲布公服。助祭從蠶朝會，凡大事則服之。

六司、六典及皇太子三司、三典、三掌，青紗公服。助祭從蠶朝會，凡大事則服之。

佩綬，嬪同九卿，世婦及皇太子昭訓同五品，公主、王妃同諸王，三師、三公、五等國夫人及從五品已上官命婦，皆准其夫。無夫者准品。

定令訖。

高祖元正朝會，方御通天服，郊丘宗廟，盡用龍衮衣，大裘毳襦，皆未能備。至平陳，得其器物，衣冠法服，始依禮具。然皆藏御府，弗服用焉。百官常服，同於匹庶，皆著黄袍，出入殿省。高祖朝服亦如之，唯帶加十三環，以爲差異。蓋取於便事。及大業元年，煬帝始詔吏部尚書牛弘、工部尚書宇文愷、兼內史侍郎虞世基、給事郎許善心、儀曹郎袁朗等，憲章古制，創造衣冠，自天子逮于胥皁，服章皆有等差。若先所有者，則因循取用，弘等議定乘輿服，合八等焉。

大裘冕之制，案周禮，大裘之冕，無旒。三禮衣服圖：「大裘而冕，王祀昊天上帝及五帝之服。」至秦，除六冕，唯留玄冕。漢明帝永平中，方始創制。董巴志云：「漢六冕同制，皆闊七寸，長尺二寸，前圓後方。」於是遂依此爲大裘冕制，青表，朱裏，不施旒纊，不通於下。其大裘之服，案周官注「羔裘也」。其制，准禮圖，以羔正黑者爲之，取同色繒以爲領袖。其裳用纁，而無章飾，絳韈，赤舄。祀圓丘、感帝、封禪、五郊、明堂、雩、禮，皆服之。

袞冕之制，案禮玉藻「十有二旒」。大戴禮云：「冕而加旒，以蔽明也，琇纊塞耳，以蔽聰也。」又禮含文嘉：「前後邃延，不視邪也，加以黈纊，不聽讒也。」三王之冕，既不通制，故夫子云：「行夏之時，服周之冕。」今以采綖貫珠，爲旒十二。邃延者，出冕前後而下垂之，旒齊於髆，纊齊於耳，組爲纓，玉笄導。其爲服之制，案釋名云「袞，卷也」，謂畫龍於上也。是時虞世基奏曰：

後周故事，升日月於旌旗，乃闕三辰，而章無十二。但有山、龍、華蟲作繪，宗彝、藻、火、粉米、黼、黻，乃與三公不異。開皇中，就裏欲生分別，故衣重宗彝，裳重黼、黻，合重二物，以就九章，爲十二等。但每一物，上下重行。衮服用九，鷩服用七，今重此三物，乃非典故。且周氏執謙，不敢負於日月，所以綴此三象，唯施太常，天王衮衣，章乃從九。但天子譬日，德在照臨，辰爲帝位，月主正后，負此三物，合德齊明，自古有之，理應無惑。周執謙道，殊未可依，重用宗彝，又乖法服。

今准尚書：「予欲觀古人之服，日、月、星辰、山、龍、華蟲作會，宗彝、藻、火、粉米、黼、黻絺繡。」具依此，於左右髆上爲日月各一，當後領下而爲星辰，又山、龍九物，各重行十二。又近代故實，依尚書大傳：「山、龍純青，華蟲純黃，作會；宗彝純黑，藻純白，火純赤。」以此相間，而爲五采。鄭玄議已自非之，云：「五采相錯，非一色也。」今並用織成於繡，五色錯文。准孔安國，衣質以玄，加山、龍、華蟲、火、宗彝等，並織成爲五物；裳質以纁，加藻、粉米、黼、黻之四。衣裳通數，此爲九章，兼上三辰，而備十二也。衣褾、領上各帖升龍，漢、晉以來，率皆如此。既是先王法服，不可乖於夏制，徵而用之，理將爲允。

墨勑曰：「可。」承以單衣。又案董巴輿服志宗廟冕服云：「絳領、袖爲内單衣。」又車服雜記曰：「天子釋奠、郊祭而單衣，以絳緣。」今用白紗爲内單，黼領，絳褾，青裾及襈。革帶，玉鉤艓，大帶朱裏，紕其外。紐約用組，上加朱韍。又案説文：「韠，韍也。所以蔽前。」禮記曰：「有虞氏韍，夏后氏山，殷火，周龍章。」鄭玄曰：「冕之韍也，舜始作之，以尊祭服。禹、湯至周，增以文飾。」禮記曰：「君朱韠。」鄭曰：「韠象裳色。」今依白武通注，以蔽裳前，上闊一尺，象天數也；下闊二尺，象地數也；長三尺，象三才也；加龍章山火，以備三代之法也。於是制衮冕之服，玄衣，纁裳，合九章爲十二等。白紗内單，黼領，青褾、襈。革帶，玉鉤艓，大帶，韍，鹿盧玉具劍，火珠鏢首，白玉雙佩，玄組，大、小綬。朱韈，赤舄，舄飾以金。宗廟、社稷、籍田、方澤、朝日、夕月、遣將授律、征還飲至、加元服、納后、正冬受朝、臨軒拜爵，皆服之。

通天冠之制，案董巴志：「冠高九寸，形正豎，頂少邪却，後乃下直爲鐵卷梁〔六〕，前有高山。」故禮圖或謂之高山冠也。晉起居注，成帝咸和五年，制詔殿内曰：「平天、通天冠，並不能佳，可更修理之。」雖在禮無文，故知天子所冠，其來久矣。又徐氏輿服注曰：「通天冠，高九寸，黑介幘，金博山。」徐爰亦曰：「博山附蟬，謂之金顔。」今制依此，不通於下，獨天子元會臨軒服之。其服絳紗袍，深衣制，白紗内單，皁領、褾、裾、襈，絳紗蔽膝，白假帶，方心曲領。其劍、佩、綬、舄、革帶，皆與上同。元冬饗會、諸祭還，則服之。四時視朔，則内單領、襈，各隨其方色。唯秋方色白，以緑代之。

遠遊冠之制，案漢雜事曰：「太子諸王服之。」故淮南子曰：「楚莊王冠通梁，組纓。」注云：「通梁，遠遊也。」晉令：「皇太子諸王，給遠遊冠。」徐氏雜注曰：「天子雜服，遠遊五梁。太子諸王三梁。」董巴志曰：「制如通天，有展筩，横之幘上。」今制依此，天子加金博山，九首，施珠翠，黑介幘，金緣，以承之。翠緌纓，犀簪導。太子親王加金附蟬，宗室王去附蟬，並不通於庶姓。其乘輿遠遊冠服，白紗單衣，承以裙襦，烏皮履，拜山陵則服之。

武弁之制，案徐爰宋志，謂籠冠是也。禮圖曰：「武士服之。」董巴輿服志云：「諸常侍、内常侍，加黄金附蟬、貂尾，謂之惠文冠。」今制，天子金博山，三公已上玉冠枝，四品已上金枝。侍臣加附蟬，珥豐貂，文官七品已上珥白筆，八品已下及武官，皆不珥筆。其乘輿武弁之服，衣、裳、綬如通天之服。講武、出征、四時蒐狩、大射、禡、類、宜社、賞祖、罰社、纂嚴，皆服之。

弁之制，案五經通義：「高五寸，前後玉飾。」詩云：「璯弁如星。」董巴曰：「以鹿皮爲之。」尚書顧命：「四人綦弁，執戈。」故知自天子至于執戈，通貴賤矣。魏臺訪議曰：「天子以五采玉珠十二飾之。」今參准此〔七〕，通用烏漆紗而爲之。天子十二琪，皇太子及一品九琪，二品八琪，三品七琪，四品六琪，五品五琪，六品已下無琪。唯文官服之，不通武職。案禮圖，有結纓而無笄導。少府少監何稠，請施象牙簪導。詔許之。弁加簪導，自茲始也。乘輿鹿皮弁服，緋大襦，白羅裙，金烏皮履，革帶，小綬長二尺六寸，色同大綬，而首半之，間施三玉環，白玉佩一隻。視朝聽訟則服之。凡弁服，自天子已下，内外九品已上，弁皆以烏爲質，並衣袴褶。五品已上以紫，六品已下以絳。宿衛及在仗内，加兩襠，螣蛇絳褠衣，連裳。典謁贊引，流外冗吏，通服之以縵。後制鹿皮弁，以賜近臣。

帽，古野人之服也。董巴云：「上古穴居野處，衣毛帽皮。」以此而言，不施衣冠，明矣。案宋、齊之間，天子宴私，著白高帽，士庶以烏，其制不定。或有卷荷，或有下裙，或有紗高屋，或有烏紗長耳。後周之時，咸著突騎帽，如今胡帽，垂裙覆帶，蓋索髮之遺象也。又文帝項有瘤疾，不欲人見，每常著焉。相魏之時，著而謁帝，故後周一代，將爲雅服，小朝公宴，咸許戴之。開皇初，高祖常著烏紗帽，自朝貴已下，至于冗吏，通著入朝。今復制白紗高屋帽，其服，練裙襦，烏皮履。宴接賓客則服之。

白帢，案傅子：「魏太祖以天下凶荒，資財乏匱，擬古皮弁，裁縑帛以爲之。」蓋自魏始也。梁令，天子爲朝臣等舉哀則服之。今亦准此。其服，白紗單衣，承以裙襦，烏皮履。舉哀臨喪則服之。

幘，案董巴云：「起於秦人，施於武將，初爲絳袙，以表貴賤焉。至漢孝文時，乃加以高顏。」孝元帝額有壯髮，不欲人見，乃始進幘。又董偃召見，緑幘傅韝。東觀記云：「詔賜段熲赤幘大冠一具。」故知自上已下，至于皁隸，及將帥等，皆通服之。今天子畋獵御戎，文官出遊田里，武官自一品已下，至于九品，并流外吏色，皆同烏。厨人以緑，卒及馭人以赤，舉輦人以黄。駕五輅人，逐其車色。承遠遊、進賢者，施以掌導，謂之介幘。承武弁者，施以笄導，謂之平巾。其乘輿黑介幘之服，紫羅褶，南布袴，玉梁帶，紫絲鞋，長靿靴。畋獵豫遊則服之。

皇太子服六等，衮冕九旒，朱組纓，青纊琉耳，犀簪導。紺衣，纁裳，去日月星辰爲九章。白紗内單，黼黻領，青褾、襈、裾。革帶，金鉤鰈，大帶，韍二章，玉具劍。侍從祭祀，及謁廟、加元服、納妃，則服之。據晉咸寧四年故事，衣色用玄，改用紺。舊章用織成，降以繡。玉具劍，故事以火珠鏢首，改以白珠。開皇中，皇太子冕同天子，貫白珠。及仁壽元年，煬帝爲太子，以白珠太逼，表請從青珠。於是太子衮冕，與三公王等，皆青珠九旒。旒短不及觶，降天子二寸。

遠遊冠，金附蟬，加寶飾珠翠，九首，珠纓翠緌，犀簪導。絳紗袍，白紗内單，皁領、褾、襈、裾。白假帶，方心曲領，絳紗蔽膝。韈，舄，革帶，劍，佩，綬同衮冕。未冠則雙童髻，空頂黑介幘，雙玉導，加寶飾珠翠，二首。謁廟還，元日、朔旦入朝，釋奠，則服之。

始後周采用周禮，皇太子朝賀，皆衮冕九章服。開皇初，自非助祭，皆冠遠遊冠。至此，牛弘奏云：「皇太子冬正大朝，請服袞冕。」帝問給事郎許善心曰：「太子朝謁，著遠遊冠，有何典故？」對曰：「晉令皇太子給五時朝服、遠遊冠。至宋泰始六年，更議儀注，儀曹郎丘仲起議：『案周禮，公自袞冕已下，至卿大夫之玄冕，皆其朝聘之服也。伏尋古之公侯，尚得服袞，以入朝見，況皇太子儲副之尊，謂宜式遵盛典，服袞朝賀。』兼左丞陸澄議：『服冕以朝，實著經典，自秦除六冕之制，後漢始備古章。魏、晉以來，非祀宗廟，不欲令臣下服於袞冕，位爲公者，必加侍官，故太子入朝，因亦不著。但承天作副，禮絕羣后，宜遵前王之令典，革近代之陋制，皇太子朝，請服冕。』自宋以下，始定此儀。至梁簡文之爲太子，嫌於上逼，還冠遠遊，下及於陳，皆依此法。後周之時，亦言服袞入朝。至于開皇，復遵魏、晉故事。臣謂袞冕之服，章玉雖差，一日而觀，頗欲相類。臣子之道，義無上逼。故晉武帝太始三年，詔太宰安平王孚著侍內之服，四年，又賜趙、燕、樂安王等散騎常侍之服。自斯以後，台鼎貴臣，並加貂璫武弁，故皇太子遂著遠遊，謙不逼尊，於理爲允。」帝曰：「善。」竟用開皇舊式。

遠遊三梁冠，從省服，絳紗單衣，革帶，金鉤䚢，假帶，方心，佩一隻，紛長六尺四寸，闊二寸四分，色同於綬。金縷鞶囊，白韈，烏皮履，金飾。五日常朝則服之。

鹿皮弁，九琪，服絳羅襦，白羅裙，革帶，履，韈，佩，紛，如從省服。在宮聽政則服之。

平巾，黑幘，玉冠枝，金花飾，犀簪導，紫羅褶，南布袴，玉梁帶，長靿靴。侍從田狩則服之。

白帢，素單衣，烏皮履。爲宫臣舉哀弔喪則服之。

諸王三公已下，爲服之制，衮冕九章服。三公攝祭及諸王初受册、執贄、入朝、助祭、親迎〔八〕，則服之。綬各依其色。

鷩冕，案禮圖：「王祭先公及卿之服。」天子九旒，用玉二百一十六。侯伯服以助祭，七旒，用玉八十。新制依此。服七章。三品及公侯助祭則服之。

毳冕，案禮圖：「王祀四望山川之服。」天子七旒，用玉百六十八。子男服以助祭，五旒，用玉五十。新制依此。服五章。四品及伯助祭則服之。

絺冕，案禮圖：「王者祭社稷五祀之服。」天子五旒，用玉百二十。孤卿服以助祭，四旒，用玉三十二。新制依此。服三章。五品及子男助祭則服之。

玄冕，案禮圖：「王祭羣小祀及視朝服。」天子四旒，用玉三十二。諸侯服以祭其宗廟，三旒，用玉十八。新制依此。服三章。通給庶姓。一品已下、五品已上，自製于家，祭其私廟。三品省衣粉米，加三重；裳黼、黻，加二重。四品減黼一重，五品減黻一重。禮自玄冕以上，加旒一等，天子祭祀，節級服之。

開皇以來，天子唯用衮冕，自鷩之下，不施於尊，具依前式。而六等之冕，皆有黈纊，黄緜爲之，其大如橘。自皇太子以下，三犀導，青纓爵弁。案董巴志：「同於爵形，一名冕，有收持笄，所謂夏收、殷冔者也。」祠天地、五郊、明堂，雲翹舞人服之。禮云：「朱干玉戚，冕而舞大夏。」此之謂也。禮圖云：「士助君祭服之，色如爵頭，無旒有纊。」新制依此。角爲簪導，衣青，裳緅，並縵，無章。六品已下，皆通服之。

遠遊冠服，王所服也。衣裳内單。如皇太子，佩山玄玉，金章龜鈕。宋孝建故事亦謂之璽，今文曰「印」。又並歸於官府，身不自佩，例以銅易之。大綬四采，小綬同色，施二玉環，玉具劍，烏皮舄，舄加金飾。唯帝子宗室封國王者服之。

進賢冠，案漢官云：「平帝元始五年，令公卿列侯冠三梁，二千石兩梁，千石以下一梁。」梁别貴賤，自漢始也。董巴釋曰：「如緇布冠，文儒之服也。」前高七寸而却，後高三寸而立。王莽之時，以幘承之。新制依此。内外文官通服之。三品已上三梁，五品已上兩梁，九品已上一梁，用明尊卑之等也。其朝服，亦名具服。絳紗單衣，白紗内單，玄領、褾、襈、裾、袖，革帶，金鉤鰈，假帶，曲領方心，絳紗蔽膝，白韈，烏皮舄。雙佩、綬，如遠遊之色。自一品已下，五品已上，衣服盡同，而綬依其品。陪祭朝饗拜表，凡大事皆服之。六品、七品，去劍、佩、綬。八品、九品，去白筆、内單，而用履代舄。其五品已上、一品已下，又有公服，亦名從省服。並烏皮履，去曲領、内單、白筆、蔽膝。開皇故事，亦去鞶囊、佩、綬。何稠請去大綬，而偏垂一小綬，綴於獸頭鞶囊，獨一隻佩，正當於後。詔從之。一品已下、五品已上，同。

高山冠，案董巴志云：「一曰側注，謁者僕射之所服也。」胡伯始以爲齊王冠，秦滅齊，以賜謁者。傅子曰：「魏明帝以高山冠似通天，乃毁變其形，除去卷筩，令如介幘。幘上加物，以象山峯，行人使者，通皆服之。」新制參用其事，形如進賢，於冠前加三峯，以象魏制。謁者大夫已下服之。梁依其品。

獬豸冠，案禮圖曰：「法冠也，一曰柱後惠文。」如淳注漢官曰：「惠，蟬也，細如蟬翼。」今御史服之。禮圖又曰：「獬豸冠，高五寸，秦制也。法官服之。」董巴志曰：「獬豸，神羊也。」蔡邕云：「如麟，一角。」應劭曰：「古有此獸，主觸不直，故執憲者，爲冠以象之。秦滅楚，以其冠賜御史。」此即是也。開皇中，御史戴却非冠，而無此色。新制又以此而代却非。御史大夫以金，治書侍御史以犀，侍御史已下，用麢羊角，獨御史、司隸服之。

巾，案方言云：「巾，趙、魏間通謂之承露。」郭林宗傳曰：「林宗嘗行遇雨，巾沾角折。」又袁紹戰敗，幅巾渡河。此則野人及軍旅服也。制有二等。今高人道士所著，是林宗折角；庶人農夫常服，是袁紹幅巾。故事，用全幅皁而向後襆髮，俗人謂之襆頭。自周武帝裁爲四脚，今通於貴賤矣。

簪導，案釋名云：「簪，建也，所以建冠於髮也。一曰笄。笄，係也，所以拘冠使不墜也。導，所以導擽鬢髮，使入巾幘之裏也。」今依周禮，天子以玉笄，而導亦如之。又史記曰：「平原君誇楚，爲玳瑁簪。」班固與弟書云：「今遺仲升以黑犀簪。」士燮集云：「遺功曹史貢皇太子通天犀導。」故知天子獨得用玉，降此通用玳瑁及犀。今並准是，唯弁用白牙笄導焉。

貂蟬，案漢官：「侍内金蟬左貂，金取剛固，蟬取高潔也。」董巴志曰：「内常侍，右貂金璫，銀附蟬，内書令亦同此。」今宦者去貂，内史令金蟬右貂，納言金蟬左貂。開皇時，加散騎常侍在門下者，皆有貂蟬，至是罷之。唯加常侍聘外國者，特給貂蟬，還則輸納於内省。

白筆，案徐氏雜注云：「古者貴賤皆執笏，有事則書之，故常簪筆。今之白筆，是遺象也。」魏略曰：「明帝時大會而史簪筆。」今文官七品已上，通毦之。武職雖貴，皆不毦也。

纓，案儀禮曰：「天子朱纓，諸侯丹組纓。」今冕，天子已下皆朱纓。又尉繚子曰：「天子玄纓，諸侯素纓。」別尊卑也。今不用素，並從冠色焉。

佩，案禮，天子佩白玉。董巴、司馬彪云：「君臣佩玉，尊卑有序，所以章德也。」今參用杜夔之法，天子白玉，太子瑜玉，王山玄玉。自公已下，皆水蒼玉。

綬，案禮：「天子玄組綬，侯伯朱組綬，大夫純組綬，世子綦組綬。」漢官云：「蕭何爲相國，佩綠綬，公侯紫，卿二千石青，令長千石黑。」今大抵准此。天子以雙綬，六采，玄黃赤白縹綠，純玄質，長二丈四尺，五百首，闊一尺；雙小綬，長二尺六寸，色同大綬，而首半之，間施四玉環。開皇用三，今加一。皇太子，朱雙綬，四采，赤白縹紺，純朱質，長一丈八尺，三百二十首，闊九寸；雙小綬，長一尺六寸，色同大綬，而首半之，間施三玉環。開皇用二，今加一。三公，綠綟綬，四采，綠黃縹紫，純綠質，黃文織之，長一丈八尺，二百四十首，闊九寸，與親王綬，俱施二玉環。諸王，纁朱綬，四采，赤黃縹紺，純朱質，纁文織之，長一丈八尺，二百四十首，闊九寸。公，玄朱綬，四采，赤縹玄紺，純朱質，玄文織之，長一丈八尺，二百四十首，闊九寸。侯、伯，青朱綬，四采，青赤白縹，純朱質，青文織，長一丈六尺，百八十首，闊八寸。子、男，素朱綬，三采，青赤白，純朱質，素文織之，長一丈四尺，百四十首，闊七寸。二品已上，纁紫綬，四采，纁紫赤黃，純紫質，纁文織之，長一丈四尺，百四十首〔九〕，闊八寸。三品，紺紫綬，四采，紫紺黃縹，純紫質，紺文織之，長一丈六尺，百八十首，闊八寸。四品，青綬，三采，青白紅，純青質，長一丈四尺，百四十首，闊七寸。五品，墨綬，二采，青紺，純紺質，長一丈二尺，百二十首，闊六寸。自王公已下，皆有小綬二枚，色同大綬，而首半之。正、從一品，施二玉環。凡有綬者，皆有紛，並長六尺四寸，闊二寸四分，隨於綬色。

鞶囊，案禮：「男鞶革，女鞶絲。」東觀書：「詔賜鄧遵獸頭鞶囊一枚。」班固與弟書：「遺仲升獸頭旁囊，金錯鉤也。」古佩印皆貯懸之，故有囊稱。或帶於旁，故班氏謂爲旁囊，綬印鈕也。今雖不佩印，猶存古制，有佩綬者，通得佩之。無佩則不。今採梁、陳、東齊制，品極尊者，以金織成，二品以上服之。次以銀織成，三品已上服之。下以綖織成，五品已上服之。分爲三等。

革帶，案禮「博二寸」。禮圖曰：「璫綴於革帶。」阮諶以爲有章印則於革帶佩之。東觀記：「楊賜拜太常，詔賜自所著革帶。」故知形制尊卑不別。今博三寸半，加金鏤鰈，螳蜋鉤，以相拘帶。自大裘至于小朝服，皆用之。

劍，案漢自天子至于百官，無不佩刀。蔡謨議云：「大臣優禮，皆劍履上殿。非侍臣，解之。」蓋防刃也。近代以木，未詳所起。東齊著令，謂爲象劍，言象於劍。周武帝時，百官燕會，並帶刀升座。至開皇初，因襲舊式，朝服登殿，亦不解焉。十二年，因蔡徵上事，始制凡朝會應登殿坐者，劍履俱脫。其不坐者，勑召奏事及須升殿，亦就席解劍，乃登。納言、黄門、内史令、侍郎、舍人，既夾侍之官，則不脱。其劍皆真刃，非假。既合舊典，弘制依定。又准晉咸康元年定令故事，自天子已下，皆衣冠帶劍。今天子則玉具火珠鏢首，餘皆玉鏢首。唯侍臣帶劍上殿，自王公已下，非殊禮引升殿，皆就席解而後升。六品以下，無佩綬者，皆不帶。

曲領，案釋名，在單衣内襟領上，横以擁頸。七品已上有内單者則服之，從省服及八品已下皆無。

珽，案禮：「天子搢珽，方正於天下也。」又五經異義：「天子笏曰珽，珽直無所屈也。」今制准此，長尺二寸，方而不折。以球玉爲之。

笏，案禮：「諸侯以象，大夫魚須文竹，士以竹，本象可也。」「凡有指畫於君前〔一〇〕，受命書於笏，笏畢用也。」五經要義曰：「所以記事，防忽忘。」禮圖云：「度二尺有六寸，中博二寸，其殺六分去一。」晉、宋以來，謂之手板，此乃不經，今還謂之笏，以法古名。自西魏以降，五品已上，通用象牙，六品已下，兼用竹木。

履、舄，案圖云：「複下曰舄，單下曰履。夏葛冬皮。」近代或以重皮，而不加木，失於乾腊之義。今取乾腊之理，以木重底。冕服者色赤，冕衣者色烏，履同烏色。諸非侍臣，皆脱而升殿。凡舄，唯冕服及具服著之，履則諸服皆用。唯褶服以靴。靴，胡履也，取便於事，施於戎服。

諸建華、鵕鸃、鷸冠、委貌、長冠、樊噲、却敵、巧士、術氏、却非等，前代所有，皆不採用。

皇后服四等，有褘衣、鞠衣、青服、朱服。

褘衣，深青質，織成領袖，文以翬翟，五采重行，十二等。首飾花十二鈿，小花毦十二樹，并兩博鬢。素紗内單，黼領，羅縠褾、襈，色皆以朱。蔽膝隨裳色，以緅爲緣，用翟三章。大帶隨衣裳，飾以朱緑之錦，青緣。革帶，青韈、舄，舄以金飾。白玉佩，玄組，綬，章采尺寸同於乘輿。祭及朝會，凡大事皆服之。

鞠衣，黄羅爲質，織成領袖，小花十二樹。蔽膝，革帶及舄，隨衣色。餘準褘衣，親蠶服也。

青服，去花、大帶及佩綬，金飾履。禮見天子則服之。

朱服，制如青服。宴見賓客則服之。

有金璽，盤螭鈕，文曰「皇后之璽」。冬正大朝，則并黄琮，各以笥貯，進於座隅。

皇太后服，同於后服。而貴妃以下，並亦給印。

貴妃、德妃、淑妃，是爲三妃。服褕翟之衣，首飾花九鈿，并二博鬢。金章龜鈕，文從其職。紫綬，一百二十首，長一丈七尺，金縷織成，獸頭鞶囊，佩于寘玉。

順儀、順容、順華、脩儀、脩容、脩華、充儀、充容、充華，是爲九嬪。服闕翟之衣，首飾花八鈿，并二博鬢。金章龜鈕，文從其職。紫綬，一百首，長一丈七尺，金縷織成，獸頭鞶囊，佩采瓄玉。

婕妤，銀縷織成，獸頭鞶囊，首飾花七鈿。他如嬪服。

美人、才人，服鞠衣，首飾花六鈿，并二博鬢。銀印珪鈕，文從其職。青綬，八十首，長一丈六尺，綵縷織成，獸爪鞶囊，佩水蒼玉。

寶林，服展衣，首飾花五鈿，并二博鬢。銀印環鈕，文如其職。艾綬，八十首，長一丈六尺，鞶囊，佩玉，同於婕妤。

承衣刀人、采女，皆服褖衣，無印綬。參准宋泰始四年及梁、陳故事，增損用之。

皇太子妃，服褕翟之衣，青質，五采織成爲摇翟，以備九章。首飾花九鈿，并二博鬢。金璽龜鈕，文如其職。素紗内單，黼領，羅褾、襈，色皆用朱，蔽膝二章。大帶，同褘衣，青緑革帶，朱韈，青舄，舄加金飾。佩瑜玉，纁朱綬，一百六十首，長二丈，獸頭鞶囊。凡大禮見皆服之。唯侍親桑，則用鞠衣之服，花鈿佩綬，與褕衣同。准宋孝建二年故事而增損之。

良娣，鞠衣之服，銀印珪鈕，文如其職。佩采瓄玉，青綬，八十首，長一丈六尺，獸爪鞶囊。餘同世婦。

保林、八子，展衣之服，銅印環鈕，文如其職。佩水蒼玉，艾綬，八十首，長一丈六尺，獸爪鞶囊。自良娣等，准宋大明六年故事而損益之。

諸王太妃、妃、長公主、公主、三公夫人、一品命婦，褕翟之服，繡爲九章。首飾花九鈿，佩山玄玉，獸頭鞶囊。綬同夫色。

公夫人、縣主、二品命婦，亦服褕翟，繡爲八章。首飾八鈿。侍從親桑，同用鞠衣。自此之下，佩皆水蒼玉。

侯、伯夫人、三品命婦，亦服褕翟，繡爲七章。首飾七鈿。

子夫人、四品命婦，服闕翟之衣，刻赤繒爲翟，綴於服上，以爲六章。首飾六鈿。

男夫人、五品命婦，亦服闕翟之衣，刻繒爲翟，綴於服上，以爲五章。首飾五鈿。若當從侍親桑，皆同鞠衣。

議既定，帝幸修文殿覽之，乃令何稠、起部郎閻毗等造樣上呈。二年總了，始班行焉，軒冕之盛，貫古今矣。三年正月朔旦，大陳文物。時突厥染干朝見，慕之，請襲冠冕。帝不許。明日，率左光禄大夫、褥但特勤阿史那職御，左光禄大夫、特勤阿史那伊順，右光禄大夫、意利發史蜀胡悉等，並拜表，固請衣冠。帝大悦，謂弘等曰：「昔漢制初成，方知天子之貴。今衣冠大備，足致單于解辮，此乃卿等功也。」弘、愷、善心、世基、何稠、閻毗等賜帛各有差，並事出優厚。

是後師旅務殷，車駕多行幸。百官行從，唯服袴褶，而軍旅間不便。至六年後，詔從駕涉遠者，文武官等皆戎衣。貴賤異等，雜用五色。五品已上，通着紫袍，六品已下，兼用緋綠，胥吏以青，庶人以白，屠商以皂，士卒以黄。

卓彼上天，宫室混成，玄戈居其左，上將居其右，弧矢揚威，羽林置陳。易曰：「天垂象，聖人則之。」昔軒轅氏之有天下也，以師兵爲營衛，降至三代，其儀大備。西漢武帝，每上甘泉，則列鹵簿，車千乘，騎萬匹。其居前殿，則植戟懸楯，以戒不虞。其所由來者尚矣。

梁武受禪于齊，侍衛多循其制。正殿便殿閣及諸門上下，各以直閤將軍等直領。又置刀釤、御刀、御楯之屬，直御左右。兼有御仗、鋋矟、赤氅、角抵、勇士、青氅、衛仗、長刀、刀劍、細仗、羽林等左右二百七十六人，以分直諸門。行則儀衛左右。又有左右夾轂、蜀客、楯劍、格獸羽林、八從遊盪、十二不從遊盪、直從細射、廉察、刀戟、腰弩、大弩等隊，凡四十九隊，亦分直諸門上下。行則量爲儀衛。東西掖、端、大司馬、東西華、承明、大通等門，又各二隊，及防殿三隊，雖行幸不從。又有八馬遊盪、馬左右夾轂、左右馬百騎等各二隊，及騎官、閱武馬容、雜伎馬容及左右馬騎直隊，行則侍衞左右，分爲警衞。車駕晨夜出入及涉險，皆作函。鹵簿應宿衞軍騎，皆執兵持滿，各當其所保護方面。天明及度險，乃奏解函，撾鼓而依常列。

乘輿行則有大駕、法駕、小駕。大駕以郊饗上天，臨馭九伐。法駕以祭方澤，祀明堂，奉宗廟，藉千畝。小駕以敬園陵，親蒐狩。大駕則公卿奉引，大將軍驂乘，太僕馭。法駕、小駕，皆侍中驂乘，奉車郎馭，公卿不引。其餘行幸，送往勞旋，則槊仗，近讌則隊仗。三駕法天，二仗法地，其動也參天而兩地也。

陳氏承梁，亦無改革。

齊文宣受禪之後，警衞多循後魏之儀。及河清中定令，宮衞之制，左右各有羽林郎十二隊。又有持鈒隊、鋋槊隊、長刀隊、細仗隊、楯鎩隊、雄戟隊、格獸隊、赤氅隊、角抵隊、羽林隊、步遊盪隊、馬遊盪隊。又左右各武賁十隊，左右翊各四隊，又步遊盪、馬遊盪左右各三隊，是爲武賁。又有直從武賁，左右各六隊，在左者爲前驅隊，在右者爲後拒隊。又有募員武賁隊、强弩隊，左右各一隊，在左者皆左衞將軍總之，在右者皆右衞將軍總之，以備警衞。其領軍、中領將軍，侍從出入，則著兩襠甲，手執檉杖。左右衞將軍、將軍則兩襠甲，手執檀杖。侍從左右，則有千牛備身、左右備身、刀劍備身之屬。兼有武威、熊渠、鷹揚等備身三隊，皆領左右將軍主之，宿衞左右，而戎服執仗。兵有斧鉞弓箭刀矟，旌旗皆囊首，五色節文，旆悉赭黄。天子御正殿，唯大臣夾侍，兵仗悉在殿下。郊祭鹵簿，則督將平巾幘，緋衫甲，大口袴。

後周警衞之制，置左右宫伯，掌侍衞之禁，各更直於内。小宫伯貳之。臨朝則分在前侍之首，並金甲，各執龍環金飾長刀。行則夾路車。左右中侍，掌御寢之禁，皆金甲，左執龍環、右執獸環長刀，並飾以金。次左右侍，陪中侍之後，並銀甲，左執鳳環、右執麟環長刀。次左右前侍，掌御寢南門之左右，並銀甲，左執師子環、右執象環長刀。次左右後侍，掌御寢北門之左右，並銀甲，左執犀環、右執兕環長刀。左右騎侍，立於寢之東西階，並銀甲，左執羆環、右執熊環長刀，十二人，兼執師子彤楯，列左右侍之外。自左右侍以下，刀並以銀飾。左右宗侍，陪左右前侍之後，夜則衞於寢庭之中，皆服金塗甲，左執豹環、右執貔環長刀，並金塗飾，十二人，兼執師子彤楯，列於左右騎侍之外。自左右中侍已下，皆行則兼帶黄弓矢，巡田則常服，帶短刀，如其長刀之飾。左右庶侍，掌非皇帝所御門閤之禁，並服金塗甲，左執解豸環、右執獬環長劍，並金飾，十二人，兼執師子彤楯，列於左右宗侍之外。行則兼帶皓弓矢。左右勳侍，掌陪左右庶侍而守出入，則服金塗甲，左執吉良環、右執猙環長劍，十二人，兼執師子彤楯，列於左右庶侍之外。行則兼帶盧弓矢，巡田則與左右庶侍，俱常服，佩短劍，如其長劍之飾。諸侍官，大駕則俱侍，中駕及露寢半之，小駕三分之一。

左右武伯，掌内外衛之禁令，兼六率之士。皇帝臨軒，則備三仗於庭，服金甲，執金釦杖，立於殿上東西階之側。行則列兵於帝之左右，從則服金甲，被繡袍。左右小武伯各二人，貳之，服執同於武伯，分立於大武伯下及露門之左右塾。行幸則加錦袍。左右武賁率，掌武賁之士，其隊器服皆玄，以四色飾之，各總左右持鈒之隊。皇帝臨露寢，則立於左右三仗第一行之南北。出則分在隊之先後。其副率貳之。左右旅賁率，掌旅賁士，其隊器服皆青，以朱爲飾，立於三仗第二行之南北。其副率貳之。左右射聲率，掌射聲之士，其器服皆朱，以黄爲飾，立於三仗第三行之南北。其副率貳之。左右驍騎率，掌驍騎之士，器服皆黄，以皓爲飾，立於三仗第四行之南北。其副率貳之。左右羽林率，掌羽林之士，其隊器服皆皓，以玄爲飾，立於三仗第五行之南北。其副率貳之。左右遊擊率，掌遊擊之士，其器服皆玄，以青爲飾。其副率貳之。武賁已下六率，通服金甲師子文袍，執銀釦檀杖。副率通服金甲獸文袍。各有倅長、帥長，相次陪列。行則引前。倅長通服銀甲豹文袍，帥長通服銀甲鶡文袍。自副率已下，通執獸環銀飾長刀。凡大駕則盡行，中駕及露寢則半之，小駕半中駕。常行軍旅，則衣色尚烏。

高祖受命，因周、齊宮衞，微有變革。戎服臨朝大仗，則領左右大將軍二人，分在左右廂。左右直寢、左右直齋、左右直後、千牛備身、左右備身等，夾侍供奉於左右及坐後。左右衞大將軍、左右直閤將軍、以次左右衞將軍，各領儀刀，爲十二行。內四行親衞，行別以大都督領。次外四行勳衞，以帥都督領。次外四行翊衞，以都督領。行各二人。執金花師子楯，猨刀。一百四十人，分左右，帶横刀。後監門直長十二人，左青龍旗，右白獸旗。左右武衞開府，各領三仗六行，在大仗內，行別六十人，大都督一人領之，帥都督一人後之。大駕則執黄麾仗。其次戟二十四，左青龍幢，右白獸幢，罕、畢各一，鈒金二十四，金節十二道，蓋獸，又絳引幡，朱幢，爲持鈒前隊，應蹕，大都督二人領之，在御前横街南。左右武衞大將軍，領大仗左右廂，各六行，行別三百六十人，大都督一人領之。

及大業四年，煬帝北巡出塞，行宮設六合城。方一百二十步，高四丈二尺。六合，以木爲之，方六尺，外面一方有板，離合爲之，塗以青色。壘六板爲城，高三丈六尺，上加女牆板，高六尺，開南北門。又於城四角起樓敵二，門觀、門樓檻皆丹青綺畫。又造六合殿、千人帳，載以槍車，車載六合三板。其車軨解合交叉，即爲馬槍。每車上張幕，幕下張平一弩，傅矢，五人更守。兩車之間〔一二〕，施車軨馬槍，皆外其轅，以爲外圍。次內布鐵菱，次内施蟄鞬。每一蟄鞬，中施弩牀，長六尺，闊三尺。牀桄陛插鋼錐，皆長五寸，謂之蝦鬚。皆施機關，張則錐皆外向。其牀上施旋機弩，以繩連弩機，人從外來，觸繩則弩機旋轉，向觸所而發。其外又以矰周圍行宮，二丈一鈴一柱，柱舉矰，去地二尺五寸。當行宮南北門，施槌磬，連矰，以機發之。有人觸矰，則衆鈴發響〔二〕，槌擊兩磬，以知所警，名爲擊警。八年征遼，又造鉤陳，以木板連如帳子。張之則綺文，卷之則直焉。帝御營與賊城相對，夜中設六合城，周迴八里。城及女垣，合高十仞，上布甲士，立仗建旗。又四隅有闕，面別一觀，觀下開三門。其中施行殿，殿上容侍臣及三衞仗，合六百人。一宿而畢，望之若真，高麗旦忽見，謂之爲神焉。

校勘記

〔一〕乘殷之輅　册府卷五八四掌禮部奏議此句下有「服周之冕」。

〔二〕裴政　原作「裴正」，據本書卷六六本傳改。

〔三〕深衣制　「制」，原作「製」，據通典卷六一禮二一君臣服章制度改。下文大業元年議定乘輿服「通天冠之制」條之「深衣制」亦同改。

〔四〕鉤鰈　「鰈」字原闕，據通典卷六一禮二一君臣服章制度補。

〔五〕小花並如大花之數　「數」，通典卷六二禮二二后妃命婦首飾制度作「形」。

〔六〕後乃下直爲鐵卷梁　「下直」，續漢書輿服志下作「直下」。

〔七〕今參准此　「今」，原作「命」，據大德本、至順本改。

〔八〕三公攝祭及諸王初受册執贄入朝助祭親迎　「執」字原闕。上文高祖定制「袞冕」條：「王、國公、開國公初受册，執贄，入朝，祭，親迎，則服之。」通典卷六一禮二一君臣服章制度：「王、公、開國公初受册，執贄，入朝，祭祀，親迎，則服之。」今據補。

〔九〕「二品已上」至「長一丈四尺百四十首」　「二品已上」綬長與首數，均低於下文「三品」，疑有誤。

〔一〇〕凡有指畫於君前　通鑑卷一七五陳紀九宣帝太建十三年二月胡注引隋志，此句下有「用笏」，正與禮記玉藻同。

〔一一〕兩車之間　「間」，原作「門」，張元濟校勘記稱據北監本、汲本、殿本誤修，今據大德本、至順本、南監本回改。

〔一二〕則衆鈴發響　「響」，原作「饗」，據南監本、殿本改。通鑑卷一八一隋紀五煬帝大業四年三月乙丑條胡注引隋志亦作「響」。